知的勝ち残りのために

三浦俊彦 著

思考実験リアルゲーム

二見書房

まえがき

　物理学や生物学の研究室から高額な実験器具を要求されて、苦々しく思っている大学当局がこう言った……というジョークがある。
　「まったく自然科学の金食いぶりときたら。それにひきかえ数学科は全く経済的でよろしい。紙と鉛筆とゴミ箱さえあればよいのだからな」
　それに対して哲学科の教授が誇らしげに、
　「われわれはもっと経済的ですよ。ゴミ箱もいらないんですから」
　……もちろんこのジョークは真実を述べてはいない。哲学にだってゴミ箱は必要だ。
　説得力や信憑性に問題のある哲学論文はゴミ箱行きとなる。哲学者は好き勝手を述べて飯が食えるわけではない。哲学説の正しさの検証のためには、大がかりな実験だってやらねばならない。大がかりな実験。そう、「思考実験」である。複雑で壮大な思考実験のためには、膨大な紙と鉛筆とゴミ箱と、そして想像力が必要となるのだ。
　思考実験は、簡略な状況設定を使ったフィクションによって行なわれる。ただし、楽しむためのフィクションではなく、考えるためのフィクションだ。「こんな状況では、何をするのが正しいだろうか？」「2通りのうちどちらの選択が得だろうか？」「主人公は、それを〈知っている〉と言えるのか？」「矛盾した2つの判断が成り立ちそうだが、本当は両立するのか、それともどちらかが間違いなのか？」……
　私たちが抱いている倫理観や、存在や真理についての前提を問い直すのに適した状況を、頭の中で設定し、いろいろなシナリオを描くのが、思考実験である。現実に成立させることが物理的に不可能であったり、倫理的に許されなかったりする状況設定も、思考実験であれこれ試すことができる。
　思考実験で使われる実験器具には、「概念」とか「命題」とか「推論規則」とか、いろいろなレベルにわたる装置があるが、個々の実験ごとに異なる実験器具、つまり思考実験の個性を形作るうえで最も重要な実験器具は、なんといっても「パラドクス」だろう。一見常識的な前提を組み合わせて、一見常識的と思われる推論にかけると、どう考えても非常識な結論が出てきてし

まう。そんな構造を持った体系が「パラドクス」と呼ばれる。

「私たちの常識には何か不備があるようだ。何だろう？」と論点を絞って考えるには、パラドクスは最適だ。「正しい前提と正しい推論から間違った結論へ」という「おかしな構造」を「おかしくない構造」へと無理なく変えることができれば、そのためにとった処置、修理の対象部分にこそ問題があったのだということがわかるからである。

われわれ人間にとって自然な直感的思考には、さまざまな欠陥がある。それらを突き止める診断方法が、思考実験であり、診断器具がパラドクスなのだ。

思考実験の中には、実際に行なってみることのできるものもある。つまり思考実験ではなく、本当の実験として実施することのできるものもある。しかし、そういう実験を実際にやる必要はない。思考実験として、フィクションの中で解決ができればそれで十分だからである。むしろ実際にやらない方がよかったりする。実際に行なえるからといって実行したりすると、問題の本質がわからなくなるかもしれない。実験実施のために要する予想外の手間、実験参加者の癖や都合、手順の了解の食い違いなどが微妙に絡み合って、解決したい問題にとって本質的な要因と偶然的なノイズとを区別するのが難しくなってしまいがちなのだ。そういう偶然的ノイズが入らないようにするには、実際にやるよりも、頭の中で考える方がよい。思考の中では、自ずと、問題にとって本質的な性質だけが抽象されているからだ。

人間の想像力には限界があり、道具なしで場面設定の細部まで脳内維持するのは難しい。だからこそ、想像は、本質的な構造だけを自ずと浮き彫りにすることになる。怪我の功名というか、否応なしに細部まで与えてくれる律儀な物理的実験よりも却って便利なことが多い。私たちの思考は、もともと思考自身にとって優れた装置なのだ。

しかも、本物の実験をする前には必ず、その実験をリハーサルする形で思考実験がなされなければならない。あらかじめ思考の中で段取りを進めて諸結果を予想し、可能なそれぞれの結果にしたがって異なる手続きを想定しておく──そういう思考段階なしには、物理的実験は目標を持つことができず、秩序だった形をとることができない。思考実験が必ず物理的実験に先立つのだ。

こうしてみると、思考実験とは、実際に実験できないから頭の中での実験でしぶしぶ代用する、といった二次的な方法ではないことがわかるだろう。むしろ実際の物理的実験よりも思考実験が優遇され、結果が食い違ったときには実験装置の不備などが疑われて、物理的実験がやり直されることも多い。とりわけ哲学にとっては、思考実験こそが本実験なのである。

本書の読み方

　まず、思考実験というものを私たちの知的空間に位置づけ、それから考えごたえのある具体的な思考実験に1つずつとりくんでいきましょう。1つずつといっても、相互に密接に関連するので、中間的な合成思考実験や、派生的思考実験をいくつも実施し、照合していくことになります。

　ほぼ真ん中の第6章で「思考実験についての思考実験」を試み、反省的に議論全体を整理します。そこから改めて、次第に宇宙規模の設定を意識しながら、「無限大」のような究極の謎がどのように思考の力で丸め込まれるか、最も信憑性豊かなストーリー展開を追っていきましょう。

　各章の関係（つまり本書全体の構造）を〔次頁の図〕に、各章での思考経路を〔章冒頭の図〕にまとめました。適宜、参照してください。

本書全体の構図

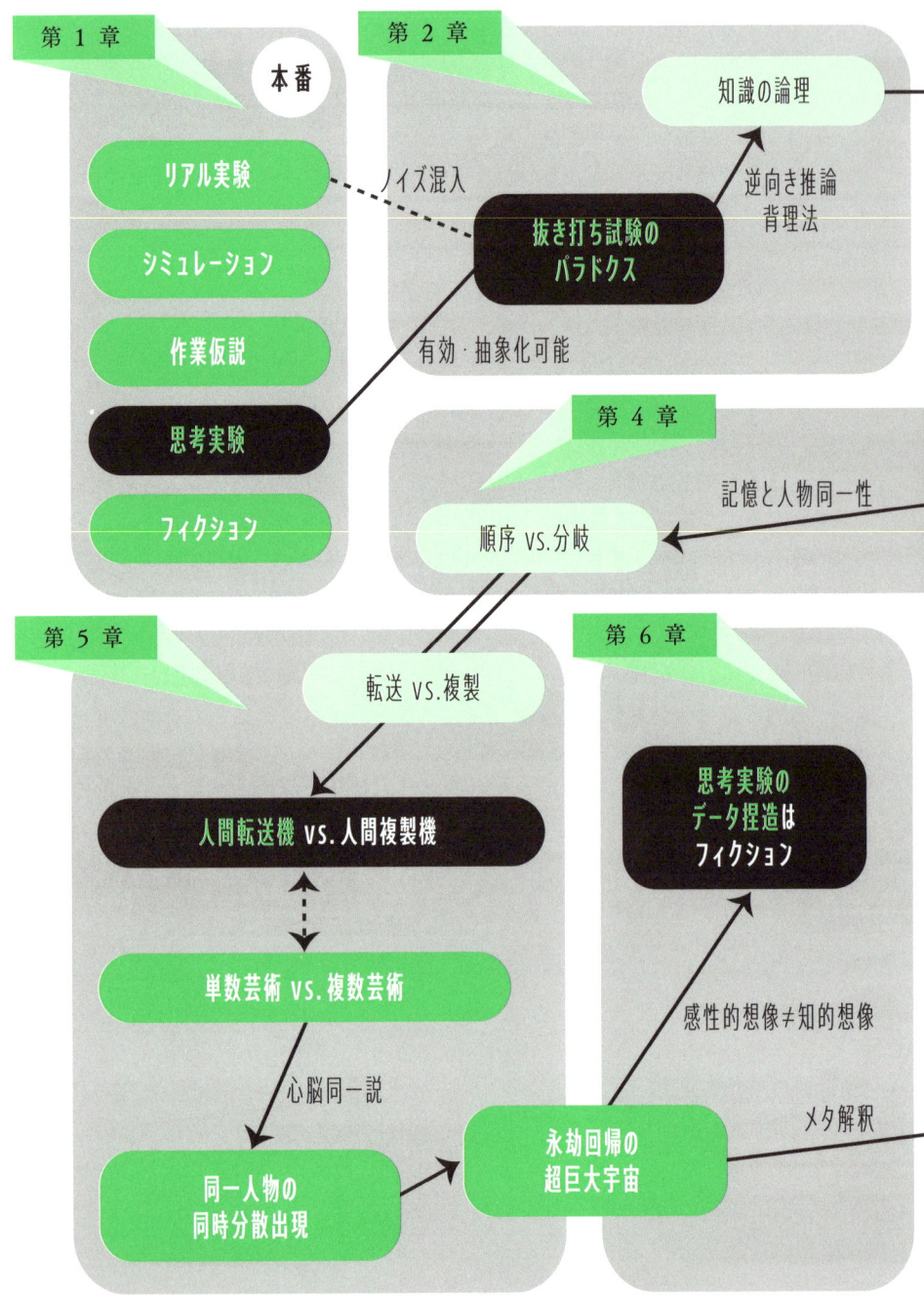

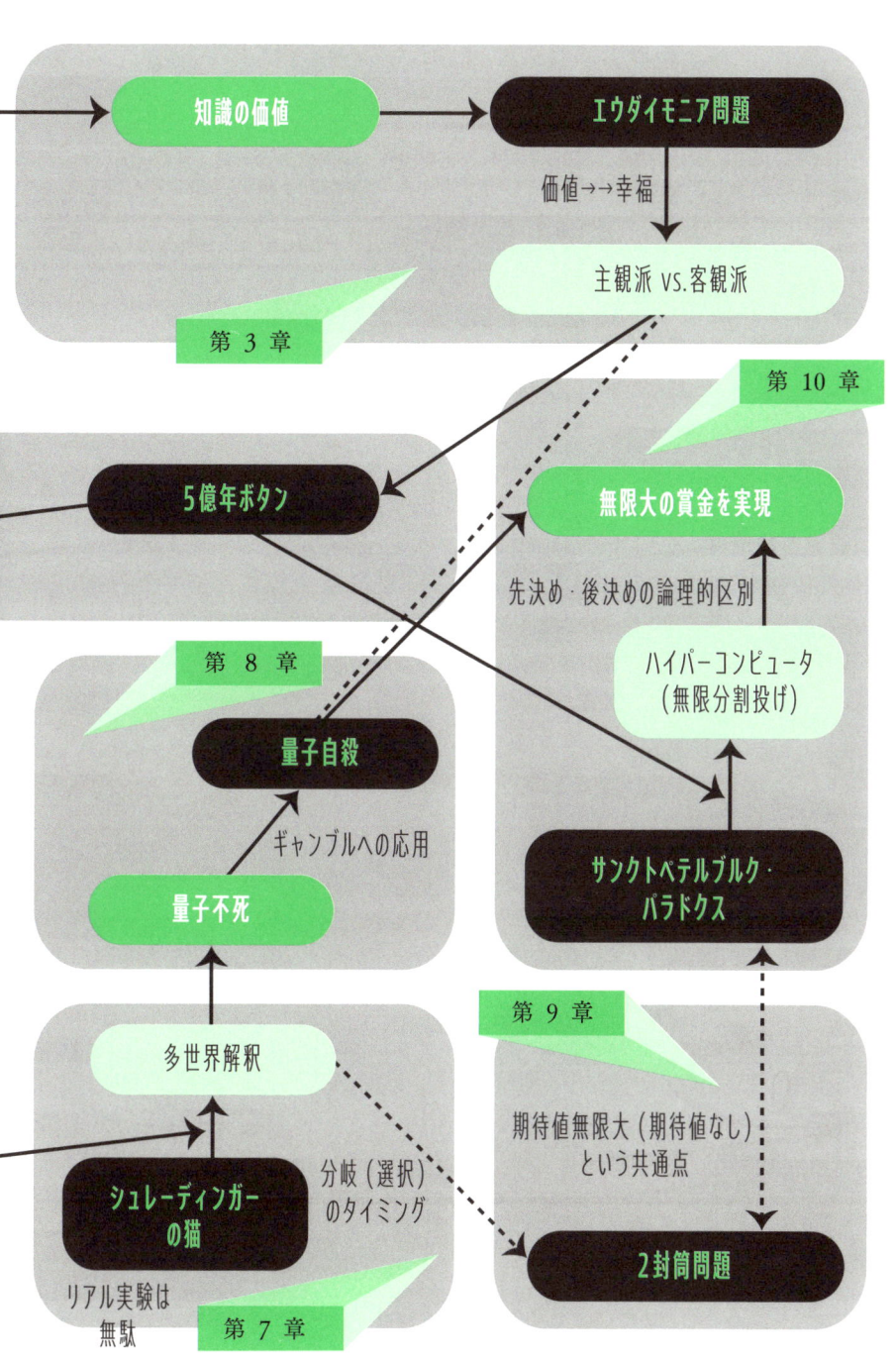

C O N T

まえがき 003
本書の読み方 005
本書全体の構図 006

第 1 章

思考実験とは何か？ 011
思考経路チャート 012
1 思考実験←→リアル実験 014
2 リアル実験←→シミュレーション 015
3 シミュレーション←→思考実験 017
4 思考実験とフィクション 020
5 理神論的からくり：有神論的あやつり 022
6 もうひとつ「作業仮説」と比べてみると…… 025

第 2 章

抜き打ち試験のパラドクス 031
思考経路チャート 032
1 現実的な思考実験 034
2 実施条件と抜き打ち条件 036
3 「事前にわかった」とは？ 039
4 ジレンマからの逃れ方〜〜素直に試験を受ける 041
5 真実を信じれば「知っている」ことになるのか 043
6 合理性〜〜矛盾した命題のどちらを優先するか 046
7 一見矛盾、じつは無矛盾 049
8 情報盗み出しバージョン 052
9 常に教師が勝つ件について 054
10 合理的推論を無化するトリック〜「矛盾」 057

第 3 章

本当の幸福──エウダイモニア 061
思考経路チャート 062
1 価値ある人生とは 064
2 第一種と第二種　選択の理由は 066
3 望みと羨み 068

第 4 章

5億年ボタン 071
思考経路チャート 072
1 「生きるだけ」への報酬 074
2 5億年の挟まり方 076
3 順序設定への疑い 079
4 継起の客観性 082
5 記憶と時間順序 085
6 〈主観派 vs. 客観派〉の構造 086
7 順序から分岐へ 091

第 5 章

人間転送機 095
思考経路チャート 096
1 光速旅行の夢 098
2 転送、複製、同一性 099
3 誕生と死の非対称性 102
4 対称的な複製 106
5 ソフトな人間観の可能性 108
6 同時に複数の場所にあるもの 111
7 芸術作品としての人間？ 115
8 人間複製機ふたたび 117
9 芸術としての人物、人物としての芸術 120
10 自然界にある人間複製機 121

第6章 思考実験でデータ捏造？ — 127

- 思考経路チャート — 128
- 1 哲学的思考の誘惑 — 130
- 2 フィクショナルな思考実験 — 132
- 3 アンチ直観ツールとしての思考実験 — 134
- 4 〈永劫回帰〉へ立ち戻る — 137
- 5 起源の同一性への疑問 — 140
- 6 あなたという物？　あなたという性質？ — 142

第7章 シュレーディンガーの猫 — 145

- 思考経路チャート — 146
- 1 重ね合わせの収縮 — 148
- 2 猫箱とサイコロの本質的違い — 152
- 3 本当の非決定論的世界 — 154
- 4 脳にやさしい多世界解釈の解釈 — 157

第8章 量子不死・量子自殺 — 163

- 思考経路チャート — 164
- 1 猫から見た世界 — 166
- 2 ギャンブル必勝法 — 168
- 3 即死条件の重要性 — 172
- 4 偶然条件と無知条件は自然に成り立つ？ — 174
- 5 自殺装置不具合の罠 — 178
- 6 「節度条件」の参入 — 184
- 7 「秘匿条件」の参入 — 186
- 8 多世界解釈を正しく理解すれば — 188
- 9 確実に勝てる量子自殺　その1 — 192
- 10 確実に勝てる量子自殺　その2 — 193

第9章 2封筒問題 — 197

- 思考経路チャート — 198
- 1 期待値を信じられるか — 200
- 2 未開封バージョンの解決 — 202
- 3 開封～～偽りの非対称から本当の非対称へ — 204
- 4 なぜ交換が得になるのか？ — 208
- 5 必ず得をする戦略！ — 211
- 6 無限大の呪い？ — 214
- 7 無限大論者のトリック～～括弧付け替え計算 — 216
- 8 無限大論者のトラップ～～どんなゲームかを忘れるな — 219
- 9 無限大論者のジレンマ～～確率分布の選り好み — 221

第10章 サンクトペテルブルク・パラドクス──2封筒問題との比較 — 225

- 思考経路チャート — 226
- 1 期待値に頼れるか — 228
- 2 確率ゼロだが、可能 — 229
- 3 まず、標準的解決 — 232
- 4 無限回試行を終える技法～～無限分割投げ — 235
- 5 先に決める後決め設定 — 236
- 6 確率ゼロなのだから同じこと？ — 241
- 7 ゼロ確率をピンポイントで選ぶ — 245
- 8 ポイントを見失わないために — 250

あとがき

思考実験をふりかえって — 256

第 1 章

思考実験とは何か？
What is a thought experiment?

◎思考実験は、ただの代理実験ではありません。【一般理論→個別現象】を探究する物理的実験やシミュレーションに対し、思考実験は【個別現象→一般理論】を目指します。

◎思考実験は、フィクション的設定によって自由に展開します。すなわち、意識によって展開の詳細をたえずコントロールしながら結果の按配を注視するという、創造性を要する活動です。自動運転が大部分を占める物理的実験やシミュレーションには見られない、思考実験独特の特徴をまず明らかにしておきましょう。

思考実験とは何か？

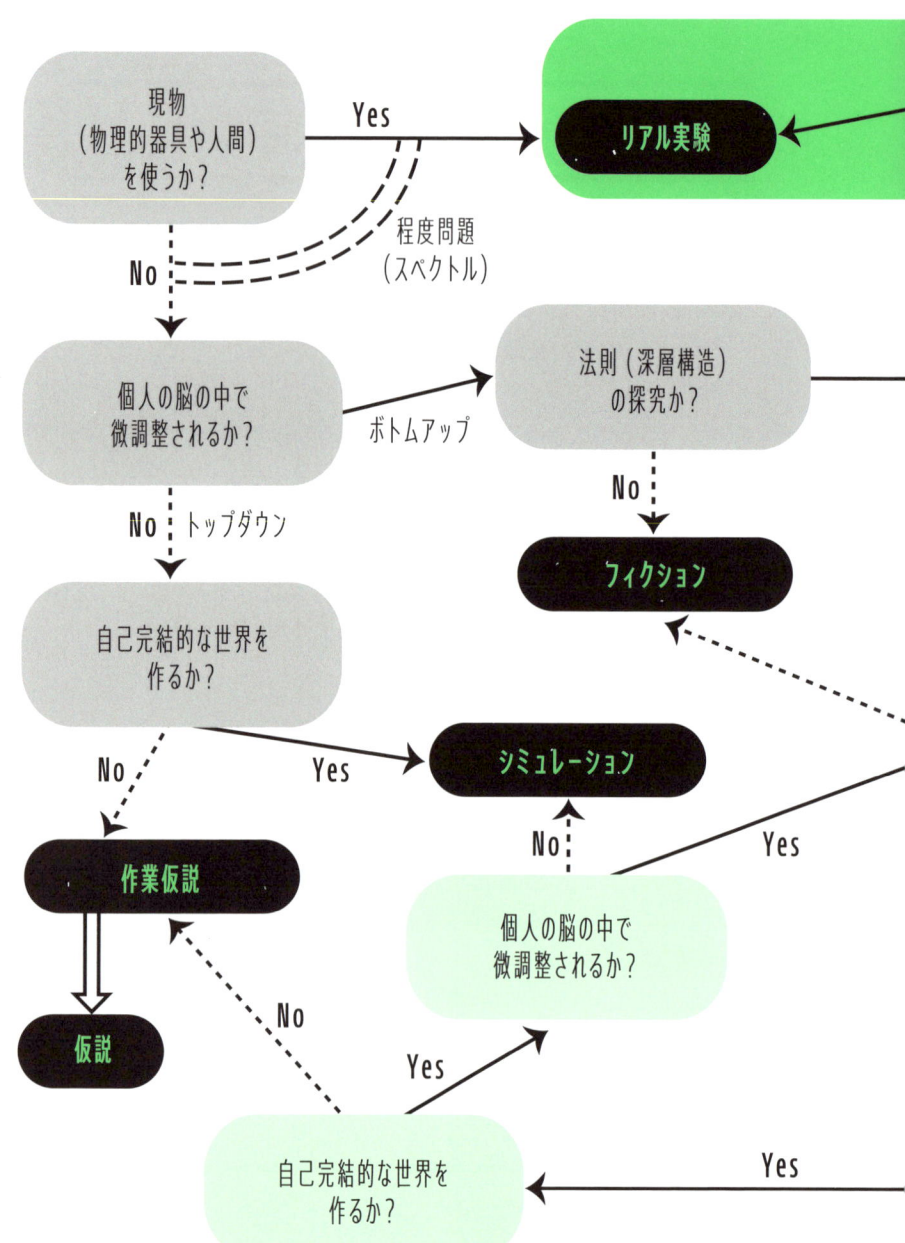

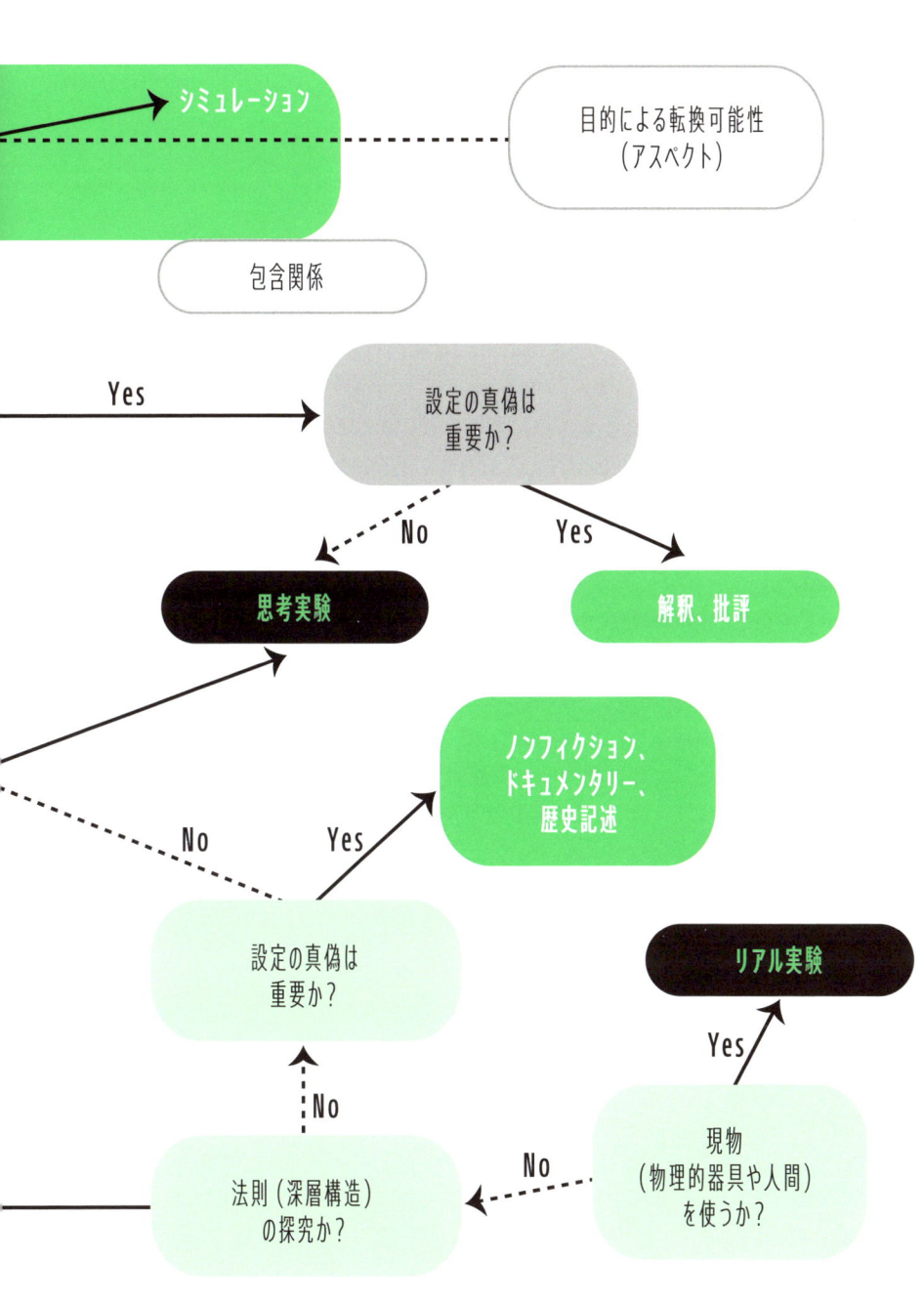

＊

1 思考実験⟵⟶リアル実験

　思考実験と区別し対比させるために、本物の物理的実験を「リアル実験」と呼ぶことにしよう。
　リアル実験は、〈実際に器具や人間を配置して、一定の条件のもとで一定の手続きを施したときにどういう結果が出るかを物理的に検証する実験〉である。物理学の実験、理科の授業で行なう実験、心理学で被験者の選択行動や生理的反応を調べる実験、新薬の効果を調べる臨床実験などはみな、リアル実験だ。
　リアル実験以外の実験はすべて思考実験だろうか。いや、そうとは限らない。「実際に器具や人間を配置することなしに行なう実験」であっても、思考実験でないものがある。思考実験とは、正確に言うと、「実際の物理的対象を用いずに、思考の中で（頭の中で）リアル実験を演じる（模倣する）実験」である。だから、「実際の物理的対象を用いずに頭の外でリアル実験を演じる（模倣する）実験」は、リアル実験でも思考実験でもない。別種の、第三のカテゴリに属する実験である。それはしばしば「シミュレーション」と呼ばれる。
　シミュレーションの代表例はコンピュータ・シミュレーションだろう。天気予報、生物進化をさまざまな条件で再現する遺伝的アルゴリズム、脳のモデル化であるニューラルネットワーク、利益を最大にするための在庫管理、等々、厳密な数式によるシミュレーションが数多くなされている。核実験のうち、核爆発を起こさずに性能のメンテナンスやデータ収集をする「未臨界核実験」も、シミュレーションの一種と考えられるだろう。それほど厳密でないシミュレーションとしては、アンケートによる選挙結果の予想や、成績データによる入試合格可能性判定、軍事的な図上演習、防災の図上訓練などが挙げられる。

リアル実験とシミュレーションはきっぱり分けられるのが普通だが、程度の違いと見るべきケースもある。本番とよく似た物理的設定を調える模擬選挙や模擬試験は、類似度が減るにつれて〈リアル実験色の薄まるシミュレーション〉とも言えるし、〈シミュレーション色の増すリアル実験〉とも言える。シミュレーション色の増した極限は、職業・収入・信条などの統計分布から選挙結果を予想したり、普段の試験成績や内申書と過去の統計を照らし合わせて合格率を推測したりする調査だろう。それらは物理的に本番とは違う事物を使って違う経緯で結論を導き出すため、もはや端的なシミュレーションと言うべきであり、リアル実験色はほとんど残っていない。
　リアル実験が必要か、シミュレーションで十分かは、対象となるシステムについてどれほど確かな知識が得られているかによって適宜判断される。1945年7月16日にニューメキシコでリアル実験が行なわれた長崎型原爆（プルトニウム原爆）に対し、より単純な広島型原爆（ウラン原爆）については、机上の理論的シミュレーションだけで性能と作動確率が確認された。

2 リアル実験⟷シミュレーション

　シミュレーションは、リアル実験や自然現象の「構造、機能」を外面的・近似的に真似る仕組みと言ってよい。外面的に真似るというよりは、内部の動作も含めそっくりコピーする場合を「エミュレーション」と呼んで区別することもある。ハードウェアが別のハードウェアの仕事を模倣できるようにするソフトや、地上訓練用の飛行機操縦装置のように、機械の機能だけでなく「動作、仕様」までを再現するシステムが「エミュレータ」だ。安全性などの理由で実物を模倣するさい完璧を期するときや、条件がわずかに変わるだけで実物とは大きく異なった結果が出てきそうな場合は、エミュレーションが用いられる。予期せぬ結果変動が無視できる場合や、完全な模倣が難しい場合は、ただのシミュレーションの方が効率的なことが多い。エミュレーションもシミュレーションの一種なので、ここでは区別せず、一括して「シミュレーション」と呼ぶことにしよう。
　シミュレーションに入力するデータは、現実そのままの姿が持つ値に制約されなくてもよい。しかもリアル実験のように堅さや重さのある物体の諸条

件に縛られはしないので、架空の物理法則や条件を設定して、何が起こるかを好きなだけ調べることができる。重力の値を変えて宇宙進化の実現可能なシナリオを追跡したり、太陽系創成時の地球や月の質量を変えて、その後の地球環境を探ったりなど。したがって、リアル実験とシミュレーションの違いは、実際の物理状況にどれほど似せるかという「程度の違い（スペクトル）」としてよりもむしろ、シミュレーションの特殊な種類がリアル実験であるという「一般性の違い（包含関係）」として考えることもできるだろう。シミュレーションのうち、設定の数値を現実の環境に一致させたものだけをリアル実験と呼ぶ、というように。

　スペクトルと捉えるにせよ包含関係として捉えるにせよ、リアル実験とシミュレーションの「違い」は、現実の現象や法則にどれだけ似た物理的設定が用意されるか、ということでだいたい決まる。しかしそれだけではない。「実験の目的、意味づけ」によって、同じ設定の実験がリアル実験と見なされたり、シミュレーションと見なされたりする。スペクトル上の違い、一般性の違いと並んで、「アスペクトの違い」も存在するのだ。

　たとえば、将棋、チェスのようなボードゲームは、古代インドのチャトランガが歴史的に進化したものだが、もともとは軍事的図上演習をまねたものだった。つまり将棋は、戦争のシミュレーションのシミュレーション（戦争の図上演習の模倣遊戯）とも言うべきゲームであり、広い意味では「戦争のシミュレーション」である。しかし、駒が兵器や兵隊の代用であることをやめて、それ自体が独立した存在と見なされると、将棋は「実在の人間どうしが盤上で戦う知恵比べ」、つまり知力試しのリアル実験となる。物理的に同じ盤駒を使って同じ行為がなされても、戦争のシミュレーション（本物の兵器を使わず盤駒で代用）と見ることもできるし、知的格闘のリアル実験（生身の人間が盤上で駒を武器として戦闘する実験）と見ることもできる[*1]。

　2013年3月〜4月、将棋の「第2回電王戦」で、コンピュータプログラムがA級トップ棋士を含む現役棋士5人と対戦し、3勝1敗1引き分けの成績を上げて話題になった。これも、コンピュータを「人間の知性の模倣」と考えれば、「感情に流されず合理的な戦術に徹した人間ならどう戦うか」のシミュレーションと見なされる（生身の合理的人間が戦っているわけではないので）。他方、コンピュータに何ができるかを実演したのだと考えれば、

コンピュータソフトの性能を実地に試したリアル実験ということになるだろう（現実に存在するコンピュータを運転したので）*2。同じデモンストレーションが、見方によってリアル実験にもなり、シミュレーションにもなる好例である。

リアル実験とシミュレーションの区別は、以上のように視点によって相対的ではあるが、視点を決めさえすればきわめて明確な区別である。それに対し、思考実験はどう位置づけるのが適切だろうか。

*1 「実験」の対語は「シミュレーション」ではなく「本番」だ、と考える人が多いかもしれません。そこで「（シミュレーションを含む）実験」と「本番」の対比について一言。将棋対局は、どちらの対局者の方が頭がいいか（もっと狭くは、棋力が上か）を調べる行為と考えればリアル実験ですが、どちらの対局者が勝つかという勝敗自体を目的とする場合は、実験ではなく「本番」となります。素人の娯楽的対局は知恵比べのリアル実験ですが、プロ棋士が携わる公式戦は「本番」です。リアル実験と本番の区別は、多くの場合、社会的な価値づけに関わるもので、単に「結果が重要な意味を持つかどうか」「やり直しが利かないかどうか」で本番と実験を区別する場合もあり、理論的にはあまり重要ではありません。ただし、第9章「2 封筒問題」で見るように、ゲームの本番ルール（一発勝負）と期待値計算のためのシミュレーション（多数回試行）とを区別しそこなうと確率判断を狂わされることがあるので、注意が必要です。

*2 電王戦の目的が「コンピュータの性能や知的レベル一般を調べるため」ということであれば（たまたま将棋を道具に使った）リアル実験ですが、「コンピュータの棋力を計る」ということであれば（実際に将棋をやらせたのだから）「本番」に近づき、「現実にプロに勝てるか」という趣旨なら「本番」だったことになります。

3 シミュレーション⟷思考実験

シミュレーションも思考実験も、リアル実験ではない「仮の実験」である点で同じだが、特定の個人が脳内でイメージすることで実行されるのかどうかが異なる。シミュレーションは、単一の意識によって統一されてはいない「無意識のシステム」によって実行される。そのシステムは、コンピュータのような機械かもしれないし（将棋ソフトのように）、各々別個の意思・能力を持った個々人の自然な集まりかもしれないし（模擬試験の受験生のように）、各々別個の担当を受け持つ個々人の判断の有機的組織かもしれない（天

気予報や軍事シミュレーションのように)。

　もちろん、シミュレーションにも個人の意思そのものは働いている。プログラマが意図的にプログラムのルールを作成し、実験者が法則やパラメータ(変更可能な初期値)を調整し、個々の被験者が各々自発的な行動によってデータを供給し、といった形で。そのようにさまざまな意思が働くにせよ、その全体を一人で統括するような主体はどこにもいない。プログラムのルールと初期条件がいったん決められたら、途中で勝手に修正することは許されない。シミュレーション結果がどうなるか、どの関係者の意図とも関係なしに、ルール＋データから見て相対的に真実である結果がはじき出されるわけだ。かりに、計算が簡単なため、一人の脳内で結果が導けたというような場合でも、初期条件とは独立に結果を調整できない形で導いたのであれば、シミュレーションである。シミュレーションの結果というものは、具体的な現象が実現する確率であったり、統計数字であったりするが、いずれにしても誰かの意思や価値観がその結果に直接反映されることはない。

　このように、結果の微調整ができない点で、シミュレーションはリアル実験に劣らず客観的な実験である。リアル実験もシミュレーションも、「何らかの条件・基準」に対して相対的な真実である結果を、人間の主観とは独立に客観的に導き出す作業である。

　それに対して思考実験は、条件設定だけでなく、実験結果の導き出し過程を含めたすべてが、個人的主体の心の中で行なわれる。シミュレーションが一定の機械的手続き(アルゴリズム)によってスムーズに進むのに対し、思考実験は、手操作(マニュアル)によって、自覚的なたえざる微調整のもとで作り上げられる。その意味で、シミュレーションよりも思考実験の方が自由度が大きく、個人の個性や世界観が結果に反映されることになる。

　自由度といえば、思考実験は、タイトルや設定の美的センスの程度が使い勝手を左右し、議論を誘発する力、脳を刺激し思考を組織する力(発見的価値)に大差を生ずることがある。全く同じ構造を持った思考実験でも、「ニューカム問題」よりも「囚人のジレンマ」の方が有名であり、「上の空の運転者のパラドクス」より「眠り姫問題」の方がよく論じられるのは、設定アイテムの親しみやすさや、タイトルや表現の美的価値に違いがあるからだ。本書でも論ずる「シュレーディンガーの猫」が、量子力学での数多くの「重ね合

わせ」の思考実験の中で抜群に高い人気を誇るのも同じ理由による。

 とはいっても、思考実験は何でもありではない。表現の仕方はともかく、その構造については、シミュレーションに劣らず客観的なシステムによって規制されているとも言える。あるいはこう言ってもいいかもしれない。思考実験は、シミュレーションの逆を行なう実験であると。

 法則や初期条件としてどのようなものを設定すべきかが比較的決まっているテーマについては、アルゴリズムを適用した結果、現象がどうなるかを観察するシミュレーションが適している。それに対して、法則や初期条件がよくわかっていない場合、結果としてどんな現象が出てきそうかを先に細かく思い描いてみて、そこから法則や初期条件を遡って推測する、という手順を踏むことも必要だ。それが思考実験なのである。

 飼い犬の目の前で飼い主が夫婦げんかをしている、という状況を設定するとしよう。犬の心の法則がよくわかっているため、その法則と、夫婦の動作や声の高さ、その他の環境条件をいろいろ変えたデータを入力してみて、犬の行動がどうなるか調べよう、というのであれば、シミュレーションになる。心の法則をちょっと変えて、違う犬種や猫や人間の幼児に近づけてその結果の差を調べることもできるが、それもシミュレーションである。出力された犬の行動に矛盾が見られたので、犬の心への認識を改め、別の法則や初期条件を試す、という場合も、フィードバック型のシミュレーションと言えるだろう。

 他方、犬の心の法則と言われても見当がつかないが、飼い主が夫婦げんかしたときの犬の行動はこうなりそうだ、という入力と出力の相関が予想できたり、経験的にわかっていたりする場合は、思考実験が適している。入出力の組み合わせをいろいろ検討してみて、総合的に「犬の心はこういう法則に従っているのだろう」と推測することになるわけだ[*3]。

> [*3] 解法に研究者の個性が入ると思考実験になるので、思考実験を組み込んだシミュレーション、というものはありませんが、シミュレーションを組み込んだ思考実験、というものは多いでしょう。その具体例は、この章の末尾の参考問題で。

 シミュレーションは、最初に与えられた関数（あるいは法則）によって、確率的に最も起こりやすい事柄の連鎖がどういうものかを突き止めるという

〔一般から個別へ、抽象から具体へ向かう〕作業である。対して思考実験は、具体的設定から確率的に最も起こりやすいと考えられる事柄の連鎖を構成することによって、どのような関数（法則）が状況を支配していたのかを突き止めようとする〔個別から一般へ、具体から抽象へ向かう〕作業である。哲学において思考実験の重要性が高いのはそのためだ。哲学が扱うのは、決定論とか唯名論とか性質二元論とか四次元主義とか、「概念の法則」とも言える抽象度の高い学説であり、それらのうちどれが正しいかがあらかじめ明確でない。よって、確率的に無理のない個別状況の展開をあれこれ考えることで、どの学説がそれと両立するか、しないかを調べるわけだ。

以上のことから、リアル実験、シミュレーション、思考実験の関係を、次のように整理できるだろう。

▶リアル実験◀　法則と初期条件の多くは現実世界によって与えられており（すでに入力されており）、いくつかの初期条件を実験者が自由に入力　→　現象がどうなるかを出力　→　法則と初期条件に対する認識の正しさを検証、あるいは別条件からの現象を予測

▶シミュレーション◀　法則と初期条件を実験者が自由に入力　→　現象がどうなるかを出力　→　法則と初期条件の性質を検証、あるいは別条件からの現象を予測

▶思考実験◀　法則と初期条件は入力されないまま、起こりそうな現象を実験者が入力　→　現象間の矛盾を調整　→　法則と初期条件がどういうものだったかを推測

4 思考実験とフィクション

前節の対比は、「リアル実験」「シミュレーション」「思考実験」の定義ではない。また、厳密な相違を述べたものでもない。「リアル実験」「シミュレーション」「思考実験」がそれぞれどういうものかについて学問的定義があるわけではないので、上に記した対比は、あくまで「一般にこの3つの名で

呼ばれている各々の活動はだいたいこんな違いがある」という傾向にすぎない。人間の探究的活動はさまざまなので、思考実験的なシミュレーションもあれば、シミュレーションぽい思考実験もあり、結果のわかりきったリアル実験をただ頭の中で反芻するだけのような思考実験もある。それでも、思考実験らしい思考実験と、そうでない思考実験を区別するためには、類似概念との比較によって自覚的に捉え直しておくことが望ましい。前節の対比は、その自覚のための手掛かりというか、「それぞれの活動の範型はこれではないかという提案」として考えていただきたい。いずれにしても、本書の見方ではシミュレーションと思考実験は向きが正反対なので、「思考実験は脳内シミュレーション」というありがちな特徴づけは成り立たないことになる。

　さて、「リアル実験」「シミュレーション」「思考実験」に共通するのは、ナチュラルな世界の推移に意図的に手を加え、当面知りたいことや経験したいことを抽象する操作だということである。3つとも、雑多なノイズに満ちた現実世界とは別の「管理された理想的状況」を作り出す作業なので、広い意味で「フィクション」と呼べるだろう。しかしそれはあくまで「広い意味で」だ。そこでもう一つ、「フィクション」の中でも狭い意味でのフィクションを、4つ目の比較対象として付け加えてみよう。すなわち、小説や映画のような物語としてのフィクションである。

　▶フィクション◀　法則と初期条件は入力されないまま、起こりうる現象を実験者が自由に入力　→　現象間の矛盾と美的効果を調整　→　現象の全体を観賞（法則と初期条件については必ずしも問わない）

　この「フィクション」を含めた4つの操作はどれも、行為者の関心や視点に合った側面を抽象して対象化するために、現実の自然な成り行きの一部をコントロールする「理想世界制作」だ。ただし上の図式を比較してわかるように、それぞれの間には体系的な違いがある。最も大きな違いは、フィクションと他の3つとの間の違いだろう。リアル実験、シミュレーション、思考実験が、「現象」と「法則」「初期条件」との関係を問うことからそれらの本性を突き止めたり、新たな現象の予測を得たりすることを目的とするのに対して、フィクションは、深層の「法則」「初期条件」「現象の予測」には

無関心で、ひたすら表層の「現象」を作り上げ、その表層のレベルで完結する。この意味で、フィクションは科学的活動ではなく、芸術的活動なのである。

リアル実験、シミュレーション、思考実験がハッキリ区別できるものではなかったのと同様に、フィクションも他の３つと完全に切り離されたものではない。たとえばフィクション作品をめぐる活動には、表層に描かれた出来事を手掛かりにして不可視の現象を予測しようとする「解釈」というシミュレーション的活動や、芸術表現の効果や論理を探究する「文学理論」という思考実験的活動もある。しかし解釈者や理論家はともかくとして、世界制作者の行為のあり方としては、リアル実験、シミュレーションの２つと、思考実験、フィクションの２つとの間には、論理構造の大きな相違が認められる。

リアル実験とシミュレーションでは、実験設定を微調整することは許されても、実験開始後は、実験の推移を微調整することは許されない。それをすると「捏造」になってしまう。それに対し、思考実験とフィクションでは、実験の推移を行為者の判断によって微調整することが許される。先ほど見たように、思考実験でもフィクションに劣らず、美的効果が実験者の思考能率に影響を及ぼすため、途中で登場人物を増やしたりアイテムの種類を変えたりなど、適宜パッチワーク的に設定変更することが大切になる。その巧みさが思考実験の本質的価値を左右するのである。喩えるならば、リアル実験とシミュレーションでは、行為者と作り出される世界との関係は「理神論」的であり、思考実験とフィクションでは、行為者と作り出される世界との関係は「有神論」的であると言えるだろう。

5 理神論的からくり：有神論的あやつり

神が最初の一撃で世界を創造したあとは、もう介入せずに、世界が自己展開するに任せる。そんな世界観が「理神論」である。それに対し「有神論」では、神は世界を創造したあとも絶えず介入して、啓示や奇跡や天罰によって世界内存在たちを導き、微調整を重ねてゆく。理神論と有神論との違いが、リアル実験・シミュレーションと、思考実験・フィクションとの違いによく似ていることはおわかりいただけるだろう。シミュレーションの作り手、た

とえば将棋対局ソフトのプログラマは、最初の公理系システムを与えるだけであり、いちいち自分で指し手を考えたりしない[*4]。プログラマは、自分自身の棋力がきわめて弱いとしても、プロ棋士を負かすような自己展開をするソフトを創ることができる。まさに理神論の神である。

　他方、フィクションの作者は、ストーリーの大枠だけ決めてあとは作品に自動展開させる、という書き方はしない。ここで何が起こってそこで誰と誰がどう出会って、等々、細かい隅々まで、いちいち頭で考えて決定してゆく。中枢的基底のアルゴリズムや法則（深層構造）を決めることによって表面的細部を自己決定させるトップダウン方式ではなく、表層の現象、外面の輪郭を手仕事で作り上げてゆき、結果として何らかの法則（深層構造）らしきものが浮かび上がってくればそれでよしという、ボトムアップ方式の創作を行なうのである[*5]。

[*4]「プログラマがシミュレーションの途中で介入しない」というのは、シミュレーションの絶対要件ではありません。1997年にチェスの世界王者ガルリ・カスパロフをスーパーコンピュータ「ディープ・ブルー」が破ったとき、プログラマが途中でビショップとナイトの評価を逆にするプログラム変更を行ない、それがカスパロフの読みを微妙に狂わせたそうです。しかしこの場合も、プログラマが介入したのは上位のメカニズムに対してであり、現場の指し手にはノータッチでした。

[*5]「深層が先に作られて表層を派生させる」のがトップダウン、「表層が先に作られて深層を派生させる」のがボトムアップ、という言い方は奇妙に感じられるかもしれませんね。トップダウンは「上から下」だから「表層が深層を決める」の方がしっくりくるし、ボトムアップは「下から上」だから「深層が表層を決める」の方がしっくりくるのに、なぜ逆の呼び方をしたのか、と。
　トップダウン、ボトムアップと言うときの「上」「下」は、表面か奥かではなく、抽象的一般性の高さを指しています。つまり、一般的指令が先に決められて個々の具体的細部が自ずとついてくるシミュレーションはトップダウンであり、具体的細部がことごとく作られてから、それらをつなぐ一般法則が事後的に浮かび上がってくるフィクションはボトムアップなのです。

　もう一つ喩えを出すと、シミュレーションとフィクションの違いは、からくり人形とあやつり人形の違いに相当すると言えよう。理神論的・トップダウンのシミュレーションを行なうプログラマまたは実験者は、からくり人形職人のようなものである。人形のメカニズムを組み立て、ゼンマイを巻いて所定の位置に置くと、あとは人形自らの法則と外部環境の相互作用によって

人形が勝手に動いてゆく。実験者は手を触れず、動きを記録する。

　有神論的・ボトムアップのフィクションを書く作者は、あやつり人形使いに似ている。手によって人形を動かし続け、自分の意思を人形に反映させる。作者の意図の及ばない偶然的効果もふんだんに生じはするものの、絶えずフィードバックして偶然的効果を作者の意図に組み込みながら、不断の微調整のもとでいっそう高次の効果を狙ってゆく。

　思考実験も、ボトムアップ方式・あやつり有神論的創造という点でフィクションに似ている。ただし、フィクションが美的・劇的な効果を狙って表層の細部を手作りで仕上げてゆくのに対して、思考実験の美的・劇的工夫は、あくまで発見的効果を目的とした二次的なものである。思考実験は、美的判断よりも主として「もっともらしさ」「自然さ」の判断にしたがって、一番起こりやすそうだと考えられる筋書きを選んで細部を調えてゆく。

　ただし思考実験では、舞台設定そのものは極端で非現実的な状況や、可能だがきわめて不自然かつ人為的な状況にすることが多い。極端な設定のもとでこそ、複数の法則（理論）の微妙な違いが結果の大きな違いを生むからである。穏当な現実的状況では違いを生じさせない複数の学説が、非現実的ながら十分可能な特殊状況下では互いに大きな違いをもたらし、どの結果がいちばんもっともらしいかが一目瞭然になるわけだ。それぞれの結果に至る現象の推移がだいたい思い描けたところで、「この状況設定からいちばん自然な推移を矛盾なく生じさせそうなのは、どの科学理論か（倫理学説か、認識論か、形而上学説か……）」「この状況設定からあれやこれやの不自然な推移を防ぐには、どの理論を排除せねばならないか」を判定するのである。

　シミュレーションとフィクションの違いを、からくり人形とあやつり人形の違いに先ほど喩えたが、思考実験は、あやつり人形ほどには実験者の自由に任せてよいものではない。シミュレーションと思考実験の違いをまた一つ喩えるなら、数学の計算問題と応用問題の違いといった感じだろうか。

　計算問題は、与えられた式と数値をもとに、一定の手順に従って答えを導き出す。誰が計算しても基本的に同じである。応用問題は、与えられた状況設定に対してどの公式を当てはめればうまくゆくかという「巧みさ」「効率」「汎用性」の違いがあり、同じ正解に到達するにしても解答者の価値観・美意識によって重みづけの違いが出る。解くプロセスの一つ一つが意図的微調

整の産物である。しかも、あの公式よりもこの公式の方がより一般性のある（つまり多様な問題に適用できる）解き方につながるので優れていることが判明した、というような「法則・理論のレベル」での解決がなされることも多い。確率問題の場合などは、「一回限りの事象については確率の客観解釈より主観解釈の方が適切だ」などと、哲学的レベルの解決に至ることもある。一般公式から個別解決へというシミュレーションと、個別解釈から一般的判断へという思考実験との違いは、かなり大きな違いなのだ。

以上考えてきた4つの活動（の理念型）を対比的にまとめ直すと、こうなるだろうか。

R＝リアル実験　S＝シミュレーション　T＝思考実験　F＝フィクション

	物理的事物を使うか？	トップダウンか？	基底的法則(深層構造)の認識を目的とするか？
R	○	○	○
S	×	○	○
T	×	×	○
F	×	×	×

6 もうひとつ「作業仮説」と比べてみると……

自然的成り行きに任せているままでは見えにくい世界の側面を浮かび上がらせる「理想状況制作」が、リアル実験、シミュレーション、思考実験、フィクションだった。ところで、人為的に理想状況を調える装置として、科学や哲学の現場では「作業仮説 working hypothesis」と呼ばれるものも絶えず利用されている。思考実験とシミュレーションの区別をもう一段詳しく考える役に立つので、この「作業仮説」なるものに少し触れておこう。

「作業仮説」という語は、学問において成熟した「仮説」になる前の、試みとして提示される仮説もどき、というくらいの意味で使われることがある。それでもいいのだが、むしろこう理解した方がよいだろう。作業仮説とは、「いろいろな仮説の正しさを検討するときに、議論の枠組みを提供するため

に、暫定的に正しいと仮定される命題」のことだ、と。そのような作業仮説は、普通の仮説のように自らの真偽が問われることのないまま、世界全体の特定の姿を提示する。その点で、フィクションによく似ている。ただし、2点においてフィクションとは異なる。①あくまで現実の世界の記述とされること、そして、②どんな作業仮説を設定すべきかが、公認の世界認識とこれからの議論の目的とによって自ずと限定されること。

　「自ずと限定される」がゆえに、作業仮説はトップダウン式状況設定である。しかも物理的事物を使わないトップダウン式状況設定である。それゆえ、作業仮説はフィクション・思考実験よりもシミュレーションの方に似ているかもしれない。たとえば、「重力を伝達する粒子がある」という作業仮説のもとで、それに合わせて物理学がどんな体系に発展するかを調べる。「地球全表面が氷結した時期があった」という作業仮説のもとで、地質学や進化生物学のデータの整合性を検討する。「L. H. オズワルドがケネディ大統領暗殺の単独犯だ」という作業仮説のもとで、マフィアとダラス市警察の関係史を再構成する。「決定論（実現可能な未来はただ一通りである）と唯物論（心は物質とは別の存在ではない）は真である」という作業仮説のもとで、自由意思説がどういう帰結を導きうるかを吟味する。等々。

　あるいは、今列挙したような内容的な仮説の体裁をとらず、<u>方法論的な指針</u>である場合もある。「オッカムの剃刀」（複数の理論の説明能力が等しければ、独立の仮説や概念の数を最も少なくする理論を選べ！）や、「スーパービーニエンス」（ミクロな状態が同じであれば、マクロな状態が異なることはない、と想定せよ！）などがそれにあたる。作業仮説は、通常の「仮説」のように、それ自身がただちに検証や反証の対象となることを目指して設定されるのではなく、理論的探究全体を促進するための足場として使われる仮説である。

　そのような「作業仮説」は、シミュレーションの状況設定の部分（帰結を調べるためにアルゴリズムを運転開始するまでの部分）に相当する。シミュレーションは常に、作業仮説から計算を進めてゆくのである。したがって作業仮説は、例の4つの状況制作と比べると、「構造が不完全」という特徴を持つ。リアル実験、シミュレーション、思考実験は〔設定→実験結果〕つまり〔条件→帰結〕という形をしていたし、フィクションも〔本筋→挿入部・ディテール〕という論理構造を持っていた[*6]。どれも〔条件パート→帰結パート〕

という形式なのである。それに対し作業仮説は、→の左半分にあたる「条件パート」だけから成っていて、帰結パートを欠いている。作業仮説は、もっぱら他の諸仮説と合わせて働くものであり、帰結部として学問体系のあり方を完成させるための「条件」「前提」として学問体系に組み込まれるのだ。

したがって作業仮説は、自らが独立した輪郭を持ってはいない。同じ命題Aが、ある学問の文脈では、他の命題群を「仮説」として検証するための「作業仮説」として用いられ、別の学問の文脈では、自らが検証されるべき「仮説」となって他の命題群を「作業仮説」として用いる、といったことも見られるのである。

*6 フィクションの論理構造を〔記述→解釈〕つまり〔述べられたこと→述べられていないこと〕と捉えると、シミュレーションの一種となります。解釈の論理は作者や読者の意図を超えているのが普通だからです。しかし、作者の制作行為として考えた場合は、フィクションの論理構造は〔本筋→細部〕とするのが妥当でしょう。フィクション制作は個々の微調整で完成してゆくため、非シミュレーション的です。ちなみに、リアル実験、シミュレーション、思考実験にも必ず「解釈」の段階が後続しますが、どれもシミュレーション的に進むべき段階です。

リアル実験、シミュレーション、思考実験も、学問的探究の手段にとどまることは作業仮説と同様なのだが、学問体系の内部に「前提」として組み込まれるのではなく、独立した道具として体系外に並立している。条件パートと帰結パートを備えた完結版ストーリーとして、学問体系の外部から働きかけるのだ。完結しているため、「シミュレーションはうまくいったか」「思考実験は辻褄が合っているか」を、学問体系とは独立に判定することができる。それに対し作業仮説は、それ自体としては辻褄が合っているとかうまくいったとかいうことはない。あくまで特定の学問体系全体と合わせたときに限って、正しい体系を生むかどうか、効率的な探究をもたらすか、等が判定できる。

だからといって、作業仮説を提出する人が、当の作業仮説の真偽に無関心なわけではない。むしろ、作業仮説が奉仕する学問体系全体が真偽判定されるのに伴って、作業仮説自身の真偽も決定され（あるいは暫定的に決定され）、作業仮説から「真なる仮説」に昇格したり、「偽なる仮説」として否認されたりする。作業仮説は、提出されるときはあくまで仮定的な道具として真理主張なしで提示されるが、最終的には、真か偽かが検証されねばならないとされるのだ。正確に言うと、内容的な作業仮説は〈真か偽か〉が検証され、

方法論的な作業仮説は〈本当に便利だったかどうか〉が問い直されることになる。作業仮説を「成熟した仮説になる前の、試みとして提示される仮説もどき」とする前述の見方が成り立つのは、この意味においてである。

この点でも、作業仮説はシミュレーションに似ていると言えるだろう。前に見たようにシミュレーションの条件パートは、当面は真偽を問わず試験的に設定されたパラメータの値にすぎない。だとしても、いずれは当の設定値が正しいかどうか（現実のパラメータの値と自らの設定値が一致しているかどうか）が検証されるべきものとして提示されていることが多い。つまり「実装」されるのである。リアル実験も同様だ。実験室内に設定された条件が自然界によく起こる状況なのかそれとも極度に理想化された状況なのかについて自覚的でなければならないので、「設定の真偽」が重視されている。

それに対して思考実験者は、自らの提案した状況設定が真理（現実に起きた事柄、あるいは起こりうる事柄）の一例であるかどうかは気にしないのが普通だ。状況設定が「実装」されておらず、単に「偽装」として使われているのである。

作業仮説は、学問体系の中に前提として組み込まれたとき、かりに不合理な含みを持つことが判明して、「結局、背理法の仮定だったわけだな」ということになっても、その作業仮説を設けた人にとっても学問にとっても有意義である[*7]。作業仮説が偽であるとわかれば、それを否定した命題が真だとわかったことになるからである。作業仮説は「実装」されていたので、真だとわかっても偽だとわかっても現実認識にとって収穫なのだ。シミュレーションの条件パートについても同様のことが言える。

それとは対照的に、思考実験者は、偽装にすぎない自らの状況設定そのものが真か偽か（現実に成立している事柄かどうか）については無関心であり、設定の帰結および発見的実用性にだけ関心を持つ。フィクションはなおさらだ。物語作者は、自分が実は歴史的事実を述べていたのかどうかなど重視しないだろう。むろん、思考実験者もフィクション作者も、自らの状況設定が真だと判明すれば（とくに現実離れしていると思われた設定の場合には）大いに興味を惹かれるかもしれないが、それは思考実験やフィクションの価値・意義とはなんの関係もない。

自らへの真偽判定を要求するという意味でも、シミュレーションの条件

パートは作業仮説に他ならないと言えるわけである。はじめから虚構的可能性を探究するためにシミュレータを運転して世界を作ってゆく場合ですら、「設定は偽である(現実どおりでない)」と理解されることが重要である。他方、思考実験の条件パートやフィクションの記述は、自らの真偽は永久に棚上げであってかまわない。だから「作業仮説」と見なされることは決してないし、作業仮説として利用されることもない。たとえ利用されたとしても、それはもはや思考実験やフィクションとしての働きではなく、単に同じ命題が作業仮説に使われるためのヒントを提供したというにすぎない。

このように、作業仮説はシミュレーションの構成部分と言うことができる[*8]。つまり作業仮説は、前節までで考えた4つの制作行為とはカテゴリが違っている。なので、他の4つと同一平面上に分類すべきものではないのかもしれない。が、いちおう(わかりやすいよう「同一平面上に分類できる」と仮定した作業仮説のもとで)、「W＝作業仮説」を前の表に加えて整理しておこう。

	1／素材	2／経過	3／構造	4／意味	5／目的
	物理的事物を使う？	トップダウン？	自己完結的？	設定の真偽は重要？	深層構造の認識が目的？
R	◯	◯	◯	◯(実装)	◯
S	×	◯	◯	◯(偽装→実装)	◯
W	×	◯	×	◯(偽装→実装)	◯
T	×	×	◯	×(偽装)	◯
F	×	×	◯	×(偽装)	×

以上、仮想的状況を作り出す「思考実験」という知的活動を、他の理想的状況制作と比較してみた。「思考実験とは何か」の大枠をつかんでいただけただろうか。これ以上の「思考実験論」にはまた後で(とくに第6章で)立ち戻ることにして、しばらくの間、思考実験を論ずるのではなく実践してみよう。有名な思考実験をいくつか取り上げて、そこから哲学上の諸理論の正しさについて私たちなりの判定を導き出していきたい。

[*7] たとえば、「男女間に生得的な趣味の違いはない」という作業仮説Wのもとで心理学や社会政策を進めてゆくとしましょう。男子と女子がそれぞれ好む遊びや話題の違いをすべて環境要因で説明していった結果、諸学問の諸定理との矛盾がどうしても消せなくなってきたら、「W

ならば矛盾」となり、背理法によって「Wは偽である」と結論されます。ここでWは、作業仮説という道具から、成熟した仮説（ただし偽なる仮説）へと昇格したことになります。

*8 もちろんリアル実験、思考実験、フィクションでも作業仮説は用いられます。ただしフィクションでは、状況設定の不可欠の構成要素として既成の作業仮説が組み込まれるにすぎず、検証を受けることはありません。リアル実験と思考実験では、既成の作業仮説が検証を受けることがあります。そして、既成の作業仮説を使うだけでなく、新たな作業仮説の設定としてパラメータ等の状況設定がなされるのは、シミュレーションにおいてのみです。

参 考 問 題

ガリレオの有名な思考実験に、アリストテレスの落体法則「落下速度は落体の重さに比例する」を反駁する議論がある（『新科学対話』）。
——重い石と軽い石をひもでつないで落としてみよう。運動の速いものと遅いものがつながれているので、軽い石は引っ張られ、重い石は引き留められ、それぞれ単独で落としたときの中間の速度で落ちるはずである。しかるに、重い石＋ひも＋軽い石という全体を1つのものと考えることもでき、それは重い石よりさらに重いから、重い石を単独で落としたときより早く落ちるはずだ。これは矛盾である。よって、アリストテレスは間違っている。——
この思考実験の中で、シミュレーションの部分はどこだろうか。

★答え★　法則「落下速度は落体の重さに比例する」を、「重い石」「軽い石」「重い石と軽い石をひもでつないだ全体」の三者に適用したときの計算が、シミュレーションの部分。「重い石と軽い石をひもでつなぐ」というアイディア、それを「単独の物体」と見なす発想、その計算結果が2通りあることからその矛盾を衝く作業、等が、思考実験特有の手作り的作業である。それら全体を組み合わせて背理法をこしらえ、仮定である落体法則を否定する思考実験になっている。なお、ガリレオのこの思考実験自体がかなり怪しい「補助前提」に満ちている。簡潔で詳しい突っ込みは、金子務『思考実験とはなにか』（講談社）の第3章を参照してください。

第 2 章

抜き打ち試験のパラドクス
surprise quiz

◎抜き打ち試験とは、「合理的な予想のとおりではない日に試験を必ず実施すること」。日程が限られているとき、この条件を満たした試験を実施することは、論理的に可能なのでしょうか？

◎次のような流れで考えていきましょう。
〔抜き打ち試験の、設定の異なるバージョンをいくつか比較→生徒、教師にとって可能な言い分を吟味→「（生徒が）合理的に予想する（知る）」ための条件を考察→発言の矛盾と合理性の関係、談話の規則による自己正当化、等々の細かい手口を検証〕

抜き打ち試験のパラドクス

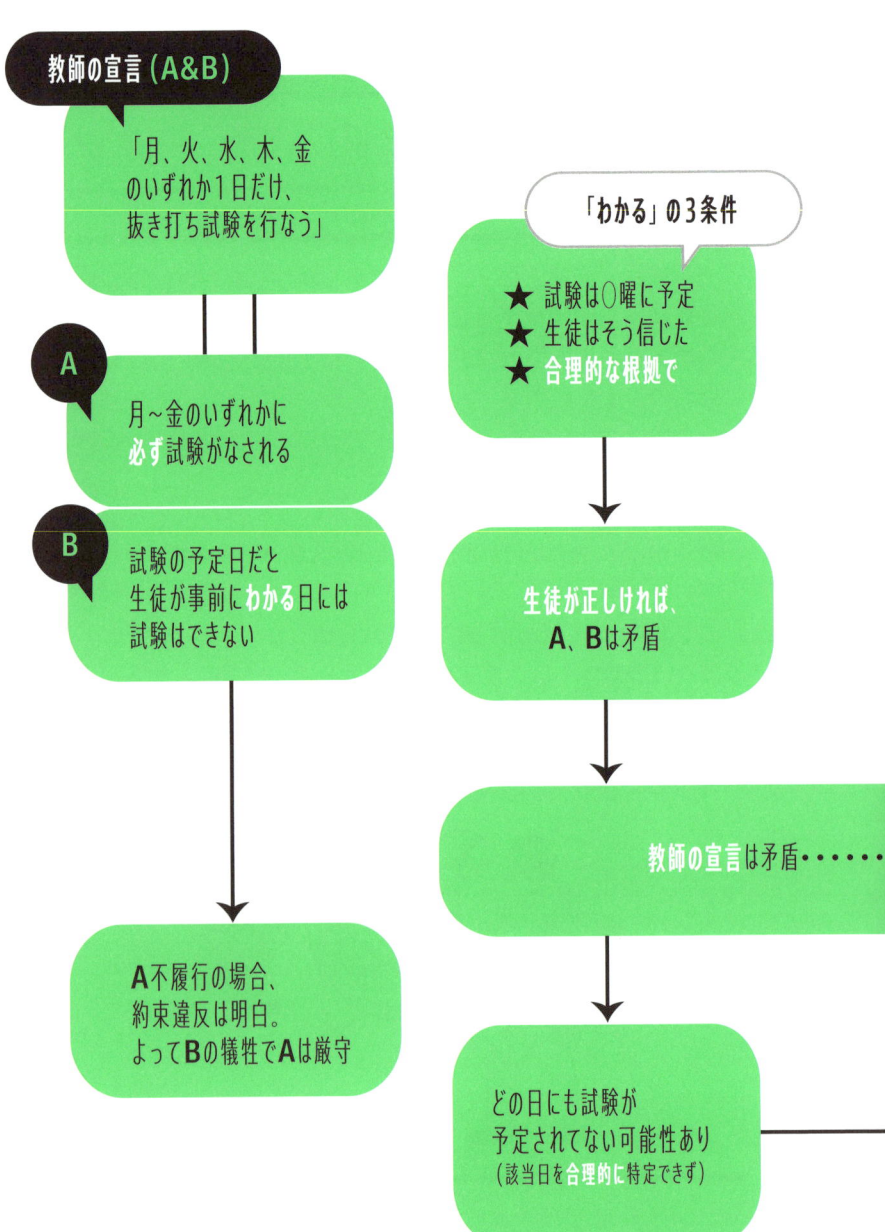

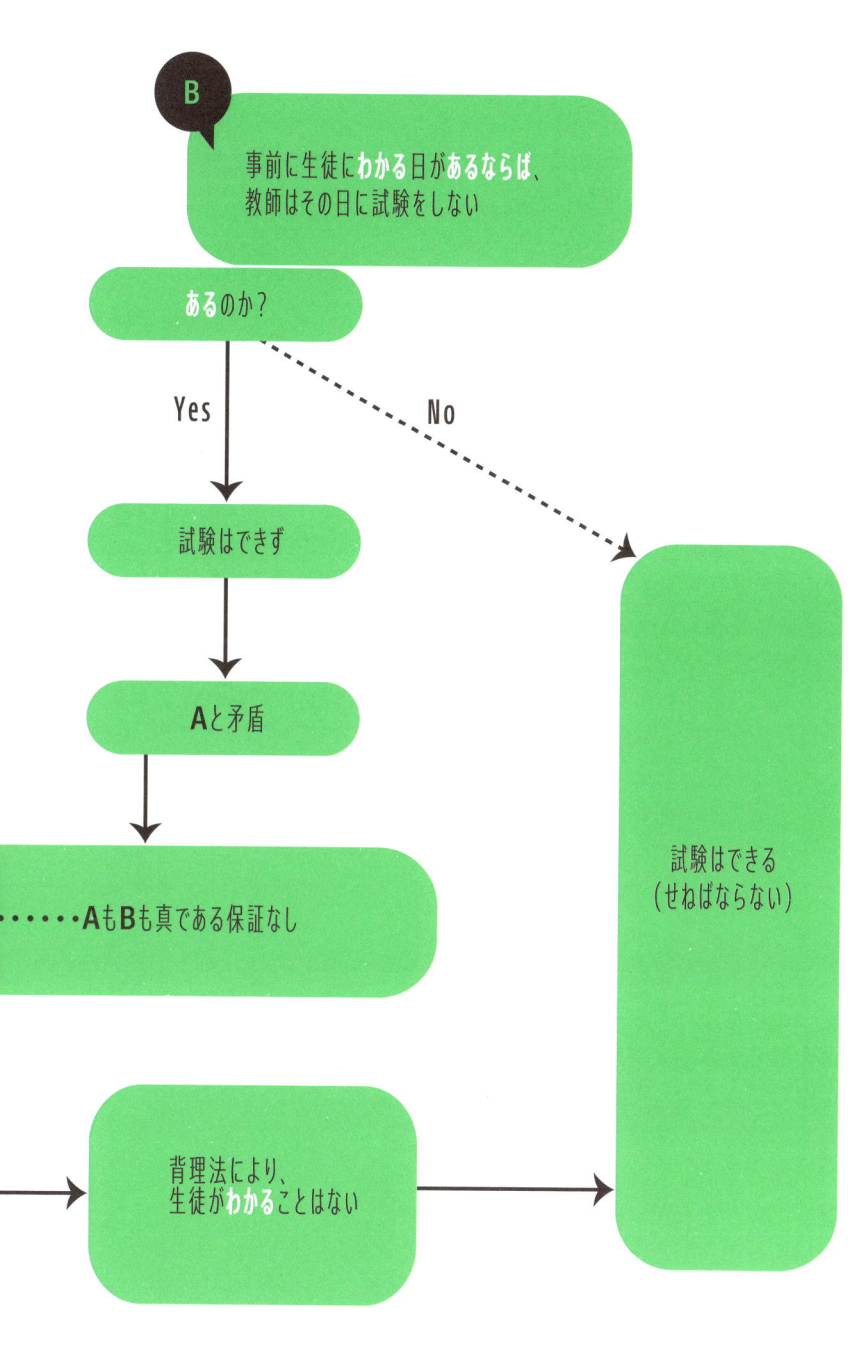

*

1 現実的な思考実験

　思考実験をリアル実験と比較しながら考えるために、「リアル実験をしようと思えば比較的簡単にできるにもかかわらず、あえて頭の中だけでやってみる思考実験」からまず考えよう。設定が現実離れしていないリアルな思考実験の代表例、「抜き打ち試験のパラドクス」である。
　抜き打ち試験のパラドクスとはこういうものだ。

> 　教師が生徒たちに言う。「来週、月曜から金曜までのいずれか1日だけ、抜き打ち試験を行なう。抜き打ち試験であるから、試験実施が告げられる前に『この日こそ試験があるぞ』と君たちにわかってしまうような日には試験は行なわない」
> 　これを聞いて生徒たちは考えた。「木曜日まで試験がなかったとしたら、金曜日が試験だと僕らにわかってしまう。だから木曜までのどれかに試験が行なわれるはずだな。つまり先生は金曜日には試験はできない。試験ができる最後の日は木曜ってことになる。そうすると、水曜まで試験がなかったら、木曜に試験だとわかってしまうよな。つまり先生は木曜日には試験はできない。試験ができる最後の日は水曜ってことになる。すると、火曜まで試験がなかったら、水曜に試験だとわかってしまうよな。つまり先生は水曜には試験はできない。試験ができる最後の日は火曜ってことになる。すると、月曜に試験がなかったら、火曜に試験だとわかってしまうよな。試験ができるのは月曜だけってことになる。てことは、月曜より前に、というか今すでに、月曜が試験だとわかってしまったじゃないか。つまり月曜も試験ができないわけだ。……今考えたことをまとめると、『抜き打ち』の定義からして試験実施日候補が1日だけってことはありえないから、金曜だけ

候補として残ることはありえず除外、だから残った候補のうち木曜だけ残ることもない、だから残りのうち水曜もダメ、残りのうち火曜もダメ、残りのうち月曜もダメ。なんだ、抜き打ち試験なんてできないじゃん！」

　生徒たちが安心していたところ、週があけて、教師は月曜日にさっそく試験実施を宣言した。

「えーーっ！」生徒は抗議した。「きょうは試験できないはずですよ！」

「なんでだ？」と聞く教師に、生徒は先週考えた推論を理路整然と述べてみせた。

　教師は答える。「なるほど、どの日にも試験ができないはずだというわけだな。君らはそう思っていたんだな。ならば抜き打ち試験として完璧だ。君らが決して試験がないと思っていた日、つまりどの日であれ試験を実施できるんだからな！」

　さて、生徒が正しいのだろうか、それとも先生が正しいのだろうか。

　このパラドクスの起源は、第二次大戦中のスウェーデンの民間防衛演習アナウンスだと言われる。演習に実践的な効果を持たせるため、当局が「今週に演習を実施するが、実施日は前もって知らされない」と宣言した。「それって、どの日にも演習ができなくなるんじゃ……？」と気づいた人がいて、哲学の演習問題として流通するようになったというわけだ。

　抜き打ち試験のパラドクスは、教室で簡単に実験することができる。実際に私も、「抜き打ち試験のパラドクス」を授業で論じたとき、これを教室で実施したことがある。つまりリアル実験したことがある。むろん、どうやっても抜き打ち試験は成功する。しかしなぜだろうか。

　この問いに答えるのに、リアル実験は役に立たない。論理的なパラドクスを考察するのにリアル実験はたいてい無力だ。「こう考えればこのように解決される」という思考実験で十分だし、むしろ予期せぬ瑣末なノイズが入って気をそらされかねないリアル実験よりも、論理的にピュアな思考実験の方が問題の核心に迫れるのである。

　さてそれでは、理屈的にどうなのだろう。生徒の推論によれば抜き打ち試

験はできないはずだった。しかし教師はできると言って実施しようとしている。どちらの言い分ももっともに聞こえるが、実際に正しい理屈を述べているのはどちらだろう？

① 生徒の推論が正しい。教師は矛盾したことを述べており、アンフェアである。抜き打ち試験は無効である。
② 教師の言い分が正しい。生徒は矛盾したことを述べており、混乱している。抜き打ち試験は有効である。
③ 生徒も教師もともに辻褄の合ったことを述べている。ただし、試験は実際に生徒の意表をついているようだから、論理はともかくとして抜き打ち試験は成立した。
④ 生徒も教師もともに矛盾している。教師から提示してきた抜き打ち試験だから、実施のためには教師が正しい論理を述べている必要があり、抜き打ち試験は成立しない。

さて、①〜④のどれが正解だろうか。

2 実施条件と抜き打ち条件

この「抜き打ち試験のパラドクス」についてきちんと考えるためには、教師が何を述べたのかを整理しなければならない。教師は生徒に対して、次の2つのことを宣言している。

A（実施条件）　月曜から金曜までの5日間のいずれか1日だけに必ず、試験を行なう。
B（抜き打ち条件）　試験がある、と生徒が事前にわかる日には試験を行なわない。

さて、このAとBが互いに矛盾しているようなら、教師側の矛盾だから、①か④が正しい。矛盾していないなら、②か③が正しいと言えそうだ。それでは、どうだろう。教師の提示したAとBは、矛盾しているのだろうか。

矛盾があるかどうかを調べるさいのポイントは、教師のセリフの中の「『この日こそ試験があるぞ』と君たちにわかってしまうような日には」という部分である。そう、「わかってしまう」。この「わかる」という概念が、抜き打ち試験パラドクスの核心なのだ。
　もし条件Bが、「試験がある日には試験を行なわない」と述べているのなら、教師の言葉はそれだけで明らかに矛盾している。試験が行なわれる日に試験を行なわない、という措置は言葉の意味からして不可能だからだ。ところが教師は、「試験がある、と事前にわかる日には試験を行なわない」と言っている。文の途中に挟まった「と事前にわかる」がクセモノなのだ。これがあるために、条件Bが矛盾しているのだか矛盾していないのだか、わかりにくくなっている。そして、かりに条件Bだけでは矛盾していないとしても、条件Aと合わせたときに矛盾していないと言えるかどうか、考えねばならない。けっこうやっかいな予感がするが、どの時点においても、ポイントとなるのはこの「わかる」という概念なのだ。
　「わかる」とはなんだろうか。「〜〜がわかる」とは、「〜〜を知る」と言い換えられるだろう。「〜〜がわかる」とは、〜〜が正しいという知識を得た、ということである。このパラドクスを解くには、「知識を得る」とはどういうことか、を分析しなければならない。抜き打ち試験パラドクスは、「知識とは何か」を考える哲学分野（認識論）の中核部をえぐっているのである。
　ある人AがPという内容の知識を持っているためには、最低限、2つのことが必要である。1つは、AがPだと信じていること。もう1つは、Pが事実として成り立っていること（Pは真実に対応していること）。
　したがって、Aが「◎曜日に試験があるということを知る」ためには、最低限、次の2つが成り立っていなければならない。
　1つは、◎曜日に試験がある、とAが信じていること（信念条件）。
　もう1つは、◎曜日に試験がある、というのが真であること（真実性条件）*9。
　知識成立のためには他にも必要な条件はあるだろうが、ここではさしあたり、この2つの条件で考えていこう。信念と、真実性。この2つで十分かどうかはともかく、この2つは少なくとも必要条件なので、満たされなければダメ、という最低限のチェック事項として働くからである（この2つ

以外の条件のことは、もう少し後で考えることにします)。

> ***9** 真実性条件だけで、必ず試験がなされることが保証されている、と思う読者がいるかもしれません。「試験がある、と生徒が事前にわかった日」が水曜日だとしましょう。生徒の「わかった」が「知識」であるためには、真実性条件により、水曜日に本当に試験がなされることが必要です。すると、抜き打ち条件Bに従って水曜日の試験をとりやめたとすると、「水曜日に試験がある」が偽となるから、生徒は「実はわかってなかった」ことになります。わかってないなら、試験をやっても条件Bに反しないのでは？ このことについては後の「情報盗み出しバージョン」の節で触れます。

さあ、信念、真実性というこの2条件を手がかりに、生徒の推論を改めて詳しく調べてみよう。教師が嘘をついていないとして（教師の宣言A、Bが真になるとして）――、

(仮定1) 木曜日の終わりまで試験がなかったとする。
　残された日は1日だけだから、実施条件Aより、試験日はその金曜日だとわかってしまう。ところが、抜き打ち条件Bにより、わかってしまう日に試験はできない。教師が自分のA、B2つの条件をともに満たすことはできなくなる。よって、教師は、自分の発言A、Bを矛盾させないためには、金曜だけを残すわけにいかず、木曜までのいずれかの日に試験をやってしまわねばならない。仮定1が実現することは不可能。

(仮定2) 水曜日の終わりまで試験がなかったとする。
　上と同じ理屈で、教師は、木、金曜だけを残すわけにいかず、水曜までのいずれかの日に試験をやってしまわねばならない。仮定2が実現することは不可能。

(仮定3) 火曜日の終わりまで試験がなかったとする。
　上と同じ理屈で、教師は、水、木、金曜を残すわけにいかず、火曜までのいずれかの日に試験をやってしまわねばならない。仮定3が実現することは不可能。

(仮定4) 月曜日の終わりまで試験がなかったとする。
　上と同じ理屈で、教師は、火、水、木、金曜を残すわけにいかず、月曜に試験をやってしまわねばならない。仮定4が実現することは不可能。

(仮定5) まだ月曜日の始まる前である。つまり週が始まる前の初期状態で、

教師の宣言が真であるとする。

　上と同じ理屈で、教師は、月、火、水、木、金曜を残すわけにいかず、月曜より前に試験をやってしまわねばならない。しかしそれは実施条件Aに反している。

　よって、仮定5が実現することも不可能。つまり、教師が真実を述べていることは不可能であり、自分の設定したA、Bをともに実現させることは不可能。

　結論　教師はA、Bという、両立しない不可能なことを実行すると宣言していた。教師の言う「抜き打ち試験」はナンセンスであり、したがって無効である。

　以上が生徒の言い分である。これは正しいだろうか。

3 「事前にわかった」とは？

　以上の生徒サイドの推論を追体験したところで思考実験の第一段階が終了した。「教師の抜き打ち試験宣言は、両立しない条件A、Bをともに実行すると宣言しているために、矛盾であり、約束として無意味である」と生徒は考えるに至った。そのことをまず確認できたのである。

　最も考えやすい明快な状況として、木曜日まで試験が行なわれなかったとしよう。金曜日の授業のときに、教師が「抜き打ち試験を行なう！」と言って答案を配りはじめた。生徒は何と言うべきだろうか。この試験は教師の言ったとおりの実行方法が守られていない、という抗議をすることになるだろう。つまり、「条件AとBとが両方満たされるという約束が破られた、だからこの試験は無効だ」と言い張ることになるだろう。

　「条件AとBとが両方満たされるという約束が破られた」とはどういうことか？　もちろん、AとBの少なくとも一方が破られている、ということである。

　ではAから考えよう。生徒は、「先生の行為は条件Aに反します」と言えるだろうか？

言えない。試験を実行しなかった場合にだけ、条件Aに反したことになるのであり、教師は試験を実施しようとしているのだから、条件Aは守っている。

すると、生徒にとって可能な抗議は、「条件Bに反している」という抗議だろう。「先生、それはダメですよ。抜き打ち条件を満たしていないのですから」──生徒がこのように抗議したとして、正当な抗議と認められるだろうか？

条件Bはこうなっている。

B「試験がある、と事前にわかるような日には試験を行なわない」

生徒は、条件Aと木曜まで試験がなかったことから、次の命題Cを導いたのだった。

C「金曜に試験があると事前にわかった」

そして、条件Bと命題Cを合わせて、

「金曜には試験が行なわれない」

を導き、教師は「今日は試験ができない」はずだ、と生徒は主張しているわけである。

しかしどうなのだろう、命題Cは真なのだろうか？　生徒は、金曜に試験があると「事前にわかった」というのは本当だろうか？

思い出そう、「事前にわかった」ということの意味を。生徒が「金曜に試験があるとわかる」ためには、「生徒は金曜に試験があると信じる」「金曜に試験が本当にある」この２つが必要だった。教師は試験をやろうとしているのだから、「金曜に試験が本当にある」の方は現に成り立っているようだ。しかしもう１つの「生徒は金曜に試験があると信じる」はどうだろう。生徒は、金曜に試験があると信じていたのだろうか？

もし信じていたのならば、「試験はできないはず」と抗議することは矛盾というか、自己否定になる。「試験がなされる」という、自分が抱いているはずの信念を、自ら覆そうとしているからだ。つまり、「試験はできないはず」という抗議をすることは、本当は当日試験があると信じてなどいなかったことを暴露したことになってしまう！

生徒が信じていなかったのであれば、生徒は「金曜に試験があると信じる」という信念条件を満たしていないがゆえに、「金曜に試験があると事前にわ

かった」は成り立っていないことになるだろう。つまり、
　B「試験がある、と事前にわかるような日には試験を行なわない」
　C「金曜に試験があると事前にわかった」
　から
「金曜に試験は行なわれない」
を導くという生徒の推論は、偽なる前提C「金曜に試験があると事前にわかった」を使っているために、正しい推論ではなかったのである。
　つまり生徒は、次のようなジレンマに追い込まれているのだ。
　自分の推論が正しければ、教師のA、Bは互いに矛盾しており、どの日にも試験はできないはず。そのことを抗議して試験をやめさせたい。ところが、条件A、Bを手掛かりにC「金曜に試験があると事前にわかった」と主張するためには、「金曜に試験がある」と信じなければならない。もし抗議をすると、その信念を自ら否定することになって、推論が成り立たなくなってしまう。
　「抗議するとその抗議の根拠が失われるという自己反駁状況」に生徒は陥っているのである。
　こうして生徒は、
① 「抗議して自分の信念を自己破壊し、教師の試験実施が条件Bに違反しないことにしてしまい、試験を合法的に受ける羽目になる」か、
② 「①のような自滅を避けるために自らの信念および推論を維持して抗議を控え、信じたとおり黙って試験を受ける羽目になる」か、
いずれかなのだ。

4 ジレンマからの逃れ方〜〜素直に試験を受ける

　さて、これで一通り思考実験は終わった。生徒の負けである。実際に、5日間のうちどの日であれ、試験がなされれば生徒は「えっ?」と驚くはずだから、抜き打ち試験は成立する。今やってみた思考実験は、それが<u>最後の金曜日にすら当てはまる</u>ことを示しているわけだ。つまり、候補が1日だけだとしても、抜き打ち試験は成立する。
　状況設定を露骨なものに変えてみよう。何曜日でもいいが、「明日、抜き

打ち試験を行なう」と教師が言う。生徒は「え？ 明日１日しか候補がないんじゃ、抜き打ちじゃないだろ。先生は嘘を言っている」と推論する。そこで安心していると、翌日試験がなされる。「今日こそ試験がある」という自分の推論によって「今日は試験がない」と思っていた生徒は、驚いてしまう。抜き打ち成功。これが、前節で確認した「抜き打ち試験」の論理である。

しかし、そんなことでいいのだろうか。教師が矛盾を述べて生徒を混乱させ、そのために何でもありになっただけではないだろうか？ 「抜き打ち試験成功」と判定する前に、もう一歩踏み込むことが必要だろう。

前節最後にわれわれが到達した生徒のジレンマ①②は、いずれにしても、生徒はおとなしく試験を受けねばならないことを示していた。しかし教師はそれで平然と試験実施してよいのだろうか。生徒の推論は、教師の条件Ａ、Ｂを合わせると何らかの論理的不合理が生ずることを指摘していたように思われる。すると実際のところどうなのだろう、教師のＡ＋Ｂ、つまりもともとの抜き打ち試験宣言に矛盾はなかっただろうか。教師は論理をクリアしていたのだろうか。もともと矛盾した条件を出して生徒の合理的推論を阻害し、そこに乗じて試験を実施しようとしたのなら、試験実施はフェアでない。教師の抜き打ち試験宣言そのものが無効ではないだろうか。

少なくとも①については問題なさそうだ。実際、生徒は「事前にわかって」などいなかったことが抗議発言によって証明されたのだから、教師は論理的良心のとがめを感じずに堂々と試験ができるだろう。問題は②のときである。

もしも生徒が、抗議をせずに、聞こえよがしにぼやいただけだとしよう。「あ〜あ、そうですよね、やっぱり試験実施ですよね。今日が試験日だとわかってましたよ、推論によってね。わかったんだから、条件Ｂによれば先生はこの日に試験はできないことになってるはずですが、条件Ａによって試験実施ですよね。先生のその二条件は矛盾していて、だから条件Ａを守ることで先生は条件Ｂに思いっきり違反してるわけですけど、仕方ない、試験受けましょう。権力握ってるのは先生なんで。しかし、ま、あれですね、矛盾したことを平気で言って、約束を守らない教師ってのは尊敬できないもんですね。どうでもいいですけど。……あ〜あ……」

あるいはそんな文句すら言わずに生徒が黙って試験を受け、あとで教師に、矛盾を非難するメールを送ることも考えられる。

「教師は矛盾している」という生徒の指摘がもし正しければ、教師としては、黙って試験を実施してすませるわけにはゆくまい。教師たるもの、「矛盾」という知的に最も不名誉な嫌疑をかけられたまま澄まして試験を実施してはならない。試験実施にやましいところがないならば、一応の論理的正当化を述べてやるのが教育というものだろう。しかし教師は、自分が矛盾していないことを論証できるのだろうか。

　生徒が従順に試験を受ければ、次の２つの条件が満たされているように思われる。「生徒は当日が試験実施日であると信じていた」「当日実際に試験があった」

　先ほど確認した「信念」と「真実性」という知識の二条件が満たされている。すると、生徒は「当日が試験であると事前にわかっていた（知っていた）」ことになりそうである。

　そのような、当日に試験があると事前にわかっていた生徒に対して、相手が従順なのをいいことに試験を強行したとしても、論理的には教師は勝ちを収めたとは言えまい。素直に試験を受けた生徒が後で送ってきた抗議メールに、教師は合理的な答えができるのだろうか？

5 真実を信じれば「知っている」ことになるのか

　ここで、「わかる（知る）」という概念のもう少し詳細な分析が欲しくなるだろう。生徒が「今日は試験」とわかる（知る）ためには、「生徒は当日が試験であると信じていた」「当日実際に試験があった」という二条件が必要だったが、はたしてその２つだけで十分なのか、と。

　その二条件で十分なら、黙って試験を受ける生徒は「今日は試験」と知っていたことになり、ジレンマから逃れられ、あとで教師を非難する資格がある。しかし実は、知識を持つためには、信念と真実というその２つに加えて、何かさらなる条件が必要なのではないか、と考えられるのである。

　このことを確かめるために、もういちど、思考実験の設定を切り替えよう。思考実験は、前章で見たように「シミュレーションとフィクションの中間」なので、適宜別バージョンを設定して、パラメータ条件を小刻みに調整し、比較することによって結論を洗練してゆく、というやり方をとる。抜き打ち

試験の思考実験では、教師の予告内容や生徒の反応を幾通りにも変化させてみるのがよいだろう。

新しい設定はこうだ。

> 教師が、「試験を行なうかどうか未定だが、行なうとすれば来週の月曜から金曜までのいずれかだ」と予告した。つまり、試験がないか、または月曜から金曜までのいずれかだ、と予告した。これはもとのバージョンの「抜き打ち試験」とは違って、条件A、Bのない予告だから、教師がいつ試験をしようがしまいが、矛盾は生じない。そして教師は明確な言葉で述べたので、聞き間違えた生徒はいなかった。ただし上の空だった生徒K君だけは、教師の言葉を取り違えて、「来週の月曜または火曜日のいずれかに試験を行なう」と理解した。そして、月曜に試験がなかった時点で、K君は火曜が試験だと確信し、周到に準備していったところ、本当に火曜日に試験が行なわれ、K君は平均点よりかなりよい点を取った。
>
> さて、K君は、「火曜日に試験が行なわれる」と知っていたのだろうか？ *10

*10 もとの思考実験を考えるにあたって、どのようにストーリー変更した別バージョンを比較考察すると有効なのか。それは直観で判断するしかありません。数学の図形問題で補助線を引いてみるのと同じです。思考実験は手続き的シミュレーションに尽きるのではなく、主観的直観に依存するフィクション的側面を帯びている、という第1章で見た本質論が実感されるのは、こうした「思考実験の別バージョン作り」のときでしょう。

この別バージョン思考実験において、先ほど考えた二条件は揃っている。すなわち、K君は「火曜に試験がある」と信じており、「火曜に試験がある」は真だった。真なることを信じていたのだから、K君は「火曜日に試験が行なわれることを知っていた」と言える。しかし本当にそれでよいのだろうか。

よい、と思う人は少ないだろう。K君は「知っていた」のではなく、「たまたま当たった」としか認められないはずだ。K君は確かに真実を信じてはいたのだが、信じるに至った経緯が、適切ではないからである。

K君は、単に幸運だったのだ。聞き違いの結果思い込んだ事柄が、たまた

ま真実に一致していたにすぎない。こういう場合、知識を持っていたとは認められない。たとえば数学の文章問題で、問題文を読み間違えて見当違いの公式を当てはめ、そこへ計算間違いが重なった結果、たまたま正解と同じ答えに達したとする。その答案に対する適切な評価は「零点」だろう。記述式テストではなくマークシートの選択問題であれば点をもらえるにせよ、正解が得られた事情が判明したときには、「解答者は正解を得るに足る<u>知識を持っていた</u>」とは見なされないだろう。

　以上の思考実験により、「Pであると知る」という状態になるためには、少なくとも計３つの条件が必要であることがわかった。

　「Pを信じていること」
　「Pが真実であること」
　「Pを信じるに至った経緯が適切であること（合理的な根拠によってPを信じるに至ったこと）」

　新たに得られた３番目の条件の中の「適切である」「合理的な」とは、具体的にはどのような意味だろうか。これは実は大変難しい問題である[*11]。とりあえず、まぐれ当たりのケースを排除するために、次のように理解しておこう。

[*11] 「合理的に」という条件は、教師に対しても課せられます。教師の宣言Ｂ（抜き打ち条件）は、厳密には、次のように書かれるべきでしょう。「試験がある（唯一の実施日として教師が合理的に予定できる）と生徒が事前にわかる日には試験を行なわない」。
　ここで「合理的」とは、「Ａ、Ｂに違反しない形で」という意味です。「合理的に予定した日」があれば、当然、その日に試験が実施されることは合理的となります。

　「無知や錯誤の結果思い込んだ、というのではなく、適切な因果関係によって──知覚やコミュニケーションが意味内容を保持した状態での因果関係によって──、信念の内容が高い確率で真実に合致するような種類の仕方で信念を獲得した」。

　Ｋ君のような「聞き間違い」によって生まれた信念は、「信念の内容が高い確率で真実に合致するような種類の仕方で」獲得された信念ではない。Ｋ君が試験日を「知って」はいなかったのはそのためである。もってまわった述べ方で申し訳ないが、ともあれ、情報伝達の各段階において「適切な関係、

つまり真なる信念をもたらす確率の高い作用」が成立した結果、真実を信じるようになる、これが「知識」という状態だということである。
「◎を知る」＝「◎という真実を合理的な根拠で信じること」……
さて、K君の勘違いの話はここまでにして、もともとの抜き打ち試験の設定に戻ろう。
生徒は、抗議すると「当日試験である」と信じていなかったことになってしまう。なので、抗議せずに従順に試験を受ける。まさしく信じ切った様子で、諾々と試験を受ける。このとき、教師は、「勝った」と思ってよいのだろうか。「当日に試験だと知られた場合は試験をしない」という抜き打ち条件Bに違反しているというやましさを感じなくてよいのだろうか。
これは、抗議せずに試験を受ける従順な生徒が「当日試験があることを知っていた」と認められるべきかどうかにかかっている。たった今考えた別バージョン思考実験によって、「知識」には「信念」「真実性」と並んで「合理性」という条件が必要であることを確認した。それをふまえて改めて判定してみよう。生徒は、「金曜日に試験がある」という真実を信じるに至ったわけだが、信じるに至った経緯は、適切もしくは合理的だっただろうか。それをこれから考えよう。

6 合理性〜〜矛盾した命題のどちらを優先するか

金曜日に従順に試験を受ける生徒は、金曜日に「今日こそ試験がある」と信じていた。その根拠は何だろうか。
それはもちろん、条件Aだろう。金曜日までに試験をせねばならないのだから、金曜当日しか残されていない今となっては、この日が試験に決まっている。
……この答えで満足できる人はいるだろうか？
上の答えは全く不満足である。生徒は条件Aが成り立つことを信じているらしいが、では条件Bはどうなるのだろう？　生徒の推論では、条件Aと条件Bは両立せず、それゆえ教師は矛盾しているのだった。AとBが矛盾しているということからは、「AとBのいずれか一方が成り立てば他方は成り立たない」ということしか導き出せない。条件Aは絶対に成り立ち、条件Bは

成り立たない、と判断する根拠を、生徒は持っているのだろうか？ 反対の考え方、つまり、成り立つのは条件Bの方で、条件Aは成り立たない、といった考え方を生徒は思いつかないのだろうか。生徒が後者の考え方をしないための合理的な根拠があるのだろうか？

　そう、ここがポイントなのだ。教師の宣言は、条件Aと条件Bから成っている。生徒は、AとBが両立することはありえない、と推論した。合理的に推論できたのはそれだけである。つまり、金曜において現実に起こることは、次の２つのうちどちらかということだ。

　　＋A－B　条件Aが成り立ち、条件Bは破られる。すなわち、試験がなされる。
　　－A＋B　条件Aが破られ、条件Bが成り立つ。すなわち、試験はなされない。

生徒は、このどちらが実際に起こるかをたとえ「信じる」ことはできても、はたして「知る」ことができるのだろうか？

　……どうもできないようだ。BよりもAを勝手に優先して、＋A－Bの方が真実だ、と決める合理的な根拠を生徒は持っていないからである。
　このことは、月曜日について考えてみればよくわかるだろう。月曜の時点で、生徒は推論によってすでに、「教師は矛盾している」と考えていた。つまり生徒の目から見ると、月曜に教師が試験をやろうがやるまいが、教師の二条件は両立しておらず、破られてしまっているのである。この破れは、＋A－Bの形をとるのか、－A＋Bの形をとるのか、生徒にはわからない。したがって、生徒は「何が起ころうが教師は矛盾している」という確信を持っているにすぎず、その結果月曜に何が起こるのか、試験がなされるのかなされないのかについて、何も判断できない。
　ためしに、生徒が月曜に「今日こそ試験があるのだ！」と確信して身構えていたとする。実際には、試験がなかったとしよう。すると、「月曜に試験がある」という信念は、真実に合致していなかったことになる。それは間違った信念だったのであり、したがって「知識」ではなかった。試験があると生徒には事前にわかっている、ということは月曜には成り立っていなかったの

である。

　そのことを、月曜が終わった時点で生徒は痛感している。「……変だなあ……、俺の予測は間違っていた……」

　こうなると生徒は、火曜日に同じ推論を信頼できなくなっているはずだ。「推論によれば、今日が試験のできる最後の日のはず。しかし同じ理屈で昨日考えたこと、つまり月曜に試験がある、って予測は外れたんだよな……試験実施予定日は『ただ１日』なんだから、１回目の推測が外れたってことはこりゃダメっぽいな……、ええと、そうか……何が起ころうが、つまり試験があろうがなかろうが、教師が矛盾してることに変わりないから、どう転んでも矛盾が解決されるわけじゃないんだな。てことは、試験の有無についてどっちと判断する手掛かりは始めッからなかったわけだ……」

　つまり生徒は、自分が知識を持っていないことを悟る。もし悟らずに、また同じ推論によって「今日こそ試験がある」と火曜日に信じるとしたら、それは月曜日に予想が外れたという教訓を生かしていない愚かな確信である。つまり非合理的な確信である。適切な根拠に基づいた信念とは言えない。よって、生徒自身が自分の知識不成立を悟ろうが悟るまいが、知識不成立ということが客観的に言えてしまう。

　生徒が「火曜日は試験がある」という知識を持てないわけだから、生徒は火曜日に試験があると事前にわかるということはありえない。よって、教師は火曜日に試験を行なうことができる。同様のことは、月曜から金曜までのどの日にも当てはまるのである。

　念のため、もう少し詳しく見てみよう。

　条件Ｂは、次のように言っていた。「試験がある、と事前にわかる日には試験を行なわない」。これは、丁寧に述べ直せば次のような仮定文になる。

　　条件Ｂ　今日は試験がある、と事前に生徒にわかる日があるならば、教師はその日には試験を行なわない。

　「わかる日があるならば」という仮定に注目しよう。この仮定が成り立つ日についてだけ、条件Ｂは試験不実施を明言している。仮定が成り立たない日には自由だ。よって、「今日は試験がある、と事前に生徒にわかる日」が

ないならば、そして実際そういう日はなさそうなのだから、教師は、どの日に試験をやっても、条件Bに違反していないのである。

つまり教師は、条件Bを破らずに、条件Aに従うことができるのだ。月曜から金曜までの任意の日に試験ができるということだ。

なんと、教師の条件Aと条件Bはたやすく両立するのだ！

——さて、ここまでいかがだろうか。条件Aと条件Bは、実は矛盾していない、つまり教師は矛盾していないということが判明したのだが。

事実として抜き打ち試験ができるだけでなく、教師は「矛盾したことを述べて、生徒を混乱させただけ」という罪からも免れている、という次第なのだが。

これはいささか驚くべきことである。なぜなら、生徒の理路整然たる逆向き推論（金曜は除外、木曜も除外、と遡っていってすべての日を除外した推論）によれば、条件Aと条件Bから成る教師の宣言は実行不可能、つまり試験をやろうがやるまいが教師は矛盾しているということだったはずだからだ。生徒の推論のどこに誤りがあったのだろうか？

7 一見矛盾、じつは無矛盾

改めてよく考えると、教師の条件A、条件Bは、論理的に矛盾しているわけではないことが容易に見て取れる。改めて二条件を調べてみよう。

A（実施条件）　月曜から金曜までの5日間のいずれか1日だけに必ず、試験を行なう。
B（抜き打ち条件）　試験がある、と事前にわかる日には試験を行なわない。

生徒はここから矛盾を導き出したわけだが（月曜の段階ですでに、「当日に試験がなければならず、かつ、あってはならない」と。以下すべての曜日で同様）、そのためには、「試験がある、と事前にわかる日」が存在しなければならない。条件Bから「今日は試験がある、と事前に生徒にわかる日がある」という制約を取り払うと、AとBは矛盾しない。そして教師は始めから、「君たちに『今

日は試験だ』とわかる日がある」とは一言も言っていない。「そのような日があれば、その日には試験をしない」という仮定文Bを述べただけだ。
　ポイントは、条件Bの中に現われている「事前にわかる」は、条件Bを使った生徒の推論そのものへの言及である、ということである。「試験日がいつであるかが事前にわかる日がある」というのは、生徒の推論の中の、必須の一部分を指しているからだ。「わかる日」を順に、金曜、木曜……と逆向きに消去していったことを思い出そう。

　「わかる日」はあるのだから、金曜しか残っていなければ、条件Aにより金曜が当然その日。
　条件Bにより、教師は「わかる日」候補を1日だけ残すことはありえない。よって金曜は脱落。木曜までに試験実施。
　「わかる日」候補が木曜だけになることも避けるはず。よって水曜までに……

　「わかる日」が1日も存在しなければ、上の推論は成り立たない。そして「『わかる日』がある」というのは、生徒自身がわかっている（生徒自身の推論が正しい）という意味だろう。
　つまり「教師は矛盾しているから試験はできない」という生徒の推論は、「生徒自身の推論が正しい」という前提にはじめから依存していたのである。「自分の推論は正しい」という前提は確かにもっともな前提であり、そういう前提がなければ誰であれわざわざ推論する甲斐がなくなってしまう。しかしそれはあくまで実践的な仮の前提であり、すなわち作業仮説であり、当然のことながら「本当に正しい」とは限らないのである。自分で自分を自動的に正当化することはできない。
　改めて書き直すと、「教師は矛盾している」という生徒の推論は、次のような形をしている。

「今日は試験」と僕らにわかる日があれば、教師は矛盾している。
「今日は試験」と僕らにわかる日がある。

∴　教師は矛盾している。

　ところがあいにく、教師が述べたことの中には、「『今日は試験』と生徒にわかる日がある」という情報は含まれていなかったのである。
　さらに言い換えればこういうことだ。生徒は、逆向き推論をして試験日がいつでなければならないかを「事前にわかる」ために、条件Bを使った。条件Aと条件Bから、試験日を「事前にわかるようになり」、再び条件Bを適用して「その日には試験はない」と結論した。つまり、推論のためには条件Bが必要なので、その推論が正しいかどうかは、条件Bの中で言われる「事前にわかる日」が実際に存在することが必要である。ところが、まさにその「事前にわかる」を成り立たせるために、条件Bを使っているのである。
　これは「循環」であり、空虚な自己正当化なのだ。
　単に空虚であるならば、生徒の推論が「間違っている」とは限らない。しかし、生徒の推論は空虚であるにとどまらず、はっきり間違っている。それは次のようにして証明できる。まず、「生徒の推論は正しい」と仮定するところから証明を始めよう。

　（仮定）生徒の推論は正しい
　　↓
　条件Aと条件Bは矛盾する
　　↓
　どの日に試験がなされようがなされまいが、矛盾は消えない
　　↓
　矛盾を解消するにはこうでなければならない、という矛盾解決法が生徒にはない（条件Aと条件Bのいずれを優先すべきかがわからない）
　　↓
　生徒は条件Aが真であるという確証が得られない（試験が一切なされないのではという疑いが消えない）
　　↓
　条件Bの言う「事前に生徒にわかる日」はない
　　↓

条件Aに従って試験がいつなされようが、条件Bは自動的に満たされる
↓
条件Aと条件Bは矛盾しない

　生徒自身の、「自分の推論は正しい」という仮定から出発すると、第2行「条件Aと条件Bは矛盾する」と最終行「条件Aと条件Bは矛盾しない」という互いに矛盾した結論が生じてしまう。これは典型的な背理法である。つまり、「生徒の推論は正しい」という仮定が誤りだったのだ。
　生徒の推論が誤りであるとすれば、そして実際誤りなのだから、もはや教師の発言に矛盾は生じない。条件Aと条件Bが矛盾するという生徒の推論は、「事前にわかる日」を勝手に持ち出した時点で間違っていた。条件Aと条件Bは、「事前にわかる日はない」という条件Bの解釈によって、無矛盾となり、教師の言う「抜き打ち試験」は実現されるのである。

8 情報盗み出しバージョン

　ここまでで、抜き打ち試験パラドクスの完全な解決が得られた。
　誤解がないかどうか確かめるために、思考実験をちょっと変えてみよう。再び、思考実験のフィクション的特性を発動して微調整してみるのだ。
　教師の宣言は元のバージョンと同じであるとする。違うのは、生徒が「事前にわかる日」を論理的な推論でなく、別のルートで知ったということである。生徒の何人かが職員室にあるパソコン内のデータを盗み出し、授業計画と予定表を入手する。それが今までの授業の進行と一致していることを確かめて、試験日は水曜日に予定されていることを突き止めた。それをクラスに報告し、みなが水曜は試験だと身構えているところへ、水曜日、教師が試験をしようとした。こういう状況では、どうだろう、教師は試験ができるのか、できないのか？
　「先生、実はこれこれの理由で、僕たちは今日が試験であることを知っていました。試験はできないはずです」
　それに対して教師が平然と言ったとしよう。
　「それで？　君たちは盗み出したその情報に基づいて、水曜日、つまりきょ

う試験があると『知っていた』というのだね？　よろしい。きょう試験があると『知っている』ための必要条件は少なくとも３つあることは理解しているだろうね。１つは、きょう試験があると信じていること。２つめは、その信念が適切な根拠に基づいていること。３つめは、きょう本当に試験があることだ。はじめの２つは、君たちはクリアしているようだ。なにしろ私のパソコンを盗み見たのだからな、信じる根拠としては最も適切な根拠だろう。で、３つめの条件は？　それも当然成り立たねばならない。君たちは『知っている』はずなのだからな。つまり本日は試験実施日である。よって、本日の試験は実施されねばならない」

　この教師の反論を、あなたはどう評価するだろうか。

　──そのとおり。屁理屈であることは明白だろう。教師の言い分は無効だ。試験を実施したら、「生徒が事前にわかっていた日」に試験を行なったことになり、条件Ｂに反してしまう。

　<mark>それでは、教師がこの日に試験をしなかったらどうなるか。</mark>

　試験をしなかったことにより、生徒の持っている「知識」の第三条件、「本当に試験が行なわれる」が成立しなくなる。生徒の信じていたことが真実ではなくなり、当日・水曜日に試験だと生徒が「知っていた」ことにはならなくなる。当日・水曜日は、「試験日だと生徒が事前に知る日」ではなかったのだ。生徒は間違っていた（わかっていなかった）のだから、「試験ができない」と主張する権利はないのでは？

　いや、権利はある。水曜に試験がなされたら、明白に条件Ｂ違反だからだ。水曜の試験を中止すれば、教師は「試験日だと事前に生徒が知ることのない日」に試験をしなかっただけのことであり、べつにこれは条件ＡにもＢにも反していない。「前もって生徒が試験日だと知ることのなかった日には必ず試験を行なう」などという条件を教師は宣言していなかったからである[12]。

*12　ちなみに、その条件は成立不可能です。「前もって生徒が試験日だと知ることのなかった日」は複数あるのに、試験は１日しかできないからです。まとめると、
・生徒の「知識」を論理的に尊重して「知識内容は真でなければならないから試験を実施する」のは条件Ｂ違反。
・生徒の「知識」を契約的に尊重して「もはや抜き打ちでなくなったため試験を実施しない」のは条件Ｂ違反にならない。生徒の「知識」は知識でなくなってしまうが、そもそも試験がな

ければ、生徒に知識があろうがなかろうがそのことは論理上も契約上も無意義になるから。注9参照。

　この「抜き打ち試験パラドクス：情報盗み出しバージョン」で見て取れるように、「生徒の主張どおりに試験実施をとりやめると、生徒の『知識』が成り立たなくなるから、試験ができることになる」という理屈は成立しない。試験はできないのだ。
　「抜き打ち試験パラドクス：オリジナルバージョン」のポイントも同様である。「抜き打ち試験パラドクス：オリジナルバージョン」で生徒が敗北したのは、「生徒の主張どおりに試験実施をとりやめると、生徒の『知識』が成り立たなくなるから、試験ができることになる」からではなかった。もともと、生徒は知識を持っていなかった、というところがポイントである。生徒は、条件Aと条件Bとが矛盾するという推論をしておきながら、では教師はどちらを放棄するのか、については確信を持てなかった。それが生徒の敗因である。情報盗み出しバージョンでは、生徒の推論とは独立の証拠によって、教師が条件Aを守るつもりであることに生徒は確信があった。自分自身の推論の正しさなるものに依存してはいなかった。よって、「この日こそ試験日」という知識が成立していたのである。

9 常に教師が勝つ件について

　さてそれでは、「抜き打ち試験パラドクス：情報盗み出しバージョン」では、教師は試験を行なうことができないのだろうか。
　実は、できる。確かに、水曜日には生徒の主張により試験が見送られねばならない。それは間違いない。しかし、残りの木曜日と金曜日については、生徒はもはや試験の有無について何も判断できなくなるだろう。条件Aと条件Bの優先度についても合理的な判断の根拠がない。つまりオリジナルバージョンと全く同じ論理が成り立つので、教師はどちらの日に試験を実施してもかまわないのだ。
　さてそれでは、「抜き打ち試験パラドクス：情報盗み出しバージョン」で、得られた情報が「試験実施日＝金曜日」であったらどうだっただろう？

金曜日にはもちろん、生徒は、情報盗み出しを告白して、教師に試験実施を撤回させることができる。そして、試験が宣言された候補日の最終日だから、もう試験はできない。つまり、得られた情報が「金曜日」だった場合に限り、「抜き打ち試験パラドクス：情報盗み出しバージョン」は、生徒の勝利に終わる。

　しかし、お気づきの読者もいるだろうが、「抜き打ち試験パラドクス：情報盗み出し・金曜日バージョン」でも、生徒は結局は敗北するかもしれないのだ。なぜか？　思考実験をもう少し突き詰めてみよう。金曜日に、生徒がパソコンからのプリントアウトを掲げて「きょうだとわかっていました」と高らかに主張する。教師は、「なるほど……、情報を盗まれていたとはな……」と苦笑いし、「私の負けだ、試験は取りやめとする」と言って勝負あり。それで教師も生徒も納得だろうか？

　改めて論理的に考えてみよう。金曜日に、生徒が「きょう試験は実施できないはず」と信じているとして、そう信じる根拠は何なのか。もちろん、「自分たちはきょう試験だと事前に知っていたから」だろう。それで試験中止には十分である。少なくとも条件Bによれば。

　しかし、条件Aはどうなるのだろう。本日は最終日だ。試験をしなければ、条件Aは確実に破られる。教師は、条件Aを放棄するという形で、生徒への宣言を反故にするのだろうか。条件Aも生徒への約束である点では条件Bに劣らない。試験を中止すれば、確実に生徒への約束を破ったことになる。教師としては、その道を選ぶべきだろうか？

　試験を強行したとしてみよう。生徒は、「それはおかしい！」と抗議するかもしれない。そうなれば教師にとってしめたものだ。

　「おかしいだって？　予想に反していたと？　なんだ、私が試験を中止すると思っていたのか。甘いねえ。そういう見通しだったとしたら、君らは、結局は試験が実施されないだろうと思っていたんじゃないか。『きょう試験がある』と君らが信じていたというのはウソじゃないか。やっぱり君らはきょう試験があると知ってはいなかったんだよ。よって、試験を行なう」

　これは教師として完璧な論理である。水曜日の場合は条件Aがまだ破られる瀬戸際になかったが、金曜日は瀬戸際であるため、例の「条件AとB、どちらが優先？」のジレンマがせり出してきて生徒を陥れるのである。したがっ

て生徒としては、そういう事態に対処するためには、当日はおとなしく黙って試験を受けておいて、あとから抗議する、という方法しかなさそうである。あるいは、試験答案にそういった抗議を書き込むとか。

いずれにしても、教師のとる道としては、試験を強行するしかない。なぜなら、試験をしないと、条件Aに違反することが確実になってしまうからである。

他方、試験をすれば、条件Aは守れるし、条件Bを破ったという確証は必ずしもあるわけではない。条件Bが破られるためには、生徒がその日に試験があると確信しており、しかもそれが適切な根拠に基づいている、という2つのことが成り立たねばならない。破られたかどうかが明白にわかる条件Aに比べ、条件Bは、破られたかどうかが常に不確実だ。生徒側の内面を教師は確実に知ることなどできないので、とにかく試験は実施する。条件Bが破られたかどうかは自明ではない。もし生徒が条件B違反だと抗議したら、その時点で、「試験がなされると（合理的な予定日があると）信じてなかったんだな、よって試験は実施できる」という理屈が成り立つまでだ。生徒の抗議は必ずや自己破壊的なのだから。

こう考えると、当日の試験実施は確実である。当日に合理的な（とりわけ自己破壊的でない）抗議が成り立てば生徒の勝ち、合理的な抗議に遭わずに試験が実施されれば生徒の負け、と単純に考えるとすれば、抜き打ち試験ゲームはどのバージョンでも教師の必勝なのである！

もちろん、「抜き打ち試験を行なう」という宣言それ自体には、そういった勝ち負けの価値観は含まれていない。試験ができれば教師の勝ち、できなければ生徒の負け、というのは、この抜き打ち試験ゲームの適切な解釈とは言えない。むしろ次のように考えるべきではないだろうか。教師が条件A・条件Bを宣言した以上、その両方を矛盾なく実行できれば教師の勝ち、矛盾なく実行できなければ教師の負け（生徒の勝ち）。試験が抗議に遭わずに実施できても、教師が負けていることはありうるということだ。

こう考えると、試験日を適切な根拠に基づいて予測した生徒は、当日、従順に試験を受けることによってのみ、勝つチャンスが得られる。教師は「事前にわかった日に試験をしてしまった」という誤りを犯したことになるからである。ただし、そのようにして生徒が勝ちを望めるのは、「抜き打ち試験

パラドクス：情報盗み出しバージョン」のように条件Ａが堅持されるという確信が持てる場合だけだ。その場合のみ、条件Ｂに違反した罪で教師は弾劾されるべきである。オリジナルバージョンのように、条件Ａと条件Ｂのどちらが破棄されるかわからない状態では、結果として「事前にわかる日」が存在しなくなり、条件Ａと条件Ｂはともに維持されて、常に教師が勝ってしまうのである。

10 合理的推論を無化するトリック〜「矛盾」

教師の宣言のトリックを振り返ってみよう。教師の宣言の構成要素は、次の２つだった。

Ａ（実施条件）　月曜から金曜までの５日間のいずれか１日だけに必ず、試験を行なう。
Ｂ（抜き打ち条件）　試験がある、と生徒が事前にわかる日には試験を行なわない。

条件Ａ、条件Ｂは、論理的に矛盾していない。矛盾するのは、条件Ｂの言う「事前に試験日がわかる」ための推論を生徒が「正しく行なえる」場合のみである。つまり、教師の宣言は、条件Ｂが求める「生徒の推論」が正しい場合にのみ、矛盾する。生徒は、当然、自分の推論が正しいものとして矛盾を導き、教師を非難する用意をしている。しかし非難の材料となる「教師の矛盾」こそが、教師を免罪してしまう。教師曰く「君らの推論とやらによれば私は矛盾しているのだから、正当に試験ができないはずだろう。そう君らはわかっていたのだろう。ということは、試験があるなどと君らは信じられなかったはずだ」。

この理屈は、「情報盗み出しバージョン」においてすら成立してしまうのだ。

これは、「矛盾」ならぬ「ある前提下での矛盾」という最強のトリックと言えるかもしれない。教師の抜き打ち試験トリックの一般形はこうである。

「あなたの推測が合理的ならば、Ｐでありかつ Ｐでない。さて、Ｐでしょ

うかPでないでしょうか」

　具体例はこんな感じになる。
　出題者「私はこれから手を挙げるか挙げないかいずれかです。どちらでしょうか。次のヒントをもとに合理的に推測してください」「ではヒント。私は手を挙げる。そして、あなたの推測が合理的であるならば、私は手を挙げない」
　==回答者と出題者が、抜き打ち試験パラドクスの生徒と教師に似た応酬をするとしたら、どういうものになるだろうか。回答者の回答と、出題者の応答を考えてください。==
　そう――、次のようになる。
　回答者「あなたは手を挙げない。なぜなら、私は合理的に推測したのだから」
　出題者「残念でした。手を挙げます。ヒントで私は真実を述べていますから、ヒントは矛盾しません。あなたが合理的に推測したのなら、ヒントが『私は手を挙げかつ挙げない』という矛盾を述べたことになってしまいます。そうなることを防ぐためには、あなたの推測が合理的であってはならないのです」
　回答者の推測が合理的であるかどうかを決める基準は、出題者のヒントの外に独立に存在しているわけではない。したがって、推測が合理的かどうかは、出題者のヒントに依存する。つまり、ヒントが矛盾しないことに依存する。ということは、回答者の推測は合理的であることができないのである。

参　考　問　題

　抜き打ち試験パラドクスにおける生徒と教師の発言を、上の例における回答者と出題者のセリフと同じ形へと翻訳してみよう。
　　――正解は章末

　「相手の言うことをなるべく辻褄の合ったものとして、あるいは理解可能なものとして解釈せよ」という暗黙のルール群があり、言語哲学では「寛容の原則」と呼ばれる。とくに「相手があえて矛盾したことを述べている、とする解釈は避けよ」というのは最も重要なルールだ。文芸作品を読むときにはこの「寛容の原則」に従うことは必須である。寛容の原則によってこそ、

小説や詩における一見矛盾した表現も、洗練されたメタファーとして解釈され、意味深い面白いことを述べているとして理解される。この解釈原則は、芸術観賞だけでなく、日常的なコミュニケーションを有意義にするための基本である。

　寛容の原則に従って、出題者の「ヒント」を解釈してみよう。回答者が「自分の推測が合理的である」と仮定すると、語り手（出題者）の発言が「私は手を挙げ、しかも挙げない」という意味になり、矛盾してしまう。そんな不寛容な解釈を避けるためには、唯一、「あなたの推測が合理的である」は誤りであるとしなければならない。つまり聞き手は、自分が正しい推測はできない、と認めなければならないのである。

　もともと「回答者の推測の合理性」なるものは、出題者のヒントの中で初めて提示された概念であり、それ以前には存在しなかったのだから（つまり出題者の発言があってこそ回答者が合理的に推測できるかどうかが意味をなすのだから）、回答者としては文句の言いようがないわけだ。かりに出題者の発言が矛盾していたら、回答者の「合理性」とやらは一切意味を失ってしまう。

　ナマの矛盾を述べることなく、「矛盾」を盾にして相手の合理性を突き崩してしまうこのトリックは、「ずるい」ようにも見えるが、論理的には非の打ち所はない。自らの言葉の「表面上の矛盾」を根拠に自己正当化しているような教師の論理も同様である。生徒の「合理的な推論」を妨げる提示法で試験実施条件を述べたまでだからだ。そもそも抜き打ち試験というものは黙っていきなり行なうものなのに、まがりなりにも条件Ａ、Ｂというヒントを生徒に提示しただけ、優しい教師だと言うべきだろう。

★参考問題　答え★　教師「私は今日これから試験をするかしないかいずれかです。どちらでしょうか。次のヒントをもとに合理的に推測してください」「ではヒント。私は試験をする。そして、あなたがたの推測が合理的であるならば、私は試験をしない」

　生徒「試験をしない。なぜなら、私たちは合理的に推測したのだから」

　教師「残念でした。試験をします。ヒントで私は真実を述べていますから、ヒントは矛盾しません。よって、ヒントが「試験をしかつ試験をしない」と

いう矛盾になることを防ぐためには、あなたがたの推測が合理的であってはならないのです」

……教師の「ではヒント」以降の言が、「実施条件Ａ。そして、抜き打ち条件Ｂ」という意味になっていることを確かめてください。

確 認 問 題

36頁の①、②、③、④のうち、正しいのは結局どれだったのでしょうか。

本当の幸福〜〜エウダイモニア
eudaemonia

◎あなたが芸術家だとして、次の極端な歴史の一方があなたについて成立するとわかった場合、どちらを望むでしょうか？
・存命中は天才・巨匠としてもてはやされ、死後は速やかに永久に忘れ去られる
・存命中は無名でまったく売れず、死後には永続的に高く評価され続ける

この「究極の選択」の、芸術家に限らない一般人生バージョンが、本章の「エウダイモニア問題」です。

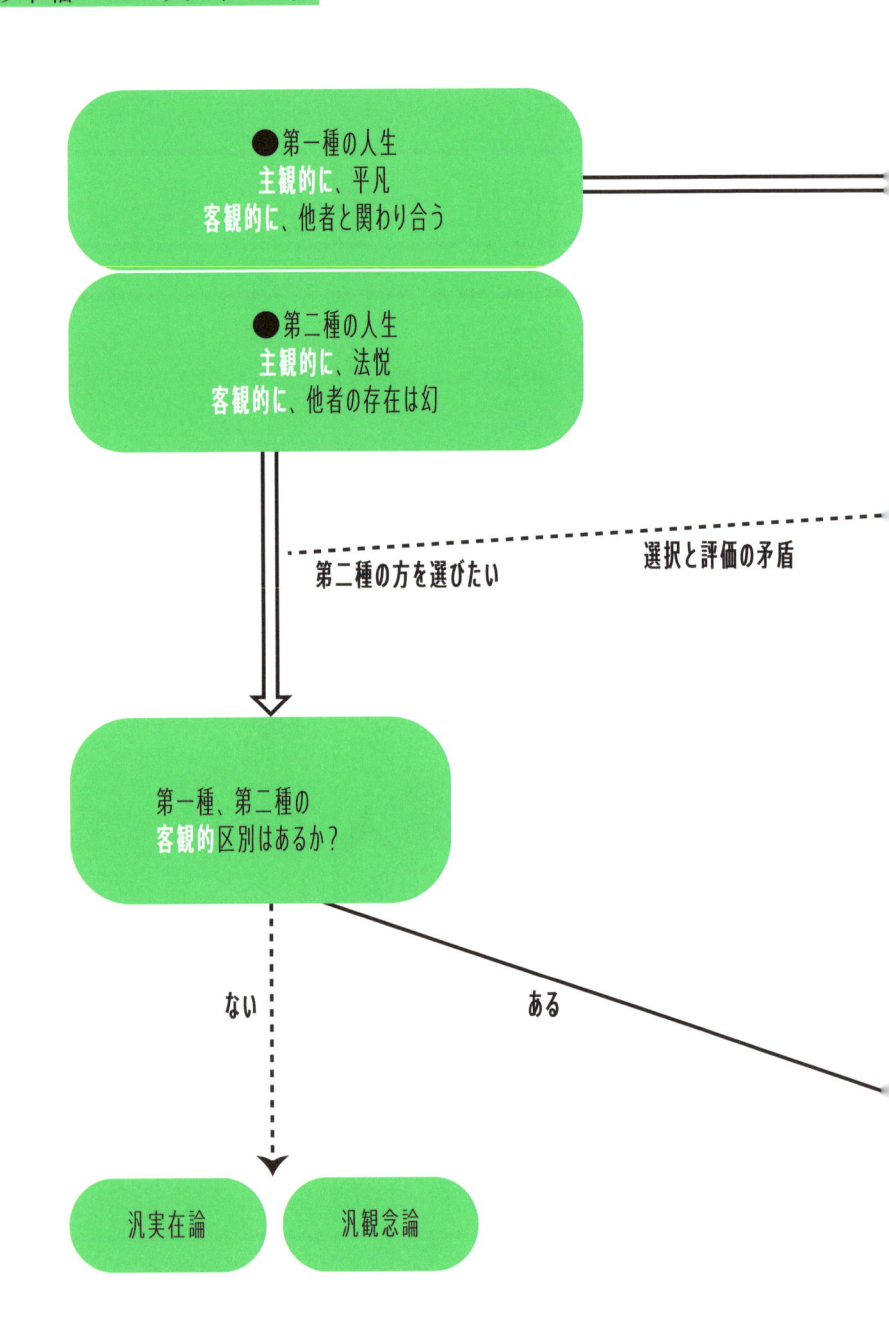

本当の幸福──エウダイモニア

- ●第一種の人生
  主観的に、平凡
  客観的に、他者と関わり合う

- ●第二種の人生
  主観的に、法悦
  客観的に、他者の存在は幻

第二種の方を選びたい　　選択と評価の矛盾

第一種、第二種の
客観的区別はあるか？

ない　　　　　　　　　　　ある

汎実在論　　汎観念論

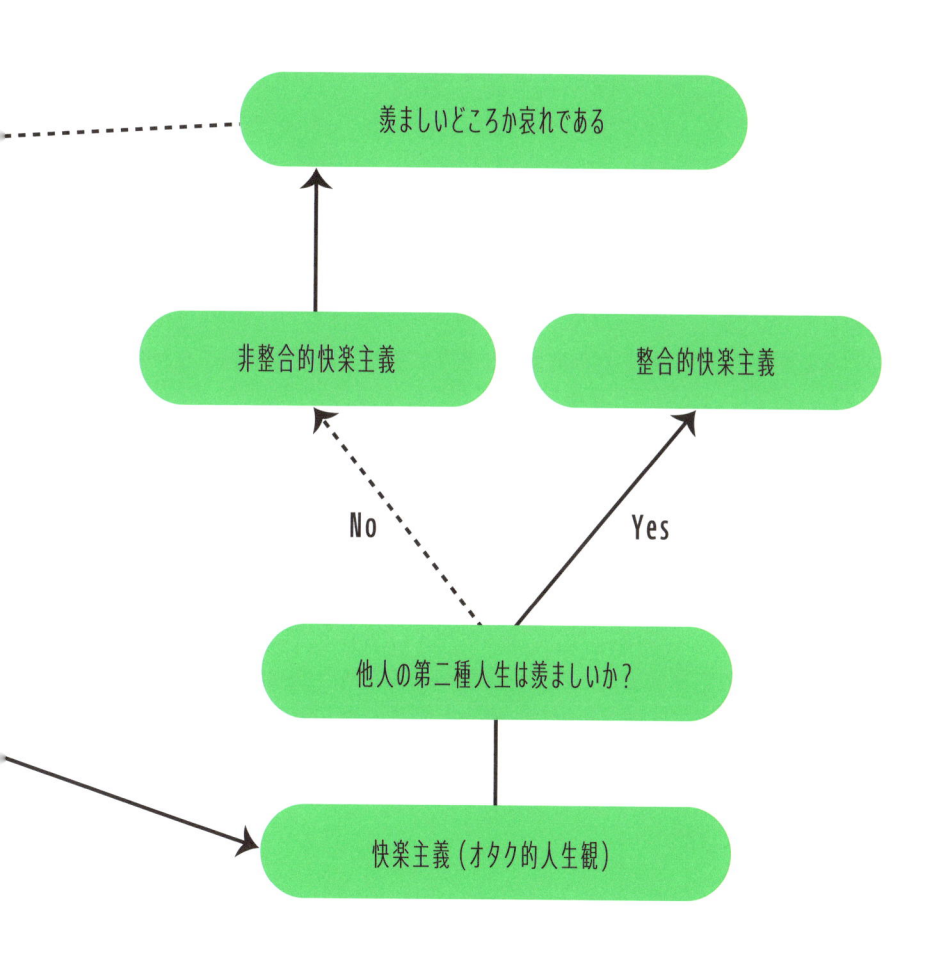

```
                                      第一種の方を選びたい              健全な常識的人生観?
                                  ─────────────────────▶              エウダイモニア


                                              羨ましいどころか哀れである


                    非整合的快楽主義                      整合的快楽主義

                              No              Yes

                                      他人の第二種人生は羨ましいか?

                                      快楽主義 (オタク的人生観)
```

※

❶ 価値ある人生とは

「知ること」の論理は意外と錯綜している、ということを「抜き打ち試験パラドクス」で実感していただけただろうか。次に、「知ること」の論理だけでなく、「知ること」の価値についても考えてみよう。知識が成立している場合と成立していない場合とで、われわれの人生の価値、あるいは意義にどれほど違いが生ずるか、という問題である。

「現代思想演習」の授業で倫理学の本を読んでいたところ、アリストテレスの幸福の概念「エウダイモニア」が述べられていて、次のような比較が提示されていた。

> 「内的感覚」は、愚か者の楽園を生きることによって引き起こしたり維持したりできよう。この意味では、欲望が実現していないが、そのことに気づいていない時、あるいは誤解や欺瞞から快が生じている時、その人は幸福であり得よう。配偶者は彼女を騙しているが、彼女はそれを知らない。子供たちは失敗したが、彼女は彼らが成功したと告げられる。彼女は自分が他の人々から賞賛されていると信じているが、彼らは陰で彼女を嘲笑している。彼女は幸福にも「天国」を予期しているが、「天国」は存在しない。誰かがこのようにして死ぬ時、ベンサムなら彼女の生を幸福なものとして計算するだろう。しかしアリストテレスの意味では、彼女は幸福な者として死ななかった。彼女の生はうらやましい生でも称賛に値する生でもなかった。それはわれわれが自分のために望む生ではない。(サイモン・ブラックバーン『ビーイング・グッド』晃洋書房, 102-3頁)

素朴な功利主義における幸福（主観的に心地よい状態）と、アリストテレ

スの言うエウダイモニア＝真の幸福（通常の外部的ネットワークの中での意義ある生活）との対比である。これを極端にすると、次のような二択問題ができるだろう。

> あなたは今から、２種類の人生のいずれか一方を選ぶことができる。
> 　第一種の人生……友人や肉親と関わり、他者とともに喜んだり悲しんだり共感したり対立したりする、普通の人生。ありがちな喜怒哀楽に彩られ、努力して成功することもあれば失敗することもある、現在あなたが予期しているような不確定な人生。
> 　第二種の人生……友人や肉親と関わることなく、ずっと眠り続ける人生。リアルな夢を発生させる装置にあなたの脳がつながれており、幸福な夢を見続ける。夢の主観的体験時間は第一種の人生と同じだが、内容的には、第一種の人生よりも快楽の強度も頻度も大きく、何もかもうまくいっているような有頂天の人生。主観的には第一種人生よりはるかに心地よく、夢の中のこととは気づかずに何もかも現実だと信じ込んでいるが、あなたの経験世界を共有する人々は幻であり、実在しない。
> 　あなたは一度きりの人生として、どちらを選ぶだろうか。

　客観的に人々と関わり合い豊かな体験を共有するが、さほどの快楽は期待できない第一種の人生か、主観的に最高度の快楽を得られる反面、客観的には全く欺かれている第二種の人生か。
　あなたのことを認識している他者の心が多数実在しており、あなた自身の心と他者の心が影響し合う第一種の人生か、自他が影響し合うようにみえて実はあなたの心の一人芝居にすぎない、ただしその代わりに快楽強度の高い第二種の人生か。
　これは、先ほどの「抜き打ち試験のパラドクス」に比べると、リアル実験ができないという意味で、思考実験らしい思考実験である。まず第一種の人生は、誰もが経験する平凡な人生がその実例なので、実現可能性については誰も異議なしだろう。
　しかし第二種の人生は？　リアルな夢を見続ける人生？　そんな状態を実

現することなどできるのか、と疑問が起こるかもしれない。しかしそこは「実現できるものとする」と割り切って考えよう。それが、思考実験から教訓を学び取るための「方法的態度」である。思考実験の目的は、シミュレーションとは違って、設定された具体的物語の実現可能性を問うことではなく、背景にある法則の吟味だからである。

2 第一種と第二種　選択の理由は

　アリストテレス的に見るならば、第一種の人生の方が「幸福」であり、第二種の人生はむなしい。よって第一種を選ぶべきである。そして選びたい。社会的存在である人間として穏当な好みであり、実際ほとんどの人がそう望むだろう。
　——と、私は思っていた。
　ところが意外なことに、「現代思想演習」の教室で学生に尋ねてみると、20人ほどの学生のうち、好みは半々だったのである。つまり10人ほどは第二種の人生の方がよい、と答えたのである。
　この結果から、学生らの「幸福観」についてただちに何らかの判定を下すことはできない。この回答結果がどういう意味を持つかは、思考実験の設定を回答者が正しく理解していたかどうかに依存するからだ。
　たとえば、第二種の人生の設定は学生たちにどう理解されていたのか。ひょっとしたら、夢の中に出てくる人物（親兄弟や知人友人）はみな、それぞれ各人の内面世界を持っていると理解されていたのかもしれない。つまり、第一種世界と第二種世界の違いは、単に世界全体が自分の脳の外側に位置しているか、内側に位置しているかの違いだけだ、と。言い換えれば、第一種と第二種の違いは世界が位置する場所だけで、自分の心とは独立した内面を持つ「他者の心」がたくさん存在することに違いはない、と。世界全体が「現実」という性質を持つのか「夢」という性質を持つのかだけが違うので、大した違いではない、だったら楽しい方がいい、と。そう理解されていたのかもしれない。
　第二種人生は、「水槽の中で培養されている脳」型人生とされているのに、むしろ「コンピュータ・シミュレーション」型人生と受け止められがちかも

しれない、ということだ。「培養脳」型では、本来、刺激されているのは脳だけで、自分の身体の運動は幻である。自分に見えている周囲の「他者」たちも幻である。ましてや「他者」たちの内面的心などというものは全くない。他者の心というのは、ここにいる自分による一人芝居の産物である。

　他方、「コンピュータ・シミュレーション」型では、自分の心だけでなく身体も世界もそっくり創造されている。そこには内面を持つ別々の人たちがいて、そのうちの１人が自分である。

　第二種人生として元来想定された「培養脳」型の孤独なバーチャル・リアリティをハード・シミュレーション、「コンピュータ・シミュレーション」型のバーチャル・リアリティをソフト・シミュレーションと呼び分けることもある。自分がソフト・シミュレーションの中にいる場合、実際に孤独ではなく、自分とは独立した他者に囲まれて生きることになる。

　ソフト・シミュレーション型人生という理解だと、第一種と第二種の違いは根本的な構造の違いではない。単に「広さ」の相違というか、「広がっている場所」が違うだけで、複数の主観を結ぶという意味での「間主観性」には差がなく、ともに客観的世界であって、第二種の人生も決して「むなしく」はない、ということになるだろう。

　あるいは、逆の考えをする人もいるかもしれない。この世はしょせん、全体が夢でないという保証などない。第一種の人生といっても、自分の心以外の心が実在するというのは単なる仮定であって、自分以外の心が本当にあるという確証はない。つまり、現実なるものの中にはもともと第二種の人生しか成立していない、という可能性が無視できない。どのみち「真実はどういうものか」なんてわかりっこないのだから。だったら自分は主観的に楽しい方の人生、つまり第二種を選ぼう……、そういう考えである。夢（第一種）と夢の中の夢（第二種）とは大差ないのだから、という考えだ。

　以上の２つの考えは、第一種と第二種をともに一元論の枠組みで捉えている。つまり、両方ともを「実在論的」に捉える見方（汎実在論）と、両方ともを「観念論的」に捉える見方（汎観念論）である。

　しかしこの思考実験で求められているのは、二元論的な仮定である。自分の心とは独立の他者の内面的心が本当にあって、それらと自分の心とが相互作用する共同的世界が開けている第一種人生と、自分の心以外の心はなく、

すべてが自分の心に映る表面的現象から成り立っている第二種世界。その根本的違いをどう評価するか、という問題なのである。

他者の内面に心など存在しない、と本気で考える人は、独我論者と呼ばれる。本当の独我論者がいるかどうかわからないが、かりにあなたが本当の独我論者で、「本当は自分にしか内面はない」「他者は表面だけの存在」と信じているとしても、その人間観をいったん停止してほしい。すなわち、現実の第一種人生と夢の中の第二種人生という２種類が存在すると想定してほしい。その想定の中で、どちらを望むか、を考えるべし。それが思考実験のルールである。

汎実在論と汎観念論はさしあたり棚上げ、ということだ。

3 望みと羨み

さてそこで、次のように理解する人もいるかもしれない。第二種では「心の内面」「主観的経験」を持っているのは自分一人だけ、と理解し、他の登場人物は表面だけの存在であり、内面がない、という設定を十分理解した上で、「それでも自分の内面さえ高品質であればその方がよい」と思う人である。「現代思想演習」の受講者はほとんどがマンガ・アニメ好きのオタク少女だったので、社会的生活よりも内面世界を重視していたのだ、という理屈も成り立たないわけではない。

そういう「主観的快楽主義」も、それなりに筋は通っていると言える。

ただ、続けて次のような質問をしたら、興味深い反応があった。

「自分は第一種の人生しか送れないとしよう。その場合、第二種の人生を選んでずっと眠り続けている人をうらやましいと思うか？」

この質問に対し、第二種の人生の方をよしとした学生の中に、

「うらやましいと思わない。むしろ哀れみを感じる」

と答えた者が何人かいたのである。そこで私はさらに質問した。

「第一種より第二種の人生の方をあなたは選ぶんだよね？　第二種はあなたがそうなりたい立場なのに、その立場に哀れみを感じるというのは変じゃないか？　哀れみを覚える対象になりたいと思うことは普通ないでしょ？　うらやみを感じる対象に自分はなりたいと思うのが普通じゃないの？」

これに対しては明確な答えがなかった。自分が体験するなら第二種の人生を選ぶが、他人が第二種の人生を送る場合はうらやましくなく、むしろ哀れな人生だと感じると。理由はわからないが、とにかくそう感じる、というのである。
　第二種の人生を外側から見るときは、第一種の人生の価値観のもとで見るから、その客観的充実を欠いた性質が哀れに思えるのだろうか。しかしそうであれば、最初の問い「第一種と第二種、どちらの人生を選ぶか？」に対しても、「第二種はいやだ」という反応が返ってきそうなものである。
　あるいは、自分の立場での選好と、他人の立場への評価とは違うのが当然、ということかもしれない。しかしその論理的根拠ははっきりしない。とりあえず彼女らは、第一種と第二種の人生について、それほど明確に整理された論理を持っていないのかもしれない。それが回答の不整合として表われているだけなのかもしれない。
　これは、主観的世界と客観的世界とのズレをどう理解するか、という問題である。主観的世界とは、観測者によって観測された内容であり、客観的世界とは、観測されるかどうかにかかわらず、観測者を含む外的世界のことである。エウダイモニアとは、主観的世界と客観的世界の関係を問う「観測問題」の一バージョンと言えるだろう。
　観測問題は、現代科学における重要な未解決問題のいくつかを形作る難問である。観測問題の代表例である量子論関係のパラドクスを第7章・第8章でたっぷり論ずるが、それらの核心部分に入るためのウォーミングアップが、今の「エウダイモニア」だった。次に、エウダイモニアと量子論をつなぐレベルの観測問題として、「5億年ボタン」という思考実験を考えよう。

確認問題

　教室で、「第一種の人生と第二種の人生、どちらを選ぶか」とアンケート調査をした場合、それはリアル実験だろうか、シミュレーションだろうか、思考実験だろうか。

★答え★　第1章で見たように、調査の目的によって異なる。

◎「実際にどちらを選ぶ人が何％くらいいるか」を調査する場合……
　リアル実験のためには、回答者が望む選択肢を実際に経験させられるのでなければならない。つまり、脳培養器が用意されていて、希望者には、ずっと夢見続ける人生が現実に与えられる必要がある。脳培養装置が使えない場合、質問への回答は、リアルな選択を必ずしも反映している保証はなく、調査としてはシミュレーションにとどまる。
◎「どちらを選ぶと答える人が何％くらいいるか」を調査する場合……
　答えを実際に収集したので、リアル実験である。
　上のいずれの場合も、回答者が行なうよう求められていることは、思考実験である。ただし、さしあたり状況設定と選択だけが求められ、自らの選択を支える一般原理についてまでは、明確な自覚を求められてはいない。
◎調査者が回答者の傾向を分析して、「これはどのような世界観の反映か」を推測するのは、本文で行なったことであり、思考実験にあたる。回答者の思考実験を集計して、調査者が高次の思考実験をするのである。

参 考 問 題

　「自分の立場での選好と、他人の立場への評価の食い違い」について。その「他人」が、肉親のような近しい人である場合も、食い違いは残るだろうか。
　ある雑談で、次の二択が提示された。「病弱で主観的に不便な生活をする美人と、健康で主観的に快適な人生を過ごすブサイクと、どっちでありたいか？」
　そこにいた３人の21歳女子は、全員が「ブサイクはいやだ！」と言った。
　しかし、「自分の子どもはどっちであることを望む？」という問いには、「健康であってほしい」と言った。
　この食い違いは何を意味しているのか。そして、本文における「望ましさとうらやましさの食い違い」と同じ理由による食い違いだろうか、それとも違う理由によるのだろうか。

第 4 章

5 億年ボタン

500 million years button

◎大金をもらう条件として、とてつもなく不愉快な経験をしなければならないとしたら。その経験をした後は、心身は元に戻り、不愉快な記憶も消し去られるとしたら。あなたはその取引に同意するでしょうか？

◎「もらえる金額と、経験の不愉快度による」というのが穏当な回答でしょう。ここでは、そうした意思決定の経済学的問題ではなく、「記憶が完全に消される場合、その経験は本当に自分の経験と言えるのか？」という哲学的問題にこだわってみましょう。

5億年ボタン

順序解釈

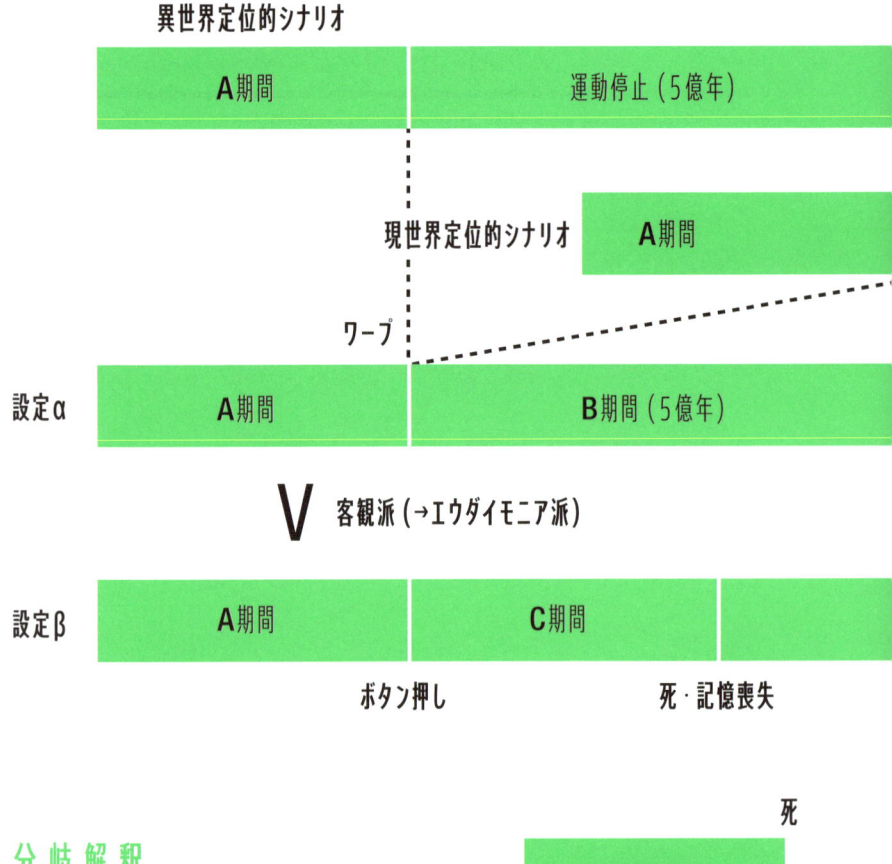

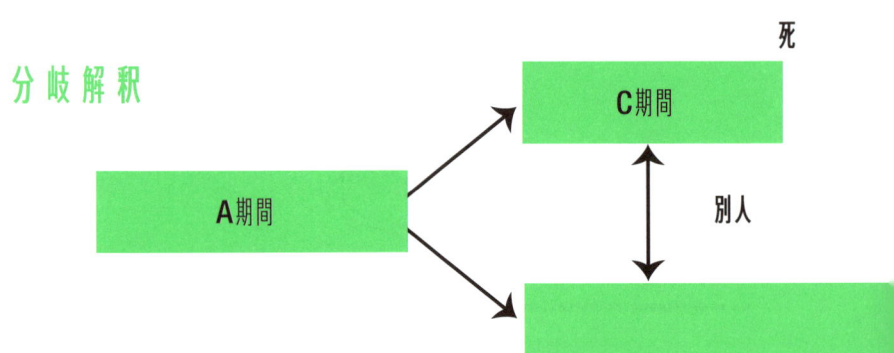

異世界定位的シナリオ
| A期間 | 運動停止（5億年） |

現世界定位的シナリオ
　　　　　　　　　　　　　　A期間

ワープ

設定α
| A期間 | B期間（5億年） |

∨ 客観派（→エウダイモニア派）

設定β
| A期間 | C期間 | |

ボタン押し　　　　　死・記憶喪失

分岐解釈

　　　　　　　　　　　　　　　　　死
　　　　　　　　　→　C期間
A期間　　　　　　　　　　↕　別人
　　　　　　　　　→

| C期間

C期間

ワープ・記憶喪失　　　　死

C期間

‖　主観派（←快楽主義者）

B期間（5億年）

中断

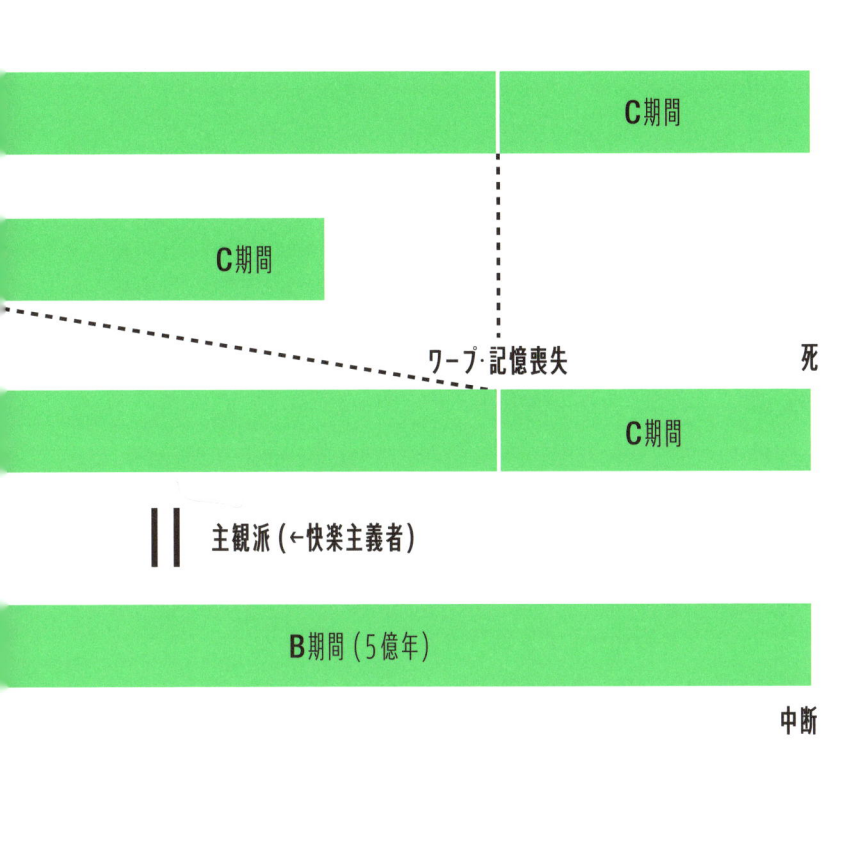

（選択的記憶喪失のメカニズムに対する自然な解釈）

中断

B期間（5億年）

1 「生きるだけ」への報酬

　菅原そうたのＣＧマンガ「アルバイト」で、いいバイト知らないかと訊ねるジャイ太に、トニオが「５億年ボタン」の仕事を紹介する。

　　　一瞬で100万円稼げるバイトでちゅ　ちょっと一瞬ボタンを押すだけでちゅ
　　このボタンを押した瞬間　感じないレベルで微弱電流が流れてワープするんでちゅ　５億年間　ずーっとひとりで　こーゆー何もない空間でただひたすら「生きてろ」ってバイト。
　　ほんとーに何も無い空間なの　で、意識とかハッキリしてて　眠ったり死んだりできないの
　　でも　終わった瞬間に　もとの「やる」って言った場所に　もとの状態で戻れるの　時間も体も元の状態。
　　記憶も消されて　え、何？　もう終わったの？　一瞬で100万じゃん！　ラッキー！
　　とか言えるくらい５億年分の記憶が消されるの。　その人には　一瞬で100万円稼ぐ気分！
　　でもやってる最中は５億年はホントに長いんでちゅ　なんにもやる事なくて　ハッキリした意識で５億年の時間を味わわなきゃいけないの
　　　　　　　　　　　（菅原そうた『みんなのトニオちゃん』文芸社, 47-9頁）

　５億年ボタンの異世界では、他者との交流ができない。前章「エウダイモニア」での第二種人生は、他者との交流がないにもかかわらず、あるかのような幻覚を見続けるのだった。だから、<u>主観的には</u>退屈も虚しさもなかった。
　５億年ボタンの世界では、幻覚による欺きはない。そのかわり、「現実に

他者がいない」という虚しさにさらされる。その孤独と退屈は圧倒的だろう。ただ１つの励みは、いずれ元の世界に戻って、他者との交流が回復される、それまでの辛抱だ、という意識である。だから、完全に他者と共有する客観的世界を失ってしまったわけではない。５億年という膨大な時間において孤独を強いられるだけである。

　言ってみれば、こういうコントラストが成り立つだろう。
　・エウダイモニア問題の第二種世界は、主観的には充実、客観的には虚ろ。
　・５億年ボタンの異世界は、主観的には虚ろ、客観的には充実。

　５億年ボタンの異世界が客観的に充実と言えるのは、他者との共有世界の中で一時的に（しかしなんと長い一時的か）虚ろな経験を強いられるが、あくまで充実世界での生活の合間のことだからである。

　さて、あなたは５億年ボタンを押すだろうか？
　私自身について言えば、積極的に押すというほどではないが、押してもいいと思う。「いや、押さない」という人はどのくらいいるだろうか。
　５億年ボタンを押すことにどれほど抵抗を覚えるかを決める要因はいくつかあるが、まず第一に考えるべきことは次のことだろう。すなわち、「その異世界での５億年の経験が、どれほど耐え難い生活と感じられるか？」
　５億年が耐え難い根拠は、ひとえに、「交流する他者も気晴らしの手段もない」ということだろう。徹底した孤独と退屈、それが恐怖の源泉である。
　孤独は、なんとか克服可能ではないだろうか。そう思うのは甘いのだろう。古来の地獄のイメージ、たとえば５億年の拷問と比べてどうだろう。５億年間ずっと拷問を受け続けて、そして記憶消去とともに傷が消えた身体で現世へ戻れるとしたら？　５億年間ずっと宇宙空間のような単調な風景と退屈と孤独が続くのよりも、その間ずっと拷問される方がまだましだ、という人もけっこういるのでは？　拷問は少なくとも退屈ではないだろう。５億年間ずっと生き続けて、死に至ることはないとわかっているならば、そして５億年務めた暁にはもとの生活に戻れるとわかっているならば、いかに心身が痛めつけられても耐えることができるかもしれない。
　そう、拷問の恐怖というものは、苦痛そのものによって生ずるというより、回復不能なほど心身が傷つけられることへの恐怖が大半を占めるのではなかろうか。だとすれば、５億年ずっと生命が持続し、最後には元の身体に戻れ

る保証のもとでの拷問は、むしろ退屈を逃れているぶん、そしてたとえ拷問者であれ他者の存在を感じられるぶん、「５億年ボタン」の異世界よりもずっとましなのかもしれない。絶え間ない苦痛よりも、有意義な経験の奪われた退屈の方が、生物としての人間の本性によほど反している——というのはありそうなことだ。

「アルバイト」のマンガ内の設定では、他者との交流は不可能だが、１人で走ったり歌ったり、自分の歯を抜いて地面をこすって何か書いたりは自由にできることになっている。そういうことも一切できない『ジョニーは戦場へ行った』設定だったらどうだろう。視覚も聴覚も手足も動作の自由も何もかも奪われて、単に意識だけの生活、考えるだけの生活を５億年続けろということだったら。

もしそのような設定だったら、私も５億年ボタンを押すのを拒否するだろう。５億年間何を考えていればよいのか。動くことも、死ぬことも、発狂することもできずに、膨大な虚無を耐えなければならないのだ。想像しただけでいたたまれなくなる。

それでも、５億年務めた暁には、100万円（なんとせせこましく感じられることか）を手に通常の俗世へ戻れる。そればかりでなく、５億年経過による心のダメージがいかほどであろうともその記憶も影響も痕跡も拭い去られている。そのことがわかっているのだから、それを励みに孤独に耐え続けることができる——という考えもありかもしれない。すすんで耐える気になり、５億年ボタンを押せるかもしれない。このバイトは一度に何度やってもＯＫということなので、せっかくなら年給１円の心でボタン連打、「５億年500往復コース」により５億円いただくのも悪くないかもしれない（もちろん１円/500年のコスパは変えられませんが）。異世界で経験した計2500億年のことはどうせ憶えていないのだから。…………？

2 ５億年の挟まり方

さて、先ほど、「５億年務めた暁には、100万円を手に通常の俗世へ戻れる」と私は言った。「暁には」つまり５億年の孤独と100万円の獲得とでは、時間順序が５億年の方が先である、という前提がいつのまにか出来ている。

マンガ内での説明もそうなっていた。

しかし、その前後関係は確かだろうか？　５億年経過の<u>あと元</u>に戻る、とは正確にはどういう意味だろうか？

５億年年ボタンを押すまでの人生をＡ期間と呼ぼう。

異世界で過ごす５億年間を、Ｂ期間と呼ぼう。

100万円ゲットしてから死までの人生を、Ｃ期間と呼ぼう。

マンガ内での説明では、プレイヤーは、Ａ期間、Ｂ期間、Ｃ期間の順で経験する。Ａ期間からＢ期間へと記憶は連続し、Ａ期間からＣ期間へも記憶は連続するが、Ｂ期間からＣ期間へは記憶は連続しない。Ｃ期間は、主観的にはＢ期間を飛ばして直接Ａ期間から接続する。記憶のつながりにおいては、Ｂ期間とＣ期間は無関係である。それでも、客観的にプレイヤーの身に訪れるのはＡ期間、Ｂ期間、Ｃ期間の順だということになっている。

しかし、「なっている」の一言ですますわけにはいかないのではないか。思考実験である以上、順序設定とその根拠も正しく「思考」できるように、じっくり考えねばならない。

マンガ内でトニオたちが了解しているこの順序設定を、設定 α と呼ぼう。

Ａ期間とＣ期間とは客観的には（つまり第三者の目にも、ボタンを押した人の主観の中でも）スムーズに接続している。となると、設定 α においては、Ａ期間とＣ期間の間にどうやってＢ期間という５億年間が挟まるのだろう？

「ワープするんでちゅ」とトニオは言っていたので、あのマンガの読者の頭に思い浮かぶ自然なＳＦ的シナリオはこういうものだろう。「ボタンを押すとともに全く異次元の世界に身体ごと飛ばされて、そこで本当の５億年を経験し、それから元の次元に帰還する」というシナリオだ。時間の流れの異なる２つの世界を行き来するのである。このシナリオには、２つのバージョンが考えられるだろう。

第一に、異世界定位的シナリオ。ボタンを押した瞬間、ボタンを含む外界の時間が静止（動きが停止）し、ボタンを押した人だけが５億年間を異世界で過ごす。５億年後、当人が元の場所に戻ってきて、外界の時間が再び動き始める。

第二の可能性は、現世界定位的シナリオ。ボタンを押した瞬間、ボタンを含む外界に変化はないが、ボタンを押した人が移動した異世界では時間の流

れがきわめて速く、5億年の経験が実現され、もとの世界に戻ってくる。もとの世界では一瞬しか経過していない。

設定 α

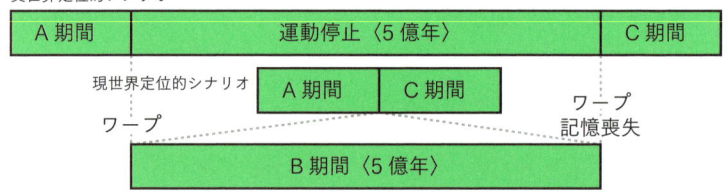

```
異世界定位的シナリオ
┌──────┬──────────────────────┬──────┐
│ A 期間 │    運動停止〈5 億年〉    │ C 期間 │
└──────┴──────────────────────┴──────┘
         現世界定位的シナリオ  ┌──────┬──────┐
                          │ A 期間 │ C 期間 │  ワープ
                  ワープ    └──────┴──────┘  記憶喪失
                    ┌──────────────────────┐
                    │      B 期間〈5 億年〉      │
                    └──────────────────────┘
```

　設定 α のこの2つのシナリオでは、なんとなく、第一の「異世界定位的シナリオ」の方がシビアであり、第二の「現世界定位的シナリオ」はかなりマシであるような気がしないだろうか。つまり、「異世界定位的シナリオ」では本当に5億年を耐えねばならないのに対して、「現世界定位的シナリオ」では5億年の経験は一瞬で過ぎ去るのだから、そんな経験は幻にすぎない、ということだ。

　だが、この2つのシナリオは、主観的には区別できない。ボタンを押した人にとっては、異世界にいる間は「異世界定位的シナリオ」が正しいように思えるし、現世界に戻ってきて5億年の経験が記憶に残っていない状態では「現世界定位的シナリオ」が正しいように感じられる。

　さらには、2つのシナリオは、客観的にも区別できない。〈5億年異世界〉の時間の流れを基準とすれば、現世界の時間は5億年間ストップしていると言わざるをえないし、現世界を基準とすれば、異世界では一瞬のうちに5億年が経過したと言うべきだからだ。「異世界定位的シナリオ」と「現世界定位的シナリオ」の違いは、単に、どちらの世界の時間の流れを基準にとるかの違いだけなのである。

　つまり、2つのシナリオは、ボタンを押した人の主観的経験において区別できないだけでなく、客観的にも全く同じことを意味している。「どちらの方が耐えられそうか」「どちらの方がましか」という問いは、意味をなさない。もちろん、現世界と異世界との間に、「大きさ」の極端な違いがあるならば、質量の違いが物理的非対称性を生み出すので、大きい方の宇宙の時

間経過を基準とすべし、という偏った扱いが妥当にもなるだろう。しかし２つの世界の間にそんな「大きさの違い」があるかどうかはわからない。結局のところ、両シナリオは単に同じ状況を違う表現で言い表わしたものにすぎないのだ。

3 順序設定への疑い

　Ａ期間とＣ期間はひとつながりになっているはずなのに、その２つの間にＢ期間の５億年が挟まる、という設定αは、思い浮かべるのは簡単のように感じられるが、本当に思考しようとすると意外にわかりづらい。設定αはどういう状況なのかを物理的に思い描こうとすれば、次のようなことになるだろうか。ボタンを押した当人の脳の変化が、「Ａ期間の経験をもたらす状態→Ｂ期間の経験をもたらす状態→Ｃ期間の経験をもたらす状態」という順番で生じる、と。

　しかし精神的には、Ｃ期間においてはＢ期間の記憶が完全に失われるので、Ａ→Ｂ→ＣにおけるＣには、Ｂの痕跡は残っていない。つまり、Ｃ期間においては、当人はＡ→Ｂ→ＣとＡ→Ｃとを区別できない。同様に、Ｂ期間には未来のＣ期間の記憶などあるはずがないから、Ａ→Ｂ→ＣにおけるＣがどういうものであるかは未定である。とすると、Ｃは実はすでに起きていて、その記憶を失っている、と考えても同じことではないだろうか。Ａ→ＢとＡ→Ｃ→Ｂとの区別ができないのだ。

　Ａ→Ｂ→ＣとＡ→Ｃとは、Ｃから見て主観的に区別不能。
　Ａ→ＢとＡ→Ｃ→Ｂとは、Ｂから見て主観的に区別不能。
　Ｂ期間とＣ期間とは、互いにアクセス不能で、無いも同然ということである。

　実は、区別不能ぶりは主観的な面だけではない。記憶の消去が完全だとすれば、Ｃ期間におけるプレイヤーの脳そのものにもＢ期間の物理的痕跡は残っていないのだろう。なにしろ「もとの状態で戻れる」「ワープ」というのだから、Ｃ期間初頭へ戻ってきたとき、その直前のＡ期間末端の物理的状態がそっくり復元されるのだろう。かりにそっくりそのままでなくて、Ｂ期間の物理的痕跡が少しでも残っていると、思いがけぬ影響がＣ期間に及ぶこ

とになりかねない。その影響への懸念が、ボタンを押すかどうかの選択に響くかもしれない。それはこの思考実験の趣旨に反する。100万円入手のメリットと引き換えに5億年の無為孤独をあえて引き受けるかどうか、ということだけに、決断の理由は限定されるべきなのだ。

トニオの説明でも、脳への非本質的な悪影響の心配はない現象として「ワープ」が説明されている。ワープとは通常、人体なら人体が物体としてのまとまりを保ったまま、ワームホール（時空トンネル）のような近道を通って、見かけ上光速を越えたスピードで旅行すること、として理解されているが、5億年ボタンのワープでは、記憶が完全に消されたり身体が5億年前と正確に同じ状態に戻されたりしているので、ワームホールを通った物体移動ではなさそうだ。むしろ電子メールやファックスのような「状態の保存・転送」つまりテレポーテーションに近いものと考えられる。

というわけで、C期間のプレイヤーの脳に、B期間を経験した痕跡は一切無いはずである。物理的（脳生理学的）にもC期間とB期間とは前後の区別ができないのだ。プレイヤーの身体、そしてもちろん脳も、物理的継続の具合によって順序を決めることができない。A期間からB期間へのワープは記憶の影響を残すので、心理的にも脳生理学的にもAはBに先行すると言える。しかし、B期間とC期間の間は、単に不連続な断層になっており、心理的にも脳生理学的にも前後関係を客観的に確定しようがない。

そうすると、思考実験の中でもう一つの思考実験を試したい衝動が頭をもたげてくるではないか。そう、B期間とC期間の順序を逆に考えてみたらどうだろうか、ということである。

B期間がC期間より前に来る、という当初の前提を疑ってみるのだ。

つまり、実は次のようなことなのかもしれない。5億年ボタンを押すと、100万円ゲットできるだけで、異世界に飛ばされることもなければ記憶が消去されることもない。ただ、普通に人生が終わった直後に、つまり死んだ瞬間に、かつてボタンを押したとき装置内に記録されていた身体的・心理的状態が復元され、その状態で異世界に飛ばされる。つまり、ボタンを押したあとの人生の記憶も消去された状態で異世界に飛ばされる。そしてその異世界で5億年間の孤独生活を送らねばならない。そのあと本当の死（消滅）が突然訪れる。ボタンを2回押せばこの5億年孤独生活を2サイクル、100

回押せば 100 サイクル経験せねばならない。

と、このように疑ってみたらどうだろう。というか、オリジナル設定 α に加えて、BとCの順序を逆にしたこの新設定 β を考えてみたらどうだろう。

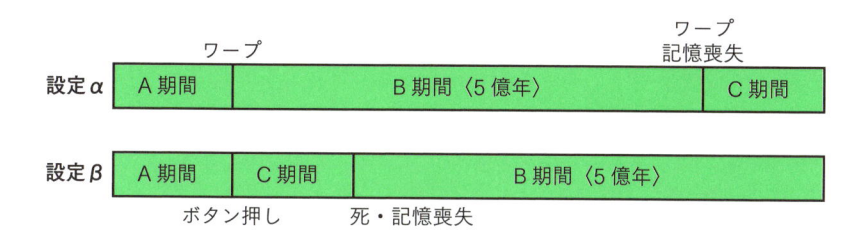

```
                    ワープ                              ワープ
                                                       記憶喪失
設定α  │ A期間 │        B期間〈5億年〉           │ C期間 │

設定β  │ A期間 │ C期間 │        B期間〈5億年〉           │
         ボタン押し   死・記憶喪失
```

　この新設定 β だと、なんだか死後に地獄に落とされるというか、悪魔に魂を売ったような感じがして、俄然恐ろしい気がしないだろうか。先ほど「5億年ボタンを押してもいい」と言った私も、この設定 β の可能性を考えると、押すことにかなりの抵抗を覚える。

　しかし実は、この設定 β への変更は、もとの設定 α から何も変わっていないのである。

　設定 α はこうだった。ボタンを押した直後、まず異世界に飛ばされて5億年過ごしてから、記憶消去されて元に戻され 100 万円ゲット。

　設定 β はこうである。ボタンを押した直後、そのまま 100 万円ゲットして普通に人生を終えるが、ボタン押しまでの記憶と直接接続した5億年生活が死後に待っている。

　上の α と β とは、主観的な状態は全く等しい。

　また、脳の状態をはじめとする身体状態も等しい。なぜなら、α でも β でも、A期間の最後にボタンを押した瞬間、プレイヤーの身体・脳状態が保存されてB期間の異世界とC期間の現世との両方に接続、ということだけが起きており、物理的に区別不能だからである。

　マンガのもともとの設定 α では、プレイヤーは、A期間、B期間、C期間の順で経験する。A期間からB期間へと記憶は連続し、A期間からC期間へも記憶は連続するが、B期間からC期間へは記憶は連続しない。B期間を

飛ばしてC期間が直接A期間から接続する。

あとから考えた新設定 β では、プレイヤーは、A期間、C期間、B期間の順で経験する。A期間からC期間へと記憶は連続し、A期間からB期間へも記憶は連続するが、C期間からB期間へは記憶は連続しない。C期間を飛ばしてB期間が直接A期間から接続する。

つまり、プレイヤーの主観的経験としては、A期間＋B期間という部分と、A期間＋C期間という部分とが存在する。B期間とC期間は互いに記憶や物理的影響による参照はなく、切り離されている。オリジナル設定 α でも、新設定 β でも、主観的には全く変わらないし、物理的な「接続」「連続」のあり方も違わないのである。

となると、α、β という２つの設定は全く同じなのだろうか。B期間とC期間は互いに記憶による接触がなく、物理的影響もなく、A期間としか結びついていないのだから、どちらが先とか後とか言えるのだろうか。順序を入れ替えることで、何が変わるのだろうか。

4 継起の客観性

設定 α では「A期間、B期間、C期間の順」であり、設定 β では「A期間、C期間、B期間の順」である、という順序の違いは、記憶に反映されず、脳にも物理的手掛かりが残らないとすると、本当は何の違いを表わしているのだろうか。

とりあえず、「客観的時間の中での違い」なのだろう。しかし客観的時間の中で、何がどう変化するのだろうか。「期間Aの最後の瞬間にコピー保存されたプレイヤーの心身状態が、何十年か経ってから異世界にペーストされる」という設定 β は不自然で、設定 α の方が自然と感じる人もいるだろう。逆に、「現世界では一瞬である時間幅に異世界の５億年が挟まるということの意味について、先ほど考えたような曖昧さが生ずる設定 α は不自然だ」と感じる人もいるだろう。設定 β では５億年が最後に来るため、客観的に何が起きているのかについて、設定 α のときのような現世界定位か異世界定位かの場合分けを気にする必要がないからだ。

そしてもう一つ、設定 α ではワープが２回必要であるのに対し、設定 β

ではワープは1回ですむ。というか、死後に5億年経験があればよいだけだから、C期間終了後ただちにB期間が始まる必要すらなく、死後の霊がいつか経験する5億年の夢であってもよい。つまり、そもそも物理的ワープは必要なくなる。この経済性は、設定βの方をエレガントに見せる要因となるかもしれない。

いずれにしても、「自然」「不自然」という印象は、設定α「ボタン押し→5億年→100万円」と設定β「ボタン押し→100万円→5億年」との〈客観的順序〉の違いを根拠づける理由にはならない。どんなに不自然で奇妙な状況でも、設定は設定として容認するのが思考実験の筋である。もしも、思考実験の結果がおかしなことになったら、その前提に使われた学説や理論の誤りが証明されるが、最初の状況設定そのものはどんなに奇妙であってもまず鵜呑みにして始めねばならないのが思考実験というものなのだ。

なので、状況の自然さは一応棚上げにして考えてみよう、B期間とC期間の順序の違いは本当の違いなのか、それとも言葉だけの違いなのかを。「本当の違い」であることをハッキリさせることはできるだろうか。

「前の期間の証拠品を後の期間に持ち帰る」というのはどうだろう。

設定αであってβでないことを明確にするためには、たとえば、期間Bの異世界で退屈しのぎに自分の歯を抜いてペン代わりに使っていた人が、5億年が終了したとき、その歯をポケットに入れておくと、期間Cのスタート時にその歯がポケットに入っているのを見る、等[*13]。

[*13] B期間からC期間への影響の完全断絶が5億年ボタンの本質でした。「ボタンを押す気」が「C期間が攪乱される心配」によって左右されては、思考実験の狙いがはっきりしなくなるからです。ところで記憶以外の痕跡、つまり物を持ち帰ることもまた、C期間に何らかの影響を及ぼすでしょう。つまり、5億年ボタンを押すかどうかの選択に関わる考慮要因になってしまいます。そういったノイズは、思考実験として望ましくないのでした。とはいえ、持ち帰るのが記憶や傷跡などでなければ、5億年のトラウマ的影響がC期間に及ぶとは思えません。よって、B期間から小さな何かをC期間へ持ち帰れるという設定変更は、思考実験にとって無害でしょう。

設定βであってαでないことを明確にするためには、同じくこういうのはどうだろう。期間Cの最期の瞬間に手にしたハンカチか何かが期間Bの5億年スタート時に手に巻き付いている、等。

上記のいずれかになっていれば、設定αかβかがハッキリするのではないだろうか。プレイヤーの記憶は繋がっていないため、自分が身につけている歯なりハンカチなりが何を意味するのか主観的にはわからない。しかし、αなのかβなのかは当人が知らないだけで客観的には決まっている。そういうことにならないだろうか。
　ダメである。因果関係の方向が定まらないからだ。
　期間Bに手にしていた歯が期間Cの開始時にポケットに入っていたとしても、設定αの証拠にはならない。次の可能性が排除できないからだ。「その歯は、期間Cの開始時に作り出されたものであり、その後、歯を抜く行為が、期間Bの中で演じられる」。
　期間Cの終了時のハンカチが期間Bの開始時に手に巻き付いていたとしても、設定βの証拠にはならない。次の可能性が排除できないからだ。「そのハンカチは、期間Bの開始時に作り出されたものであり、その後、そっくりなハンカチが、期間Cの終わりに用意される」。
　「ワープ」「完全な記憶喪失」という断絶によって人生が区切られる設定になっているため、「証拠品」が両方の世界に出現したとしても、どちらが先にプレイヤーの手に収められたものかは決まらないのである。ただし、自由意思による行動、つまりあらかじめ決定されていない行動（非決定論的な行動）というものを信じるならば、かなりの程度、期間BとCの客観的な順序を決めることができる。期間BがCより先だとすれば、Cでプレイヤーが死に際に手にしたハンカチがあらかじめ用意されているというのは不合理だろう。期間Bの最初にすでに用意されたハンカチと見分けのつかないハンカチを期間Cの最後に必ず手にするようプレイヤーの行動が「決められていた」というのは自由意思に反するからである。
　同様に、期間CがBより先なのにBでプレイヤーが抜いて最後まで持っている歯があらかじめ用意されているというのは不合理だろう。期間Cの最初にすでに用意された歯と同じ部位の歯を期間Bの最後に必ず手にするようプレイヤーの行動が「決められていた」というのは自由意思に反するからである。
　さらには、次のようなもっと思い切った想定も可能だ。現世界と異世界の両方の世界の外部に絶対的観察者がいて、プレイヤーが確かにA期間→B期

間→C期間の順序で人生を過ごすのを見ている、というような。「アルバイト」というマンガの読者や作者が観察するという意味ではなく、マンガの世界の中にそういう外部観察者が設定されている、という意味である。そういう場合、A期間→B期間→C期間の順序は、客観的な順序であることになるだろう。

というわけで、設定 α と設定 β の違いについては、「主観的には全く存在しないが、客観的には定めることができる」という見方が穏当のようである。

5 記憶と時間順序

設定 α 「ボタン押し（A期間）→ 5億年（B期間）→ 100万円（C期間）」
設定 β 「ボタン押し（A期間）→ 100万円（C期間）→ 5億年（B期間）」

この客観的な順序の違いが、本当の違いを表わしているらしいことは今確認したばかりだ。そこで、気持ちの問題に移ろう。5億年ボタンを押すかどうか訊ねられて、α と β の客観的な相違を意識したとき、その相違は、「ボタンを押す決意の度合い」に対して、何らかの影響を及ぼすだろうか。心理的に、あるいは論理的に。

先ほど私は、設定 α はまあまあだが設定 β はいやだ、という私自身の感じを述べておいた。しかしその好悪の違いは、それほど大きなものではない。A・C期間の寿命を削ってでも設定 β を避けたい、というほどのものではないのである。みなさんはいかがだろう？

好悪の違いが絶対的に大きい、という人は案外多いかもしれない。設定 α の「A期間、B期間、C期間の順」ならば耐えられるが、設定 β の「A期間、C期間、B期間の順」は断じてご免被りたい、と。その反対、つまり設定 α の「A期間、B期間、C期間の順」はご免だが、設定 β の「A期間、C期間、B期間の順」ならばいいかも、という人はいないのではないか。設定 α でボタンを押さないという人は、設定 β ではよけい押す気を失うだろう。設定 β で押すという人なら、設定 α ではよけい押す気が高まるだろう。これはアンケート等で確かめたわけではないので推測にすぎないが、たぶん

そうなると思われる。

　そう思われる理由はとりあえず、「終わりよければすべてよし」の人生観である。設定 β は、ちょうどファウスト風の「悪魔に魂を売る」設定を思わせるのだ。たった 100 万円ゲットと引き替えに、人生の終わりに半永久的な孤独を強いられるというのは、賢明な選択とは思えない。

　もちろん、私と同じように、「客観的な時間順序はあまり関係ない」さらには「全然気にしない」と考える人も少なくないと思われる。主観的には違いがないし、客観的な前後の相違を確かめるための物理的証拠がたとえあったとしても微妙すぎるからである。A 期間＋B 期間という人生と、A 期間＋C 期間という人生とが出現して、それぞれ別個の人生なのだが、自分はこの両方を経験する。両設定でそのことに全く違いがないのだから。

6 〈主観派 vs. 客観派〉の構造

　ここで、2 つの立場が対立する。

主観派「設定 α と設定 β とでは、主観的に同じなのだからどちらでもいい」
客観派「設定 α と設定 β とでは、主観的には同じであっても、主観的経験が生ずる客観的な順序が違うのだから、どちらでもよくはない。5 億年のやるせない経験が最後に待ちかまえているような設定 β は絶対いやだ。設定 α を望む」

この対立は、前章の「エウダイモニア問題」で見た対立に似ている。あそこでは、次のような対立があった。

主観派「自分の主観的経験がすべてなのだから、客観的には幻であっても幸福な方がいい」
客観派「自分の主観的経験が幸福であっても、客観的に幻というのはいやだ。それは本当の幸福とは言えないから」

主観派と客観派の対立は、体系的だろうか。つまり、５億年ボタン問題で主観派の人はエウダイモニア問題においても主観派であり、５億年ボタン問題で客観派の人はエウダイモニア問題においても客観派なのだろうか。どうだろう。(ここでアンケートをとれば<u>リアル実験</u>、多数の個人情報を入力して質問と掛け合わせ結果を得れば<u>シミュレーション</u>となります。これからやるように理屈で考えて答えを導き出せばもちろん<u>思考実験</u>ですね)。

　私自身のことを考えてみよう。結論から言うと、私は、エウダイモニア問題では客観派だが、５億年ボタン問題では主観派である。私が特別に変わった考え方をする人間でないと仮定するならば(「自分のいる場所(脳)は平凡だという「コペルニクス原理」)、私のように５億年ボタン問題とエウダイモニア問題とで立場を変える人は珍しくないはずだ。

　つまり、５億年ボタン問題とエウダイモニア問題とを通じた一般的視点を設定し、主観派か客観派か、というふうに論理を体系的に区分けすることはできず、人の感じ方は問題ごとに異なる、と言えそうである。

　ただし、次のような「体系性」は成り立ちそうだ。

　Ⅰ「エウダイモニア問題で主観派である人は、５億年ボタン問題でも主観派であろう」
　Ⅱ「５億年ボタン問題で客観派である人は、エウダイモニア問題でも客観派であろう」

ただし、それぞれについて逆は成り立たないだろう。

　Ⅲ「５億年ボタン問題で主観派である人は、エウダイモニア問題でも主観派であろう」
　Ⅳ「エウダイモニア問題で客観派である人は、５億年ボタン問題でも客観派であろう」

　私自身がⅢ、Ⅳの反例である。私は、５億年ボタン問題で主観派だが、エウダイモニア問題では主観派ではない。そして、エウダイモニア問題では客観派だが、５億年ボタン問題では客観派ではない。

あなたはどうだろうか。Ⅰ、Ⅱは当てはまるのではないだろうか。そしてⅢ、Ⅳについては自ら反例となっているか、そうでないとしても、身近に反例を容易に見出せるのではないだろうか。

以上で成り立つと考えられたⅠ、Ⅱと、Ⅲの否定、Ⅳの否定は、次のように言い表わすことができる。

Ⅴ　主観的経験の重要性は、エウダイモニア問題よりも５億年ボタン問題において大きい。
Ⅵ　客観的事実の重要性は、５億年ボタン問題よりもエウダイモニア問題において大きい。

ⅤとⅥは、ある意味当たり前のことだろう。この２つの命題は、エウダイモニア問題と５億年ボタン問題の構造から導かれる、定義的事実だからである。そもそも私は、この２つの命題Ⅴ，Ⅵを根拠として、先ほどのⅠ～Ⅳの相関関係の有無を判定したのだった。

なぜⅤとⅥは当たり前なのか？
エウダイモニア問題では、問われているのは、「幸福」だった。幸福は単なる個人的快楽の度合いで決まるのか、個人的経験を超えた共同体的事実によって決まるのか、ということが問われていた。客観性の成否が、始めから重要視されていたのである。「幸福」という言葉の意味によって。

５億年ボタン問題では、問われているのは、５億年の虚しい経験のマイナス価値が、100万円に値するか（100万円がそれを償って余りあるか）という問いだった。100万円のプラス価値は一定なので、５億年経験のマイナス価値をどう見積もるかが問われている。５億年経験には他者が入り込んでこないので、問題は主観的な要因で尽きることになる。そもそもあのマンガの読者の中には、５億年経験のＢ期間をＣ期間の前に置くか後に置くかという「客観的違い」を自発的に考えようとした人はほとんどいなかったのではなかろうか。つまり、５億年ボタン問題は、主観的経験だけの価値を問う問題だったのである。

これによって、先に提示した相関関係の意味がはっきりする。改めて書くと、

Ⅰ 「エウダイモニア問題で主観派である人は、5億年ボタン問題でも主観派であろう」
Ⅱ 「5億年ボタン問題で客観派である人は、エウダイモニア問題でも客観派であろう」

　客観性が重要ではないかと問題提起されていたエウダイモニア問題であえて客観性を軽視する筋金入りの主観派は、もともと客観性の意義など問われていなかった5億年ボタン問題ではなおさら客観性を無視し、主観派にとどまる。他方、主観的価値だけが問われていた5億年ボタン問題であえて客観的事実にこだわる強硬な客観派は、もともと客観的要因が重要だったエウダイモニア問題ではさらに客観派的傾向を鮮明にする。と、そういう次第である。

参 考 問 題

　いろいろな友人にエウダイモニア問題と5億年ボタン問題を話して答えを聞き、Ⅰ、Ⅱの反例となる人を見つけよう。そういう人は、普通の人とは違った考え方、感じ方をする人ではないだろうか。その性格は、一言で表わすとどのような性格だろうか。

　したがって、5億年ボタン問題では、客観的事実はほとんど重要でないと思われる。期間Bの5億年がいつ訪れるかということは、どうでもよい。
　「いや、地獄の責め苦にも等しい5億年が人生の途中に挟まるのと最後に来るのとでは大違いだ！」となお感じる人も多いかもしれない。5億年を耐えているB期間の間、「これを耐えればもとの世界に戻れるのだ、この5億年の記憶を失った状態でだが」と思い続ける場合と、「もう自分の人生は終わったのだ、ボタンを押した後の人生の記憶は失ったけれど」と思い続ける場合とでは、「耐え甲斐」が全然違うかもしれない。前者の場合は100万円ゲット後の人生をなんとか励みにできようが、後者の場合はただ死後の虚無地獄に落とされたようなもので、何の希望も励みも見出せない。

しかし、「完全に記憶をなくす」という条件が付いていることをよく考えてみよう。5億年を耐えているＢ期間のあいだ、次の２つの違いが本当に有意味だと信じられるだろうか。

　　設定 α 「私は人生の半ばで今このような場所に来ている」
　　設定 β 「私はもう死んだ。そしてこのような場所に来ている」

　ともに、自分の人生のうちＡ期間のことしか記憶しておらず、Ｃ期間のことは現在の自分に影響を及ぼしもしなければ現在から影響を受けることもないのである。
　だからって同じことだと割り切ることなんかできない、という人もいるだろう。しかし、エウダイモニア問題のときの「影響の相違」と比較してみてほしい。幻の人生かリアルな人生かの違いは、他者の心の中に自分の人間像が存在するかどうかをはじめとして、体系的にさまざまな違いを伴っていた。それに対して、Ｂ期間とＣ期間のどちらが先であるかは、先後以外の違いを伴ってこない。どちらが先であっても、それ以外のことはすべて同じままなのである。「気にする度合」がエウダイモニア問題と５億年ボタン問題とで大いに異なるのは当然ではないだろうか。

確 認 問 題

　84-85頁に触れたように、「５億年ボタン問題」で、ボタンを押したあなたを外部の観察者が見守っている、という状況ならどうだろう。しかも観察者が多数いて、あなたの人生が幸せか憐れかについてあれこれ批評しているのだったら。その場合、「Ｂ期間とＣ期間のどちらが先であっても、それ以外のことはすべて同じまま」という本文の趣旨は誤りではないか。「観察者付きの５億年ボタン問題」では、「エウダイモニア問題」と同じくらい、あなたにとって客観的事実が重要になるのではないだろうか？

7 順序から分岐へ

　さて、エウダイモニア問題に比べて、5億年ボタン問題においては「客観的事実」を気にする度合いが段違いに小さくてよい、という見方を確認した。だからといって、「B期間とC期間の時間的順序はどうでもよい」という境地にたどり着くべきだとは言えないかもしれない。しかし、次のような新しい見方へ移行してみることはできるのではないだろうか。
　こういう見方である。「B期間とC期間は、互いに相手を経験できないので他人同然だ」。
　時間順序は気にしなくていい（気にするとしても抽象的レベルでしかない）、かつ、B期間とC期間それぞれの自分は他人同然である。この2つの認識を合体させると、いっそのこと次のように考えた方が話はわかりやすくなりはしないか。
　「A期間の私が最後に5億年ボタンを押すと、その瞬間、「私」はB期間の私とC期間の私という2人の人物に分裂する」。
　主観に反映されない時間順序にこだわるのはやめて、2つの期間は互いに別個の経験であるという主観的に確かな事実だけを尊重すると、人生の「分裂」あるいは「分岐」という見方に行き着くわけだ。

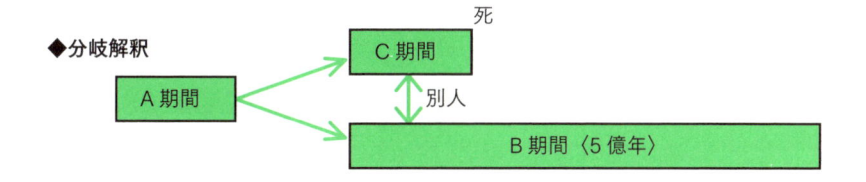

◆分岐解釈

A期間 → C期間（死）
A期間 → B期間〈5億年〉
C期間 ↕ 別人 B期間

　人生の分裂といってもピンとこないかもしれないので、とりあえず、5億年ボタンを押した「私」の「人格の同一性」がどうなっているのか、考えてみよう。
　A期間の「私」からすれば、「私」はこれからB期間もC期間も両方とも経験する。記憶をそっくり引き継いでだ。だからこそA期間の「私」はしばし悩むのだが（つまり100万円ゲットのメリットと、5億年の退屈・孤独

のデメリットとを天秤にかけるのだが)、とにかく５億年ボタンを押すと、「Ａ期間の私」はＢ期間に記憶が接続する人生と、Ｃ期間に記憶が接続する人生とを両方とも生きることになる。そして、その両者は完全に別個である。つまりＢ期間人生とＣ期間人生とは、過去のＡ期間においては共通の人生を生きていたが、それ以降の人生については互いにアクセスできない。記憶が断たれている。

　「記憶が断たれている」という点をよく考えてみよう。「記憶が完全に消去される」というのは、今さらながら素朴すぎる設定というか、都合が良すぎる設定ではないだろうか？　α設定に沿って表現すると、異世界に飛ばされて５億年を経験したあと、そのＢ期間のことだけをさっぱり忘れて、それ以前のＡ期間の記憶をそっくり保持した「私」がＣ期間を開始する。β設定に沿った表現だと、100万円ゲットした人生を終えたあと、そのＣ期間のことだけをさっぱり忘れて、それ以前のＡ期間の記憶をそっくり回復した「私」がＢ期間を開始する。人生の中間段階の記憶だけを選択的に消去するとは、そんな好都合な操作ができるのだろうか。

　もちろん、何度か確認しているように、Ｂ期間は他の期間と「ワープ」で隔てられているのだから、Ａ期間との関係のように記憶を残そうが、Ｃ期間との関係のように記憶を残すまいが、どのような形でワープさせるのも自由だ、と言えるだろう。つまりワープとは、どのくらい「直前の人体と類似しているか」を調整された人体を別の場所に作り出すこと、と理解することができるのだ。記憶の量などは調整のパラメータにすぎない。思考実験はその自由さが本領なのだ。

　となると、どういうことになるだろう。思考実験の自由な設定ぶりこそが、思考実験の設定の解釈可能性を限定してくることになりそうである。Ｂ期間からＣ期間、あるいはＣ期間からＢ期間へのワープにおける記憶喪失というのがもし完全だというのであれば、そしてこの思考実験の本質は「記憶喪失の完璧ぶり」に依存しているのだが、本当に記憶が全く断絶しているとするならば、Ｂ期間とＣ期間を「同一人物の人生」の中に含めることに疑問が生じてこないだろうか。Ｂ期間人生とＣ期間人生とは、互いに別人の人生として作り出されたと見るべきではなかろうか。

　「人格の同一性」にとって、「記憶が連続していること」は重要な要因だ。

だとすれば、A期間＋B期間、A期間＋C期間はそれぞれ「まとまった人格」を形成していると言える。しかし、B期間とC期間が同じ人格に属するかどうかは大いに疑問だ。A期間の末端において、人間がアメーバのように分裂して２人になったと言う方が自然ではないだろうか。

「記憶が消されるの」というトニオの言葉は、結局のところ、〈５億年ボタンを押した瞬間に、B期間人生を送る人と、C期間人生を送る人との２人に分裂するの〉という意味を伝える省略語法だったのではなかろうか。

人間そのものの分裂であれば、B期間とC期間という、分裂後の個体どうしが互いの記憶を持っていないのは当然である。そしてB期間とC期間のどちらが先かという問題も、それぞれ別人の身に起こることとして脇に押しやることができる。どうやら、完全な記憶喪失という設定は、記憶を持たぬ者どうしを別々の個体として認定することを要求するようなのだ。５億年ボタンの思考実験は、ＳＦ的に自由奔放であるがゆえに、順序解釈から分岐解釈へと却って収束してくるのである。

ボタンを押したプレイヤーを外部から観察し、A期間・B期間・C期間をすべて見通している超越者がいたとしても、分裂というこの解釈の説得力には納得してくれるはずだ。「え？　ＢとＣは別の人間なの？　ふむ、確かにそう考えれば簡単だな……」と。

確認問題

　順序解釈（あなた自身がB期間とC期間をともに経験する）のときは「５億年ボタンを押すかどうか迷う」と言っていたあなた。分岐解釈（あなた自身がB期間とC期間とに分裂する）が正しいかもしれないと考え始めた今、どうだろう、５億年ボタンを押す意欲について、変化は生じただろうか。

★答え★　人の意欲という個人的な問題を勝手に哲学で決めないでほしい、と思うかもしれないが、主観的好みとして済ますことはできないトピックなので、ここは哲学で決めさせていただこう。哲学者が行なう強力なアドバイスは、「分岐解釈が正しいならば、５億年ボタンを絶対押すべきでない！」

というものだ。
　理由は？
　A期間にいるあなたが、100万円ゲットしたうえで今の生活を続けるか、単に5億年の孤独状態へ飛ばされて残りの人生をそれだけで終えるかは、五分五分。両方経験する人間はいない。ボタンを押した後に前者になれればいいが、後者になってしまったら悲惨この上ない！　そんなリスクは避けるべきだろう。
　この方面の理屈については、次の第5章でもっと詳しく確認しましょう。

第 5 章

人間転送機

teletransportation

◎ファックスや電子メールで、文字や画像、動画までもオリジナルそっくりな内容をやりとりしている私たち。いずれは、立体物や、生きた動物、人間ですら転送できるようになるかもしれません。

◎そんな「テレポーテーションの科学技術」が普及したとき、「自分が自分自身であること」の根拠が揺らぐ事態になるかもしれません。テレポーテーション時代が訪れる前に、思考実験で先回りしてこの深刻な可能的問題に備えておきましょう。

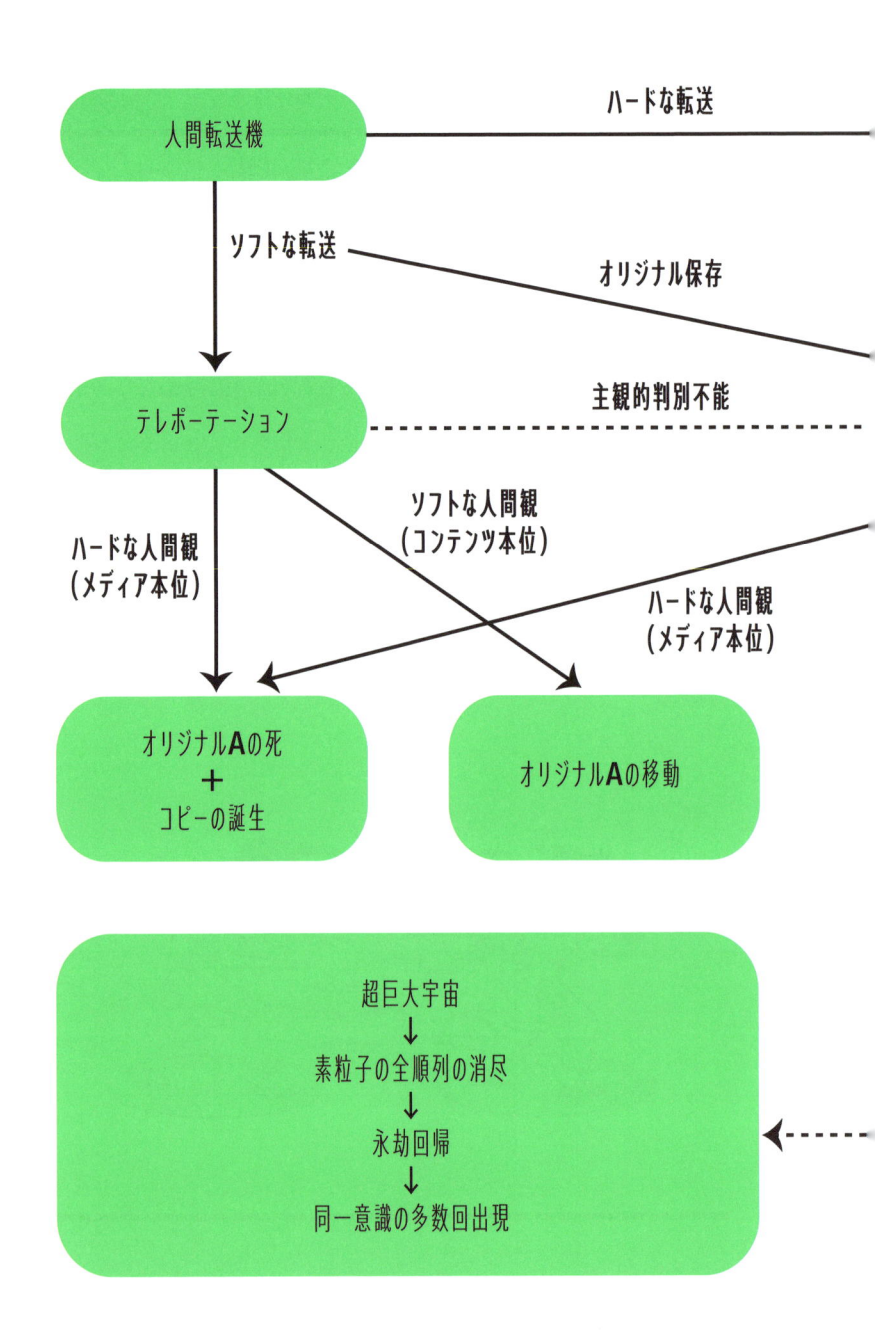

人間転送機

```
                    ┌─────────────┐  ハードな転送
                    │  人間転送機  │─────────────
                    └──────┬──────┘
                           │ ソフトな転送
                           │              オリジナル保存
                           ▼
                    ┌─────────────┐  主観的判別不能
                    │テレポーテーション│- - - - - - - -
                    └──┬───┬──────┘
           ハードな人間観 │   │ ソフトな人間観
           (メディア本位) │   │ (コンテンツ本位)
                         │   │                ハードな人間観
                         │   │                (メディア本位)
                         ▼   ▼
                ┌──────────────┐    ┌──────────────┐
                │ オリジナルAの死 │    │ オリジナルAの移動│
                │       ＋      │    │              │
                │  コピーの誕生  │    │              │
                └──────────────┘    └──────────────┘
```

```
┌─────────────────────────┐
│       超巨大宇宙          │
│          ↓              │
│   素粒子の全順列の消尽      │
│          ↓              │
│       永劫回帰            │←- - -
│          ↓              │
│   同一意識の多数回出現      │
└─────────────────────────┘
```

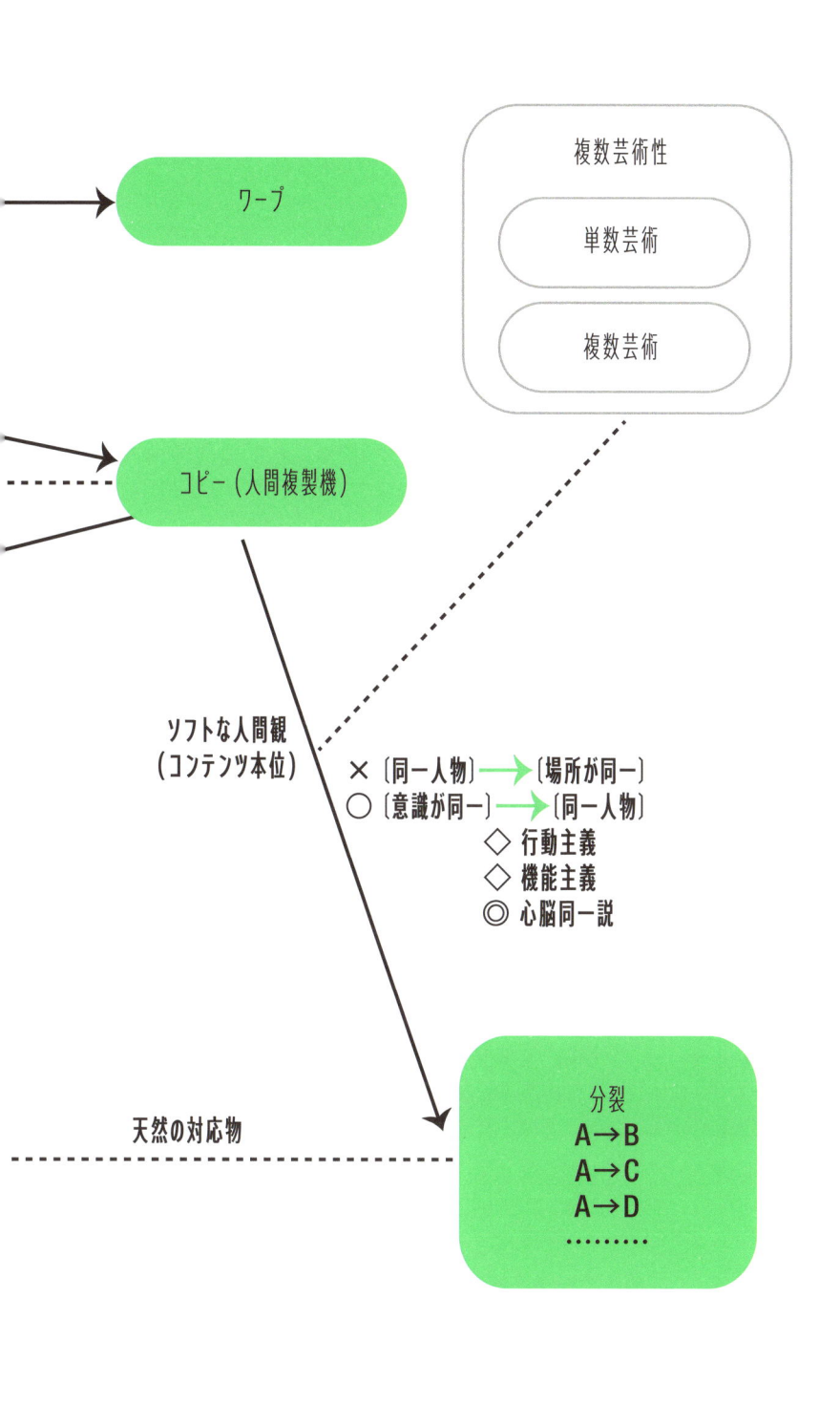

```
ワープ

複数芸術性
  単数芸術
  複数芸術

コピー（人間複製機）

ソフトな人間観
（コンテンツ本位）

× 〔同一人物〕→〔場所が同一〕
○ 〔意識が同一〕→〔同一人物〕
◇ 行動主義
◇ 機能主義
◎ 心脳同一説

天然の対応物

分裂
A→B
A→C
A→D
……
```

＊

1 光速旅行の夢

　「5億年ボタン」は、A期間のあとに続くB期間、C期間のそれぞれが、互いに別々の時空間での生活となっていた。ワープによって（正確にはたぶんテレポーテーションによって）断絶同様に隔てられている。B期間とC期間は、互いに全く異なる時空間で展開される生活だ。
　「B期間とC期間はそもそも別人なのでは？」とわれわれが思いついたのも、もとはといえば、5億年ボタンを押した人の身体が、テレポーテーションによって不連続的にジャンプするからだった。同じA期間の記憶を共有しているとはいっても、互いの記憶もなく、互いに物理的影響関係もなく、存在する場所も全然つながっていないB期間とC期間は、同一人物と認められるべき必然性などない。逆に言うと、B期間とC期間のように、互いに別個の時空間に存在する生活であっても、A期間という共通の記憶を共有してさえいれば、「同一人物の中での別々の人生段階」としてなんとか認めることができた。認めねばならない、のではなく、認めることが可能だ、というにすぎない。むしろそちらの認定の方が──A期間とB期間とC期間が同一人物に属しているという当初の認定の方が──「なぜそんなことが言えるの？」と突っ込まれて当然だったとも言えるのだ。
　しかし最初は、「アルバイト」という物語の語り口の巧みさもあって、A期間のプレイヤーが、B期間、C期間を一人で、つまり同一人物のままで順に経験する、ということにわれわれは疑問を抱かなかったのだった。時間的・空間的に不連続な身体であっても、記憶の根っこが共通であれば「同一人物」と言えるのだという考えには、それなりに暗黙の説得力が染みついていたのだった。
　そこで、改めてテレポーテーションについて考えてみよう。
　現在の技術では、情報の転送は画像や音声や動画など、二次元の情報に限

られているが、いずれは三次元の物体がそのまま送信できるようになるだろう。人間のような複雑な物体も、ある瞬間の状態をそのまま遠隔地へ再現させることが可能になるかもしれない。

　この「人間ファックス」が実用化されれば、ほぼ光の速度で宇宙旅行できるようになるだろう。送信機に入った人間の身体の外部と内部を機械がくまなくスキャンし、遠く離れた受信機へと情報伝達する。受信機内部では、送信機内の人体とそっくりな原子配列が再構成される。人体を構成する原子の集団そのものが移動するわけではない。人体に含まれている物理的状態をそっくりなぞった原子集団のパターンが、受信機内の原子を使って形作られるのである。

　受信機内に現われた「人体」は、オリジナルの人体に含まれるすべての情報を受け継いでいる。脳の内部の情報も。したがって、記憶が連続している。受信機内に現われた人体は、自分が送信機から受信機へと瞬間移動したように感じるはずである。

　しかしこれが「旅行」と呼べるかどうかについては、人によって考え方が異なるのではなかろうか。いや、条件次第では、人間ファックスがうまく働いたとしても、たいていの人が決して旅行とは認めたがらないような場合もある。人間ファックスが人間転送機であるためには、つまり「瞬間旅行」を実現する装置として認められるためには、単に「オリジナルの人体とそっくりの物理系を受信機内に組み立てる」というだけでは十分でない。人間転送機はもう一つ、重要な機能を持っていなければならない。

　どのような機能だろうか？

2 転送、複製、同一性

　そのとおり。
　「瞬間旅行」を実現する「人間転送機」の絶対条件は、〈送信機内部にオリジナルの人体が生きたまま残ってはいけない〉ということである。
　送信機にオリジナルが残るようだと、「人間転送機」ではなく「人間複製機」になってしまう。人間転送機は、受信機内に出現した心身が唯一のあなたであることを保証するために、送信機内にいるオリジナルの心身を完全に破壊

しなければならないのである。

　もし送信機の情報スキャンだけがうまく働いて破壊作用は作動せず、送信機内の人間もそのまま生き続けることになってしまったらどうだろう。受信機内に現れた人間が「もとの人間と同一人物」であるという保証がなくなってしまう。旅行者であるあなたが送信機内で全身をスキャンされたと考えてほしい。装置の作動が終わったとき、受信機だけでなく送信機にもあなた的な人体が無傷で生きて立っていたとしたら、同じ記憶を持った２人がいることになる。いったいあなたはどちらなのだろうか。

　送信機に入るまでの記憶を保った人物が送信機内に持続しているのだから、当然、送信機内のその人こそがあなたではないだろうか。つまり、旅行はできておらず、あなたは送信機にとどまったままなのだ。この場所とは離れた受信機内に、あなたと同じ記憶を持つ別人が新たに出現したというだけのことだ。そいつはあなたと同じ記憶を持っているだろうが、次の瞬間からは別個の風景を目にし、「よし、移動した」と考えてあなたとは別の経験をし始めることになる。そいつの主観的世界では、そいつ自身があなたの人生を引き継いでおり、自分こそがあなた自身であるように感じているだろうが、元の場所にとどまっているあなたからすれば、それはとんでもない錯覚である。受信機内に現われたそいつは、「たった今生まれた人間」であり、過去の経験を持たず、過去を持つと錯覚しているにすぎない。身体が連続している送信機内の「この身体」こそが、当然のことながら「本当のあなた」なのである。

　つまりこういうことだろうか。人間転送機の受信機内にあなたそっくりの人間が出現する。そいつがあなた自身であるかどうか（ちゃんと旅行できたかどうか）は、送信機内にあなたの身体が生きたまま残っていない場合に限る。もしも残っていたら、そっちの方に「あなた自身」としての資格について優先権がある。

　ただ、この考え方だと、ある種の不合理にぶつかってしまう。

　「受信機内に移動した直後の自分に気づいた」という立場になってみよう。現在のあなたはもちろんその人物である。さて、あなたは、ほんの一瞬前まで送信機の中にいた人と同一人物なのだろうか。あなたが覚えている過去は、本当にあなたが経験した過去なのだろうか。

主観的に「同一人物だ」「本当に過去の人生を経験してきた」とあなたが感じることは間違いない。なにしろ記憶が連続しているのだから。しかし、先ほど「送信機内のあなた」の立場から考えた事柄に従うと、もしも送信機内にもとの身体が生きたまま残っているとしたら、こちら側にいる「この人物」は、あなたではないことになる。そして、送信機内にもとの身体が生きたまま残っているかどうかを、受信機内にいる「この人」は知らない。ということは――、

　単に「私は先ほどまで送信機内で転送を待っていた私と同じ人物である」という主観的確信だけによって、次の２つの命題Ａ、Ｂのうちどちらが正しいかを決めることはできないということだ。

　Ａ．私が記憶している人物は、送信機からこの受信機へと瞬間移動させられたのであり、私はその人物である。
　Ｂ．私が記憶している人物は、送信機内にとどまっており、いま受信機にいる私はたった今誕生したばかりの人間である。

　送信機内に元の身体が生き続けているかどうかをきちんと確認しないと、Ａ，Ｂのどちらが正しいのかわからない。つまりあなた自身の身元が確定しなくなる。状況次第では「人間転送機」は「人間複製機」として機能したことになり、受信機内に現われた「あなた」は本人ではなくコピーになってしまうのだ。

　しかし改めて考えてみよう。今この受信機内に出現した、申し分ない記憶と自意識を備えた「あなた」が誰であるかということが、遠くの送信機内に特定の身体が生き残っているかどうかという、もはやここにいる「あなた」には関係ない出来事によって左右されるというのか？　それはいかにも不可解ではないだろうか。

　たとえばこんな場合を考えてみよう。あなたは自分が本当は誰であるのかが気になったので、電話をして送信機内の様子を問い合わせた。すると、「たしかに受信機内のあなたの身体は瞬間的に破壊され、跡形もありませんよ」という返答が返ってきた。それを聞いてあなたは「よかった。私は記憶どおり、以前から生き続けてきた私自身なのだ」と安心した。しかし後になって、

次の事実が判明した。あなたを転送しようというときに、送信機がわずかな誤作動を起こしており、オリジナルの身体が、意識を司る脳も含めて、破壊される時刻が2秒ほど遅れたというのだ。つまり、あなたが受信機に現われて「転送の成功」を認識しはじめたときには、送信機内にまだオリジナルが生きていたというのである。すぐにオリジナルは破壊されたが、2秒間のタイムラグが生じていた事実は取り消せない。その2秒の間、そっくりの記憶を持った人物が計2人、こちらの受信機内とむこうの送信機内とに生きていたのである。

　どうだろう、この場合、人間の転送ではなく複製がなされてしまったと考えざるをえないのだろうか。どうもそのようだ。あなたが記憶している通りの過去の経験をしてきた人物、つまりオリジナルは、たった2秒間だが、今のあなたとは別の人間として同時に別の場所に生きていた。短時間であれオリジナルとは別の人としてあなたは存在したのだから、そのまま存在し続けているあなた自身はすでにその当人ではありえない。

　こう考えると、「たとえ一瞬でも、あなたが記憶する経験の主体があなたとダブって別の場所で自意識を持っていたかどうか」という微妙な細部を確かめない限り、あなたは安心できない。あなたが自分の人生だと思っているものが本当にあなたの人生だったのかどうかがわからないままになってしまう。自分には過去がなく、たったいまニセ記憶を持って生まれたコピーにすぎないのでは、という疑いが永久に晴れないことになるのである。

　送信機内と受信機内の状態のタイミングの違いを確実に確かめることができないとすれば、「人間転送機」を一度でも利用した人は、自分が「この人物だ」と記憶によって思い込んでいるその人物であるかどうかについて、確信が持てなくなってしまうわけだ。「自分が誰であるか確信が持てない」状態というのは、いかにもおかしいだろう。

3 誕生と死の非対称性

　この「おかしさ」は、受信機内にいる「あなた」の観点からすればまだましだ。単なる「おかしさ」ですむ。自分がしてきたと思い込んでいる経験が本当に自分の経験だったのか、つまり自分に本当の過去があったのかなかっ

たのか、という問題が生じたにすぎず、これから生きていくにあたって問題はない。

ところが、あなたが送信機内で転送を待っている身だとしてみよう（これは前章末尾の「確認問題」で提起した質問だ）。こちらの場合は、「ここにある自分の身体がちゃんと破壊されるかどうか、しかも遠くの受信機内にこの身体と同じものが出現する以前にしっかり破壊されるかどうか」は、ゆゆしき大問題である。なぜなら、うまくいけばあなたは遠くの受信機内に移動することができるが、タイミングが狂うと、あなたはこの送信機内で死ぬだけだからだ！

たとえば身体破壊が２秒遅れて、その２秒のあいだ、送信機内のこの身体と受信機内に現われた身体コピーとが同時に意識を持っていたとすると、あなたはその２秒間で、受信機内の人物ではなく、送信機内に残った方であると決定してしまう。そのあと送信機内で身体破壊がなされると、あなたは単に死ぬだけだ。かわりに遠隔の地にあなたそっくりの記憶と身体を持つ別人が出現するだけに終わってしまう。あなたの主観的世界は消滅し、無となる。あなたそっくりの別人が遠くで生き続けたところで、あなた自身の主観的自我にとっては何の償いにもなるまい。

「転送機」にタイムラグが生じて「複製機」になってしまわないかどうか。人間転送機が正常に作動するかどうか。それは、送信機内の人物にとっては、「自分自身に未来があるかどうか」の死活問題だ。自分に未来があるかどうかを決定する、生き死にの問題となるのである。

そうした心配に煩わされずにすむ「人格概念」として、次の２つの選択肢が考えられるだろう。

1. 「人間転送機」は、人格の同一性を切断する。タイムラグが生じたかどうかにかかわらず、「転送」がなされた瞬間、受信機内に現われた人間は送信機内に入った人間とは同一人物ではない。同じ記憶とそっくりの身体を持つ別の複製人間が誕生させられたにすぎない。死ぬのはいやだという人は、人間転送機など利用しないことだ。

2. 「人間転送機」でタイムラグが生じて「複製人間」ができてしまった

としても、それは受信機内の人物と同一人物である。もしも送信機内の人物がずっと生き続けるとしたら、それは当然もとの人物であり、受信機内に出現した人物もまた、もとの人間である。しかしその２人は同一人物ではない。同じ人間が２人に分裂したのだ。

　第一の選択肢は、物理的・身体的な連続性によって人物を定義する「ハードな」「メディア本位の」人間観に沿っている。人間転送機は身体の連続性を断ち切るので、ハードな人間観によれば、人物の同一性を保つことはできない。いくら記憶内容や主観的意識が連続していても、身体が途切れていればアウトだ。身体という物体ごと移動させるワープなら同一人物のままでありうるが、情報内容だけを送り出すテレポーテーション型人間転送機は実は人間を運んでなどおらず、そのつど１人の人間を殺し、別のよく似た人間を作り出すだけなのである。

　第二の選択肢は、物理的な連続性よりは、記憶という情報の連続性によって人物を定義する「ソフトな」「コンテンツ本位の」人間観に沿っている。この考えだと、人間複製機は、同じ過去の諸経験、つまり過去の人生を共有する２人の異なる人物（受信機内に現われる人物Ｂ、送信機内に残る人物Ｃ）を生み出すが、それぞれが送信機に入った人Ａと同一人物である。つまり、Ａ＝Ｂ、Ａ＝Ｃ、Ｂ≠Ｃというわけだ。同一性を表わす等号＝は、普通は「Ａ＝Ｂ、Ａ＝Ｃ　ならば、Ｂ＝Ｃ」となるはずである。だから記憶の連続性にもとづく人間どうしの関係は、＝と書いてはならず、別の書き方をしなければならない。つまり、厳密な同一性ではなく、「同じ人物に属する人生の段階（時期）である」という関係を表わしている。つまり、次のような関係である。

　人物 x がいて、その x はＡを部分とし、Ｂを部分とする。（ＡとＢを部分とする人物がいる）
　人物 x がいて、その x はＡを部分とし、Ｃを部分とする。（ＡとＣを部分とする人物がいる）
　人物 x がいて、その x はＢを部分とし、Ｃを部分とする、ということはない。（ＢとＣを部分とする人物はいない）

これが「人間の分裂」である。第二の選択肢は、分裂という見方によって、タイムラグが起きてしまった場合にも人間転送機の転送機能を認めるのだ。
　もともと１人だった人物が、人間転送機に入ったことにより、２人の別々の人物へと分裂した──コンテンツ本位のこのイメージは、べつに突飛でもなんでもない。とくに私たちにとっては、前章「５億年ボタン」ですでにおなじみだ。もちろん、送信機に入った人物Aにとっては、送信機内にとどまっている人物Cか、受信機内に現われた人物Bか、どちらか一方にしか自らを見出すことはできない。しかし、CとBにとってそれはどうでもいいことである。２人とも、自分がAのこれまでの人生を歩んできた自覚がはっきりとあるのだから。とくにBは「たったいま作られた人物なのだ」と後ろ指を指される可能性が高いが、自分がニセ者であるような感じはしないのだから、堂々としていればいいだろう。
　それでも、送信機内に残った人物Cは、受信機内に現われた人物Bに比べ、記憶が全く同じということに加えて、物理的に連続しているというアドバンテージがある。この非対称性は無視できない。よって、Aにとってみれば、BとCに分裂するとわかっている場合、自分の視点はBでなくCに定位するだろう、という方に賭けたくなるかもしれない。そう、BがAと同一人物になるのは、Aの身体が送信機内に残るというダブりのタイムラグが生じずに、直ちに消滅してくれる場合、つまりCが存在しない場合のみと言えるかもしれない。
　ただしそうすると、先ほど見たように、Bにとっては「遠隔の送信機内の人物がいるかいないかという、自分のいる〈ここ〉とは直接関係ない場所における事情によって、自分の覚えている過去が本当に自分に引き継がれたのかどうかが左右される」という、いささか直観に反する事態となってしまうのである。
　（もちろん、直観に反してなどいない、という考えもありうる。「自分が誰であるか、自分が経験したと信じている過去が誰のものであったかなどどうでもいいことだ、というふうに、「人格の同一性」を気楽に捉え直す立場も有力だからである）。

4 対称的な複製

「コンテンツ本位の、ソフトな見方」をもっと精密に検討するために、複製される人物の間に非対称性がないような設定にしてみよう。電子メールのように、何十カ所、何百カ所の別々の遠隔地へ、瞬時にして人間を転送できる、という人間転送機を考えるのだ。実際、物体を発射するのではなく情報を伝える装置であるなら、同時に転送できる場所の数には限度がないはずである。

同じ記憶を持った人間が、発信原点とは異なる複数の地点へと増殖するという状況だ。さあ、思考実験。

> あなたは、あまりに多くの仕事を引き受けてしまったせいで、身動きがとれなくなってしまった。差し迫った締め切りまでに20もの論文を書き、20もの場所へ出張して会議に出なければならないが、とうていその時間がない。そこで、人間複製機に入って、全く同じ記憶を持つ自分そっくりの人間を40人作り出すことにした。人間複製機は、オリジナルの人間を破壊し、そのかわりに40箇所の各ブース内の原子を組み立ててあなたそっくりの人間たちを形成した。これによってあなたは余裕ですべての仕事を片づけた。

ただし、このままで終わらせてはまずいだろう。人間は資格・所属などの社会的制度や、友情・恋愛などの人間関係に縛られているから、同じ身元を自覚する人物が複数生き続けたのではいろいろと不都合が生じる。銀行口座の暗証番号、プライバシー、友人関係などが「40人もの別人」に共有されていると、面倒なことになるのは目に見えている。そこで、次のような措置が求められるかもしれない。

> 首尾よく仕事を片づけた40人のあなたそっくりの人々は、始めからの予定に従い、それぞれ別々の人間転送機に入る。送り先は同じ1台の受信機である。40人が同じ受信機宛てに同時に転送され、1人へと融合するのだ。こうしてあなたは40人に分裂したあと、再び1人へと

融合した。
　結局、40人の誰一人として、「自分はニセ者である」などと感じてはいない。1人に戻ったときは、40人分の記憶が保たれているため、誰一人として、「死んだ」者はいない。

　このような、「一時的分裂」は可能だろうか。40人に分裂して、そのままというのであれば、社会的なトラブルはともかくとして技術的には可能のように思われる。しかし融合はどうなのだろう。40人分の記憶を保つような脳の構造は、いかにして実現できるだろうか。1人から1人への転送なら、全くそっくりに形作ればいいので、問題ない。しかし、2人以上の人間の脳内情報を1つの脳へと転写するのは、物理的に不可能ではないだろうか。人間の脳が、コンピュータのハードディスクのような仕組みになっていれば、すべての記憶を個別に保って身体だけ合体することもできるだろうけれども。
　脳に対してそのような操作を施すことができるかどうかは、経験科学の問題である。とくに、融合してできた1人の人物が、過去の40人全員の過去を、同等に自分の経験として記憶し、本当に40人全員が対等に1人の中に生き延びていると言えるような融合が可能かどうか。それは、論理ではなく経験的探究の問題になる。つまり、思考実験向きの問題ではなく、リアル実験（あるいはシミュレーション）で確かめるしかない。
　40人でなく、2人だとしても事情は同じだ。分裂したときは、同じ記憶を共有するのだから、どちらが抱く「私はもとのあの私と同じ人物」という実感も、互いに対等だろう。しかし2人が別々の経験をした後で1人に融合したとき、その人物が「あいつとあいつが同じくらい今のこの私」「2人は対等にこの私」と実感できるかというと、必ず重みの違いが生じてしまうのではなかろうか。「私はGよりはどちらかというとHだな……」などと、身元感覚の偏りが生じてしまうのではないだろうか。その場合、劣勢であるGが生き延びているとは言いがたい。人格の融合というのは、人格の分裂よりも思考実験が難しい問題のようである。
　「人間の分裂」という非現実的な設定を考えてきて、その延長上で「融合」と言われると、非現実を容認したついでにうっかり認めてしまいがちである。

しかし、分裂と融合には、決定的な「現実性の格差」があるようだ。主観的に対称的な分裂は比較的容易だが、融合の方は、わずかな偏りによる大きな非対称性が入り込みかねないので、思考実験には適さない。融合によって何が起こりうるのか、私たちには直ちに理解しづらいのである。融合は、リアル実験で証言をとるか、自分で経験してみないとわからない問題だろう。ただし、なぜ「思考実験でなくリアル実験でのみ解決できる」とわかったかというと、記憶の重みの非対称性について、たった今思考実験をしたからなのだが。思考実験は、思考実験の限界についてもしばしば思いをめぐらすのである。

さて、人間融合という難しい脇道に話がそれたが、人間の分裂へと話を戻したい。融合のことは分裂との比較上必要な範囲で考えることにして、分裂の論理に考察を絞ろう。

?　人間複製機によって別々の場所に出現した40人の人物たちが、それぞれ別人だと言える根拠は何だろうか？

これには２つの答えが考えられる。

1. 別々の場所にいるのだから、別人に決まっている。複製されるまでは、１カ所にしかいなかったのだから、１人だった。しかし複製後は、それぞれ別の空間に位置しているのだから、別人だ。

2. 受信機に出現した直後から、それぞれの環境に応じて、別々のことを考え、別々の行動をしはじめ、別々の経験をし、別々の記憶を持つのだから、別人だ。

１は、時空的な位置、つまり物理的な個別性によって人物を定義する「ハードな見方」に対応する。２は、主観的な経験内容によって人物を定義する「ソフトな見方」に対応する。

5 ソフトな人間観の可能性

人物の同一性についての「ハードな見方」と「ソフトな見方」を、改めて

一般的な表現で対比させてみよう。(「一般的な表現で」とは、当面の人間複製機のトピックを離れても通用するような汎用的表現で、ということ)

1. 別々の場所にいれば、別人である。たとえ内面的に体験される事柄がそっくりであり、したがって主観的には同じであっても、それぞれ別の空間に位置しているのなら、別人だ。(ハードな人間観)

2. 内面的に体験される事柄がそっくりであれば、同一人物である。たとえ別々の場所にいたとしても、主観的に同じであり、かりに場所を瞬間的に入れ替えても何ら断絶なく繋がっていくならば、同一人物だ。(ソフトな人間観)

　読者の大多数は、1の方に共感するのではなかろうか。たとえば、あなたの現在の脳の状態とそっくりな脳の状態を持ち、そっくりな環境に住む人間が計2人いるとしよう。計2人？　この「計2人」という言い方は変で、「もう1人いるとしよう」と書く方が自然に聞こえるのではないだろうか。
　だとしたらそれは、2人のうち一方だけが本当のあなただ、という1「ハードな見方」が染みついているからである。「もう1人」は、人間複製機で作り出されたコピーでもよいし、自然にどこかにいたというのでもよい、とにかく互いにかけ離れた2つの場所に、互いにそっくりのあなた的人間がそっくりの生活を営んでいるとしても、ハードな見方では一方だけがあなた自身だ。それに対して、2の「ソフトな見方」によれば、その2人いずれもがあなた自身だということになる。
　さて、これまではそっくりだった2つの環境に、ある瞬間から違いが生じたとしよう。主観的には感知できなかった微細な気流や遠くからの音声の影響が、いま初めて、2人の身の回りに異なった作用を及ぼしたのだ。その結果、1人は道を右に曲がり、もう1人は道を左に曲がることになった。そこから2人は、別々の風景を目撃し、別々の経験をするようになる。すると、そのどちらもあなただということはありえない。2「ソフトな見方」もそれは否定する。歴史が分岐した瞬間、一方だけがあなたであり続け、もう一方はあなたであることをやめる。

となると、次のように考える人がいるはずだ。
「分岐前、2人の主観的経験に違いがなかったときにおいても、本当の自分はその2人のうちただ一方だけであったことになるのではないか」。
つまり、分岐後にあなたが経験している事柄を経験することになる方だけが、分岐前からあなただったのだ。分岐前には主観的経験が同じであっても、分岐してからはいずれか一方だけがあなただということが判明するのだから、最初からあなたは1人だけだろう。ということは、たとえその2人がたまたま食い違う経験を一度もせずにそれぞれの一生を終えたとしても、その一方だけがあなたであることに変わりない。主観的経験の類似性にかかわらず、あなたはずっとひとつの場所にしかいなかった。時間とともにあなたの身体および心の居場所が描く空間的軌跡は1本だけだ。
以上の見方は、1の「ハードな人間観」であり、常識に一致するように思われる。自分はただ1つの身体と結びついていなければならないはずだ。「自分が同時に複数のかけ離れた場所に存在する」なんて、信じることは難しい。「自分そっくりの人間が複数のかけ離れた場所に存在する」ならともかく、「自分そのものが複数のかけ離れた場所に存在する」だなんて、とうていありえない。
しかし、何事かを「信じることができない」というのは、その何事かが偽であることの証拠にならない。地球は丸いとか、宇宙は膨張しているとか、整数の比で表わせない数があるとかいうことは、多くの人が直ちに信じることができなかったにもかかわらず、真実だったではないか。
「地球は静止しているように感じられる」からといって、「地球は静止している」という結論が必然的に正しくなるわけではない。同様に、「自分は一箇所にしかないように感じられる」からといって、「自分は一箇所にしかいない」が正しいという証明にはならない。あなたがいる環境としての複数の候補が、感覚的性質においてすべて同じだったら、あなたがそのうちの1つに位置していようがすべてに位置していようが「自分は一箇所にいる」と感じる感じ方は同じだろう。とすれば、客観的にはあなたは複数の場所にいて、そうと気づいていないだけ、ということは十分可能なのだ。
さらに、「自分そのものが複数のかけ離れた場所に存在する」と私たちは「感じて」いないとしても、そのことを私たちは本当に「信じる」ことができな

いのだろうか？　案外信じやすいかもしれないではないか。それを吟味してみよう。

6 同時に複数の場所にあるもの

「同時に、空間的にかけ離れた場所に存在する一つのもの」にはどんな事例があるだろう。

たとえば、芸術作品がそうである。油絵や彫刻のような「一品制作」のジャンルでは、オリジナル作品が物体としてただ一カ所にだけあって、それは常にひとつのまとまった空間を占めている。そういう芸術ジャンルは「単数芸術」と呼ばれる。それに対し「複数芸術」と称されるジャンルがある。文学、映画、写真などは、コピーをたくさん生産して世に出すことが前提となっている。ただ一カ所にオリジナルがあるわけでなく、コピーのすべてが同一の芸術作品だ。

夏目漱石の原稿を読まなければ『三四郎』を読んだことにならない、というのは馬鹿げているだろう。全集で読もうが文庫本で読もうがネットで読もうが、本物の『三四郎』を読んだことになる。小説、詩、映画、写真などは、一カ所に限定されることなく、同時にいろんなところに出現することができる。音楽も、作曲家の楽譜そのものが作品というよりは、楽譜に沿った演奏がすべて同一作品だと言うべきだろう。いつどこで演奏されようが、楽譜に忠実な演奏であれば、オリジナル作品の同一性を失わない。さらには電子音楽のように、はじめからＣＤなどに大量プレスされることが前提されている作品もあるし、現在では、クラシックもポピュラー音楽も、ライブ演奏に限らずＣＤで再生される音楽も本物と見なされる傾向が強い。オーディオの場合は、再生の忠実度が技術的に高水準で達成されているからだろう。

油彩画や彫刻のように、ハードな物体１つだけがオリジナルと認められる芸術ジャンルが「単数芸術」で、音楽や文芸のようにソフトに複製されてオリジナルがいくらでも増殖するジャンルが「複数芸術」。これは、とりあえず納得できる見方だろう。しかしその分け方が論理的に妥当かどうかについては、考察の余地がありそうだ。

もしも、ＣＤが音声を再現するのと同程度のハイファイ度で３Ｄ物体コ

ピーができるようになったらどうだろう。絵画や彫刻は単数芸術であることをやめ、複数芸術に変わるだろうか。音楽や映画なみにオリジナルのまま各家庭に普及するようになるだろうか。

　これは、芸術学における「作品の存在論」の問題であり、興味深い問題圏を形成している。たとえばネルソン・グッドマンは、記号論的な根拠に基づいて、絵画や彫刻はいつまでも単数芸術であり続けると主張する。「単数芸術」と「複数芸術」の区別は、複製の忠実度という経験的・技術的な事情によって決まるようなものではない、と。その区別は、技術レベルや人間の生理的感覚に左右される偶然の区別ではなく、もともと論理的な区分だったというのだ。音楽に贋作がないのに絵画に贋作があるという現在の状況は、ジャンルのロジックに根差しており、永遠に変わらないだろうとグッドマンは論ずる。

　グッドマンの主張のポイントは、単数芸術と複数芸術の「構造」の違いを重視することである。単数芸術はアナログであり、複数芸術はデジタルであると。複数芸術は、単数芸術にはない「表現の単位」のシステム、すなわち「記法」に基づいている。文学の単位は文字、音楽の単位は音符というように、それら単位の組み合わさった「記法」によって、ある芸術作品の本質的特徴が何であるかを網羅できるのが複数芸術だ。原稿や楽譜に書かれてある指示さえクリアしていれば、もうそれで厳密に本物なのだ。文字の色、大きさ、紙質、音量、テンポなどは融通が利く。上演場所や媒体についても同様である。複数芸術は、デザインによってのみ指定され、細かいディテールは二の次だ。どうやって再現すれば「本物」なのかが、作者によって定義されている。

　それに対して絵画や彫刻は、文字や音符のような「記法」の単位を持たない。「どういう感覚的性質を備えていれば本物なのか」という本質が作者によって特定されておらず、誰にも知られていない。だから、デザインを細部まで丸ごとパフォーマンスした完成品だけが原作品として認定される。それは観念的デザインというより自然の物体であり、どの性質を保存すればオリジナルと言えるのかについての基準が決められない。作者の手の加わった細部のすべてが作品の本質作りに貢献している可能性があるのだ。となると、コピーしたときに本質的性質がすべて保持されている保証がない以上、必然的結果として、物体としてのオリジナルを唯一の本物として尊重せざるをえ

ない、というわけである。

　以上のような、グッドマンの「記法」による同一性基準の区別は一見もっともらしいが、実はかなり怪しい。たとえば写真や映画を考えよう。写真や映画は「記法」の単位を持たない。映画監督は、俳優の表情や仕草のすべてを承知しているわけではなく、細部のどこまでが作品にとって必要な特徴なのかを決めていない。だから映画館では常に丸ごとの視覚像が忠実再現されなければならない。それならば絵画のような単数芸術に分類されそうなものだ。しかし実際には映画は、コピーを前提とした複数芸術で通っている。

　脚本を映画の記法と考えて、映画はその指示さえ守れば同一性を失わない、とされるからだろうか。

　そんなことはない。脚本が同じでも、別の俳優を使って別のアングルで撮影した２つの映画は、それぞれ別バージョンであり、一方が他方の「リメイク」とされたりするだろう。同一性を失って、作品として別個のものとなってしまうのだ。やはり映画や写真は「記法の単位」を持つとは言えない。つまりアナログである。にもかかわらず、複数芸術たりえているのである。

　音楽や小説のような「記法」を持たない映画があっさりと複数芸術として通用しているのは、観賞上満足のゆく複製ができるから、という単純な理由によるのだろう。

　結局は、本物であるためにどの程度までハイファイなコピーが求められるかという暗黙の了解によって、作品の同一性が慣習的に決められてきたというのが真実のようだ。二次元表現に尽きる映画と写真はオリジナル画像を忠実に複製できるので、複数芸術として通っている。対して、二次元表現であっても三次元物質を媒体とする絵画となると、忠実な複製が難しいため複数芸術になり損ねている、ということだろう。結局はジャンルの論理よりも偶然的技術の程度問題なのだ。「アナログ」と「デジタル」の違いはそうした程度問題をはっきりわからせてくれる一側面にすぎないだろう。

　ここでは、芸術記号論の込み入った議論には深入りしないことにしたい。この方面の芸術論は、思考実験だけで押し通せる「哲学」の範囲を超えて、実験よりも観察が求められる分野、すなわち芸術史や芸術批評にもとづく「文化論」の比重が無視できなくなりそうだからだ。とりあえずここで確認しておくべきは次のことである。本当にハイファイ３Ｄ物体コピー機が発明され

たとして、『モナリザ』の寸分違わぬ複製——分子のひとつひとつまで同じ並びになっている複製物——が作られたとしたら、その時点で「物体としてのオリジナル」にこだわる心理的動機は失われるだろう、と。そして、物体としてのオリジナルとコピーとが、何度か位置を入れ替えて、誰にもどちらがオリジナルだと識別できなくなってしまったとしたら、「両方ともオリジナルである」あるいは少なくとも「両方ともオリジナルの価値を持つ」と認定せねばならなくなるだろう。芸術作品の本質は、物体性ではなく、その内容にあることは誰もが了解しているだろうからだ*14。

こうしてみると、現在「複数芸術」と認められているジャンルの作品はもちろんのこと、「単数芸術」とされるジャンルに属する作品もまた、原理的には、複数の場所に同時に存在することができるのである。芸術作品は、ハードなメディアよりソフトなコンテンツにその本質がある、というのは常識的な了解だろう。したがって、この「あらゆる芸術作品は本質的に複数芸術である」「同一の芸術作品がいくらでも多くの場所に同時に現われることができる」という見方は穏当であると言える。

*14 鋭い読者のために注釈しておきますね。「芸術作品は、見かけさえ完璧に区別不能であればすべて同じ内容を持ち、同じ価値を持つ」というのは正しくありません。たとえば、互いに独立に描かれていながら物理的に全く識別できない絵画Ａと絵画Ｂがあるとしましょう。Ａは70歳の重鎮画家が描き、Ｂは5歳の子どもが描いたのだとすれば、当然、作品の持つ内容や価値、文化的意義に違いが出てきます。他の芸術作品との関係が織り成すネットワークにおいて占めるＡ,Ｂのポジションが異なるからです。また、全く識別できない2枚の構図Ｃ、Ｄのうち、Ｃは絵画として描かれ、Ｄは楽譜として書かれた、ということがあるかもしれません。この場合は2つの構図の内容や価値が異なるだけでなく、ジャンルまでが異なるので、正しい鑑賞法・使用法が異なることになります。

ただし、本文で述べられたことは、以上のＡ,Ｂ,Ｃ,Ｄの例とは関係ありません。Ａとされる物体とＢとされる物体とが本当に区別できないとき、本文の趣旨においても、作品Ａと作品Ｂという互いに別個の作品をそこに認めることができるのです。ただし、2つの物体は両方とも〈作品Ａでもあり作品Ｂでもある〉というだけのことです。それぞれの物体が、文脈によって、Ａと見なされたり、Ｂと見なされたりする。そういう資格を、2つの物体は全く同等に持つ、というのが本文の趣旨なのです。

なお、1つの物体が同時にＡでもありＢでもあるような文脈はありません。もし両方であるとしたら、Ａ、Ｂの意味が互いに干渉し合って、純粋なＡ、Ｂは存在できなくなり、混合的な第三の作品Ｃが立ち現われる文脈となるだけです。少し前に考えた「人物の融合」と事情は同じですね。

7 芸術作品としての人間？

　さて、人間についての常識的な見方は、とりあえず１の「ハードな人間観」なのだった。
　しかし、もし人間を芸術作品になぞらえてよいとすれば、２の「ソフトな人間観」に見込みが出てくる。それはとりもなおさず、身体中心でない精神中心の人間観だろう。個人の本質を身体ではなく精神だと捉えると、同一人物があちこちに同時出現することができる。精神はパターンであり、構造であるからだ。構造なるものは、別個の媒体によって同一物を実現することができる。身体は、因果的な軌跡によって定義される物体なので、同時に２つ以上の場所に現われることはできないが、経験内容がすべてである「精神」という構造にはそんな時空的制約はない。
　人間の本質は身体か精神か、というふうに問いを立て直してみると、俄然、１よりも２の方が常識に即しているように感じられてくるのではなかろうか。なぜなら、ほとんどの人が、身体の物体性ではなく、主観的精神のパターンこそが「自分」の「自分」たる根拠であると考えているだろうからだ。
　もちろん、精神は身体に依存しているだろう。脳の状態が変われば、精神の状態も変わる可能性が高い。そして、精神の状態が変化したならば、確実に、脳の状態が変化していて、その変化によってのみ精神の変化がもたらされたのであるはずだ。精神は物質の産物なのだから。
　だからといって、同一の精神を作り出すのに、同一の物質が必要だということにはならない。同一の「物質の状態」があれば十分だろう。そして、物体そのものではなく物体の「状態」なら、同時に多数の場所に出現することができる。だとすれば、同一の精神が多数の場所に同時出現してもおかしくはない。
　脳の状態が精神を決める、というとき、実はいくつかの異なった意味がある。代表的な説を挙げてみよう。

　▶行動主義◀　複数の身体を外から見たとき、互いに区別できないような具合にそれぞれの身体の動きが心を表現しているならば、そのときに限

り、それらの身体に宿る意識内容のあり方は同一である。

▶機能主義◀　複数の身体による心の表現だけでなく、身体を動かすそれぞれの脳内の物理的諸部分の相互作用が互いに等しく、因果的に同型の動きを脳内に実現していれば、そのときに限り、それらの脳が作る意識内容のあり方は同一である（脳の素材はそれぞれ違っていても）。

▶心脳同一説◀　複数の脳の諸部分の相互作用だけでなく、脳の素材そのものの物理的性質がすべて互いに等しければ、そのときに限り、それらの脳が作る意識内容のあり方は同一である*15。

*15　この3つの説は、「意識は◯◯と全く同じものだから、◯◯がすでにある以上、意識という特別な実体は不要であり、存在しない」という唯物論のバリエーションとして提案されるのが普通です（◯◯に「身体の行動」「脳の機能」「脳の材質」を入れると、それぞれ行動主義、機能主義、心脳同一説になります）。ここでもそうした唯物論を採ってもかまわないのですが、いちおう融通を利かせるため「物質の状態とは別の存在として意識を認めてもよい」とする作業仮説のもとで、「それではどういう物質の状態によって意識が決まるか」という三通りの説として行動主義、機能主義、心脳同一説を捉えてください。

　「意識内容の同一性」を認定する条件として、最も寛容なのが行動主義（言動が同じであればよい）であり、最も厳格なのが心脳同一説（脳全体の素材の状態が同じであることが必要）であり、中間が機能主義（脳の素材はともかく働き方が同じであればよい）である。複数の脳の分子構造が全く同じであれば、3つのどの説の定義も満たすことができる。

　さて、ここで私たちが考えたいのは単なる「意識内容の同一性」ではなく、「人格の同一性」だ。意識内容が全く同じである状態が何個か実現されているときに、それらがみな同一人物であると言えるかどうかがここでの問題なのである。

　そうすると——どういう基準に従って思考実験の舞台を用意するのが賢明だろうか？　「意識が全く同じである状態」をいくつか実現するために必要十分な条件について、3つの立場が分かれているわけだが、「人格の同一性」の条件を考えるためには、3つのうちどの説を採用するのがよいだろうか？

　読み進める前に、ちょっと考えてみてください。

当面私たちは、「意識が全く同じである状態がどうやって実現できるか」ではなく、「意識が全く同じである状態をいくつか実現できたときに、それらが同一人物であると言えるか」を論じたい。そこがポイントだ。
 「意識が全く同じである状態」が実現できたという前提なのだから、その状態が実現できたかどうかについてはなるべく文句の出ない設定を設けるのが望ましい。つまり、余計なことで異論が生じない設定を設けておきたい。意識の同一性を実現できる条件として、行動主義が最も広い範囲の状況を許容し、心脳同一説が最も厳しく制約された状況のみ認めているので、心脳同一説の基準が満たされていれば、他のどの説でも意識の同一性はクリアできたことになるだろう。よって、心脳同一説が正しいという作業仮説を設け、脳の物質的組成がまったく同一であるゆえに同一意識が実現している状況を思考実験の舞台として採用しよう、というのが正解だ。
 そして幸いなことに、人間複製機の思考実験は、もともとそのような舞台で演じられていた。脳だけでなく身体の分子の1つ1つの状態がそっくり再現されるという人間複製機は、同一の意識内容を作るための、心脳同一説的な厳しい条件を満たしているからだ。よって、私たちは人間複製機というもとの思考実験のままで、心おきなく意識内容と人物同一性との関係を論ずることができるだろう。

8 人間複製機ふたたび

 互いに遠く隔たった100カ所の受信ブースに、同じ人間Mの複製が出現したとしよう。それぞれのブースとその周囲は正確に同じ状態にセットしてあるので、出現したMたち（自分をMと思っている人たち）は、同じ記憶と自意識を保ったまま、しばらくの間、互いに全く相似の人生を歩み続ける。「同じ状態にセットする」というのが微妙すぎると感じられるならば、複製機が、地球環境とその周囲一定体積をあらかじめ丸ごと複製している、と考えるのがよいだろう。思考実験にそのへんの遠慮はいらない。
 芸術作品の「複数芸術性」との類比が当てはまるかどうかを調べるために、オリジナルの人物Mは、ダ・ビンチの『モナリザ』を抱えた状態で複製されるものとしよう。その〈人間M＋『モナリザ』〉が、100カ所に出現したわ

けである。
　100カ所の複製環境がずっと同じなので、各々のＭ＋『モナリザ』はすべて同じ経緯を辿る。ある場所でＭが『モナリザ』を手放せば、他のすべての場所で各々のＭたちも全く同じタイミングで『モナリザ』を手放す。しばらくの時間、Ｍと『モナリザ』について起こることは100カ所すべてにおいて正確に同じである。同じ初期条件に同じ物理法則が働いているので、まずは当然である。
　しかしこの同一性は長くは続かない。地球環境が正確に同一に複製されたとはいえ、複製機の性能（適用規模）に限界があるならば、複製された範囲には限りがある。複製時において、複製機には探知できなかった遠方の出来事がたくさんあるはずだ。複製時にはまだ地球周辺に影響が及んでいなかった遠くの物理現象の影響が、光や電波の形で地球に到達しはじめる。遠くの現象は、100カ所に散らばった「地球環境」ごとに異なっている確率が圧倒的に高い。100カ所の「地球」のそれぞれに、やがて太陽のフレアとか、彗星、超新星爆発、隕石などの違いが別個の作用を及ぼす。それにつれて、地球上の空気の流れや人々の行動に違いが生まれ、100カ所の歴史が別々の方向へ分岐してゆく。
　分岐するのは、巨視的スケールの「複製時にスキャンできなかった遠隔の出来事」の影響だけではない。複製機の性能の限界にはもう１種類ある。ミクロなレベルの違いも逐一スキャンできたはずがない。素粒子の動きなどは、あくまで複製時における感覚可能な現象世界を構成するのに十分なだけの精度でしかスキャンされていない。したがって、100カ所ごとにそれぞれ特有の「揺らぎ」がある。無限小の細部まで緻密に複製されてはいないため、一定時間後には、100カ所それぞれの素粒子の動きの違いが、感覚可能な現象世界に徐々に違いをもたらしてくる。
　こうして、マクロ・ミクロ両面からの挟み撃ち的影響によって、時間がたつにつれて100個の複製環境は、互いに似ても似つかぬものになってゆくだろう。100人のＭは、それぞれ違う経験をしはじめ、異なる人間関係を築きはじめ、人生の終わり方も違う。100個の『モナリザ』は、どの美術館に収められるか、どの展覧会に飾られるか、何人の人に観賞されるか、どう論じられるか、どう解釈されるかが異なる。100個の環境ごとに社会的

文脈が違っていくので、『モナリザ』の解釈のされ方、さらには「正しい解釈」も異なってゆくのである。

このとき、100人の「M」は、同一人物と言えるだろうか。100枚の「モナリザ」は、同一の芸術作品と言えるだろうか。

人間Mは、経験する内容が異なるのだからそれぞれ紛れもなく異なる人物になっているが、100の『モナリザ』は同一の芸術作品である。と、そう考える人が大多数ではないだろうか。──『モナリザ』もそれぞれ異なる経歴を辿ることはMと同様でありながら、なぜ「同一の絵が異なる環境で異なる解釈をされている」と感じられるのか？　なぜ人間Mの方は「同一人物が異なる環境で異なる人生を送っている」とは感じられないのだろうか？

当たり前だ、と言われるかもしれない。人物には「主観的内容」がある。Mに身体的由来を持つ100人、すなわち身体はMそっくりで始まった100人がそれぞれ違う経験をすれば──たとえばある1人が30歳の誕生日の夜に寿司だけを食べ、別の1人は同日に串揚げだけを食べたとすると、その2人の意識はもはや同一人物の意識とは言えない。「串揚げでなく寿司を食べたこと」「寿司でなく串揚げを食べたこと」という互いに矛盾した経験が1人の主観的意識に同時に反映されることはありえないからである。経験の異なる別個の意識は、別人のものなのだ。

対して、芸術作品にはそれ自体の「主観的内容」はない。芸術作品の外部がいかにさまざまに分岐しようと、外部からいかに異なった解釈を浴びせられようと、それ自体が変化したり分岐したりするわけではない。「寿司屋の隣の美術館に収められた」「隣に寿司屋のない美術館に収められた」が同時に成り立ってかまわない。芸術作品には、その種の「矛盾」があってもよい。

こうして、近隣の環境の状態が分岐すると、人物は環境といっしょに分岐するが、芸術作品は必ずしも分岐するとは限らない。

もちろん、震災に遭って表面が回復しがたく破損してしまったり、焼けただれてしまったりすれば、もはや『モナリザ』とは言えないだろう。同一の物理的構造、あるいは表現的・再現的情報を保っている限りにおいて、芸術作品は同一であると言えるからだ。まわりで何が起こっても、『モナリザ』の物理的まとまり（額縁で境界づけられているまとまり）さえ変わらなければ、同一の芸術作品のままである。

他方、複数のMが同一人物であるためには、主観的内容がまったく同じでなければならない。そのため、まわりで起きている事柄がかなりの程度同じでないと、目や耳から入った情報の違いがあっというまに別々の意識経験を作り出してしまい、主体として別人へ分岐してしまう。

❾ 芸術としての人物、人物としての芸術

　人間と芸術作品の「同一性基準」のこの違いは、見かけほど大きく違うものではない。Mはきわめて複雑な芸術作品である、と見ることもできるし、『モナリザ』はきわめて単純な人物である、と見ることもできる。この２つの見方を順に確認してみよう。
　まず、「Mはきわめて複雑な芸術作品である」という見方。
　人間が同一人物であるのは、内的意識が同じである場合のみだというのは、たしかに、芸術作品にはない複雑な条件である。ただし、心脳同一説（116ページ）によれば、意識が同じであることの必要十分条件は、「脳の状態が物理的に十分同じであること」だったのを思い出そう。人間も芸術作品も、結局は「物理的な同一状態」によって同一性が確保されることに変わりないのだ。芸術作品では「表面的な情報」が保たれること、人間では「意識を生み出す脳の深層構造」が保たれること。そういった違いはあるが、基本的には、「物理的に一定のあり方」という、同質の条件に両者とも従っている。
　そこで、こう考えたらどうだろう。Mの人生は、M自身というただ１人の観賞者のために演じられるパフォーマンス芸術作品である、と。そう考えると、Mの意識は、芸術作品の感覚的情報に相当することになる。
　いまだ実演中の演劇、制作中の絵画を考えよう。そうした「完成途上の芸術作品」のように、感覚的性質の全体像が刻々とできあがってゆく、そのプロセスが「Mの人生」だと考えられる。そうすると、「意識内容に分岐が起これば、人生が異なる経路を辿ることになる」というのは、芸術的に見て当然である。ちょうど、ダ・ビンチが『モナリザ』の女性の目をどのように描くか、手の重ね方をどう描くか、衣服の色はどうするか、といった可能性の分だけ「違う芸術作品」を描きえたであろうと同じように、人生の進み方、意識内容の決まり方によって、Mの人物の同一性が決まると考えられるのだ。

人物とは、未完成の、すなわち制作途上の芸術作品なのである。
　こう考えてくると、第二の見方——「『モナリザ』はきわめて単純な人物である」という見方がどういうものであるかは察しがつくだろう。
　『モナリザ』は、完成した芸術作品である。ということは、人間にたとえると？
　芸術作品が完成しているとは、人間としてはどういう状態に相当するだろうか？
　そう、人生を完成させた人間——すなわち、この世を去った人。これから人生を変更はできない人間に相当する。ある人物の死後に何が起ころうとも、すべてはその人の「外側」で起こるのであり、その人の中でどのような意識内容がかつて展開したかには影響しない。意識内容は今さら変わらないからだ。同一人物性はもはや変化せず、変化するのは「その人の人生が外からどう解釈されるか」「死後に起こる事件によってその人の人生の意味や評判や影響力がどういうものになるか」だけである。特定人物の死後にいかに環境の歴史が分岐しようとも、その人自身はもはや分岐しない。ある人物が死後に靖国神社に祀られるかどうかは、その人の同一性に影響しない。『モナリザ』がどの美術館に収められるかによって同一性を変えはしないのも、それと同じことである。
　芸術作品とは、完成した、すなわち死去した人物なのである。
　人物と芸術作品の違いは「複雑さ」よりも、むしろ「可能性（確定性）」だったのだ。
　Mは複雑な芸術作品であるというより、未確定な芸術作品なのであり、『モナリザ』は単純な人物であるというより、確定しきった人物だったのである。

10 自然界にある人間複製機

　さて、多数の場所に同時に出現できる具体的存在物として芸術作品を考え、「人物」も同じようなものではないかという方向を探ってみた。人物も芸術作品も、「物理的同質性、情報の保持」を同一性の基準としている点で共通している。どちらも、「どこにあるか」という違いは重要ではなく、情報内容の違いによって同一性が判定されるということである。同一性を決めるの

は、場所ではなく、内容なのだ。
　人間の場合は内容の全貌が目下オープンであり、芸術作品の場合は内容がすでに閉じているという違いはある。が、ハードな場所ではなくソフトな情報内容で定義される点で、芸術作品の同一性と、人物の同一性は、他の多くのモノの同一性と異なっている。
　いや、もちろんそう断定するのはやや先走りすぎかもしれない。もう少し慎重に考えてみよう。「どこにいるか」の違いがあればもう人物として異なるのではないか（ハードな見方こそ正しいのではないか）、というのがもともとの問題提起だった。刻々と動いており、未完成の歴史を作る途上にあるために、人間は芸術作品よりも同一性を保つのが難しいことはすでに見たとおりである。「まわりで何が起こっているか」について、人物の同一性は芸術作品の同一性よりも敏感なのだ。周りで起こる出来事のちょっとした違い──芸術作品なら同一物であり続けられる程度の違い──によっても、人物はすぐに同一でなくなってしまう。ならば、単なる場所の違いによっても人物の同一性は正否が敏感に左右される、と考えるのは自然ではなかろうか。
　それとも不自然だろうか？
　さて、ここまできて今さらであるが、アンチ思考実験派の主張が静かに頭をもたげてくる可能性がある。
　「自然か不自然かで言うなら、もともとすべて不自然だったじゃないか。そもそも人間複製機などというものは作れっこないのだから、そういう不自然な思考実験は無意味だ！」と。
　ここまで読んできた人の中にも、「あまり非現実的な思考実験はちょっとなァ……」と始めから感じ続けていた人がいるかもしれない。たしかに、絵画であれば複製は容易に考えられる。同一性の基準となる分子構造がダイナミックな動きをしておらず、物理的性質が時間を通じて確定している『モナリザ』であれば、精密な複製機で寸分違わず増やすことができる時代が遠からず訪れそうだ。しかし刻々と生きて代謝しつつある人間は？
　すべての微小な生体反応をいったん止めて、コピーペーストしてからもとの動きを続行できるのか？　何十兆という細胞の動きそのものを損なわずに、生命活動に支障のない状態で「そっくりに」複数の場所へ複製するなどとは、荒唐無稽もいいところではないか。それを実現するためには、細胞を

構成するすべての分子の、いや原子の歴史的痕跡を正確に同じ状態にセットしなければなるまい。そんなことができる日はたぶん永久に来ないのだから、いくら思考実験とはいえ、考えるだけ無駄なことだ、と。

　しかしその拒絶的な態度は、想像力が乏しすぎるというものだ。思考実験どころか、まさに現実において、あなたそっくりの「複製」がすでに無数に実在している、という科学的根拠が十分にあるのだ。高度な科学文明が複製機を使ってわざわざ作り出すまでもなく、自然状態において、この宇宙には私たち一人一人と全く同じ物理状態で、まったく同じ意識を持った人間が無数に存在しているらしい。自然科学のいろんな分野でそのことが肯定されている。その理由とはたとえば？

　最もわかりやすいところで、宇宙論からの発言を取り上げてみよう。

　この宇宙がどこまで広がっているかわからないが、最近の観測によると、私たちの住む宇宙の大きさは、想像を絶するサイズである可能性が高いという。人工衛星で観測された宇宙背景放射の揺らぎとか宇宙の曲率とか、専門的なことは措くとして、ともかく「宇宙がとてつもなく大きい」という可能性は虚心に認めることができるだろう。自然的世界のスケールが次々に更新されてきたのが科学的探究の歴史なのだから。（なにしろついこのあいだ——20世紀の初め——までは、銀河系ひとつが宇宙全体だと考えられていたくらいなのだ！）

　というわけで、宇宙が途方もなく大きいというのが事実であるとしよう。電波望遠鏡だろうが何だろうが、どんな装置を使っても見ることのできない彼方とこちら側との境目である「宇宙の地平線」がだいたい半径137億光年のところにあるが、そこで急に宇宙が断絶しているわけではない。地平線を超えた外側に、おそらくは超々天文学的な距離が広がっている。単純化のために「無限大」としてもいいだろう。実際、宇宙の大きさは無限大であると言う科学者もいる。

　そのとてつもない広がりにもかかわらず、起こりうる事柄の種類は有限である。量子力学によれば、物質・エネルギーには最小の構成単位がある。その組み合わせの中でしか自然界の出来事は生じえない。そのことには数々の証拠があり、物質の存在、すなわち原子が安定して存在できること自体が一つの証拠だとされる。

さて、このことから何が導かれるだろうか？　複製ということに関して、何が推測できるだろうか？
　——そう、永劫回帰である！
　有限種類の形をした出来事が無限の時空間の中で起きるとき、同じ形をした出来事が必ず何度も繰り返し出現するのだ。なぜなら、素粒子でも何でも、最小の構成要素の組み合わせの総数が必ず尽きて、第二サイクル、第三サイクル……に入らざるをえないからである。正確に言うと、宇宙が無限大のとき、どんなに大きなスケールをとっても、そのスケールで展開しうる出来事の種類が有限個である限り、そのスケールで一度でも出現した特定の出来事は必ず無限回繰り返される[*16]。

> *16 誤解しないでくださいね。宇宙の大きさが無限大だからといって、「どんなことでも必ず起こる」という保証はありませんよ。論理的に可能でありながら、物理的には決して起こらないパターンも無数にあるでしょう。言えるのは、一度でも起こったパターンは、必ず無限回繰り返す、ということだけです。

　もちろん無限でなくても、特定のスケールを遙かに超えるスケールをこの宇宙が持っているだけでよい。その特定スケールの出来事についてこの永劫回帰論法が成り立つ。一度起こった出来事は、必ず多数回起こることになるのだ。
　物理学者マックス・テグマークの計算によれば、地球からだいたい $10^{10^{115}}$ メートル（10の（10の115乗）乗メートル）離れた距離の範囲内には、この観測可能な半径137億光年に相当する領域と寸分違わぬ領域がもう一度登場しなければならないという。この瞬間のあなた自身と同じ物理的システムが登場するというスケールでよいなら、$10^{10^{29}}$ メートル離れればよい。離れればよいといっても、これは（感性的な）想像を遙かに絶するとんでもない大きさである。とんでもない大きさではあるが、宇宙全体にとってはそんなものはローカルな微小地域にすぎないというか、銀河系にとっての水素原子ひとつほどもない大きさである、と（知的に）想像することはできるだろう。
　……宇宙が広大であれば、永劫回帰により、私たち全員の天然複製が（あるいは、私たち全員が天然複製として）いたるところに散らばっていること

になるのである。

> **参 考 問 題**
>
> 　次の論証は正しいかどうか、考えてみよう。
> 「宇宙の時空間の大きさが無限大だとすると、あなたの心身が占める時空間は（見たところでは）有限であるため、宇宙全体の中で、体積の比率がゼロである。すると、あなたの居場所として、その1カ所だけが選ばれる確率はゼロである。確率ゼロのことが現に起こっているというのは不合理だ。したがって、あなたの居場所が『ゼロでない確率』を獲得するためには、体積の合計が無限大になるよう、あなたは無限カ所の位置に散らばっていなければならない。こうして、永劫回帰する〈あなた的出来事〉がすべて〈あなた自身〉であることが証明できる」

★ヒント★　本書第8章の終わりまで読んだ後にまたこの問題を考えると、可能な回答の厚みが増しているかもしれません。
　正解は第10章の始めの方で。

第 6 章

思考実験でデータ捏造？
faking regults of thought experiments

◎「どうもここまで、現実離れした設定ばかり続くな。いくら思考実験とはいえ、こんなこと考え続けるのは意味あるのか？」と疑問に駆られているあなた。ここらで思考実験の意義を再確認しましょうか。

◎思考実験が「実験」なら、データの正しい採り方とか解釈の仕方とか、ルールがあるはず。フェアな思考実験が従わねばならない最低限のルールを整理しておきましょう。

思考実験でデータ捏造？

思考実験における「想像」 ----- メタ思考実験

感性・実感は主観的 ----- 検証不可能

× 感性的な想像……直観

個物は物理的起源が異なれば同一物でない？

反論1 / 反論2

遡ればすべて同一起源？　　物理的でない個物がある

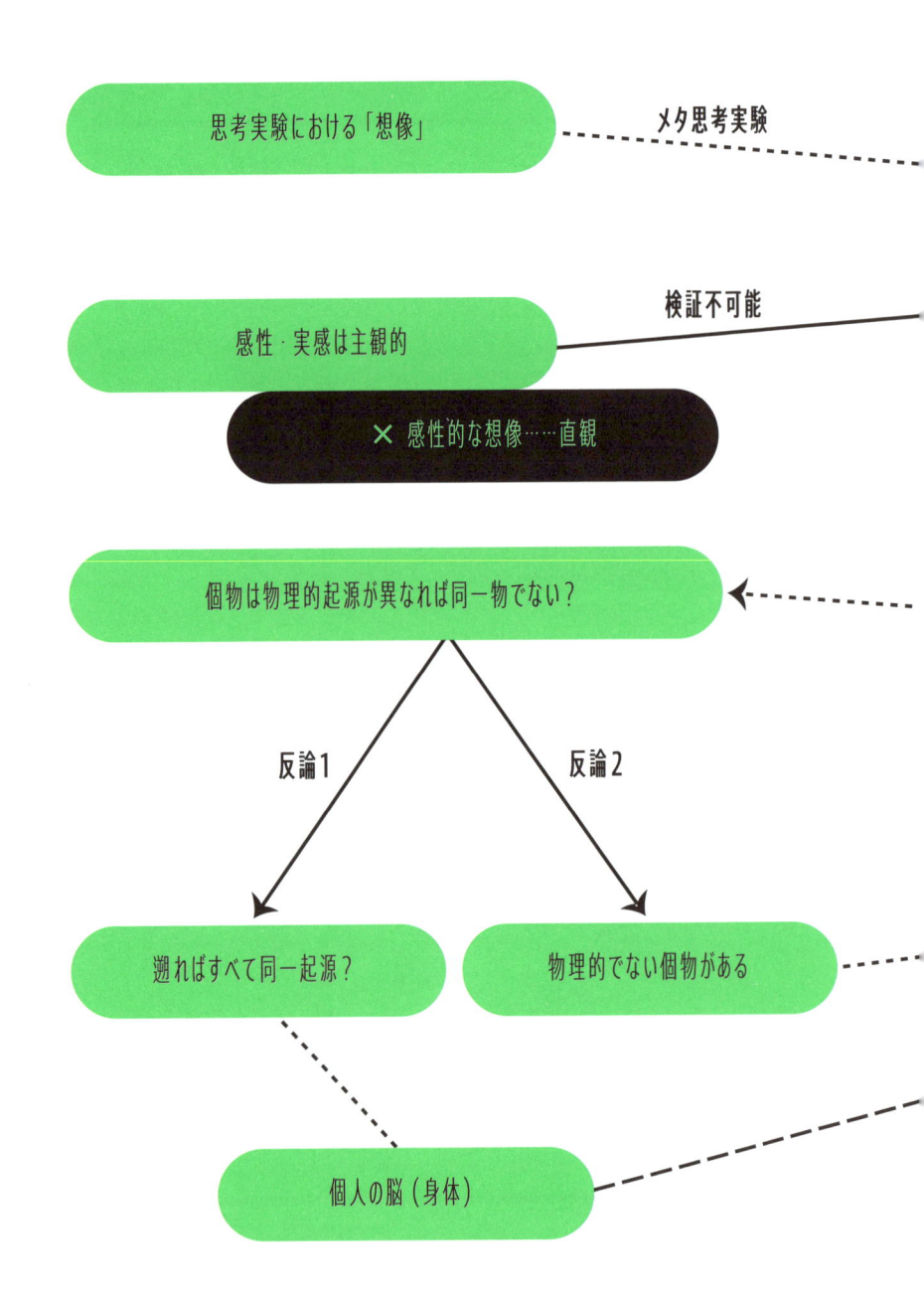

個人の脳（身体）

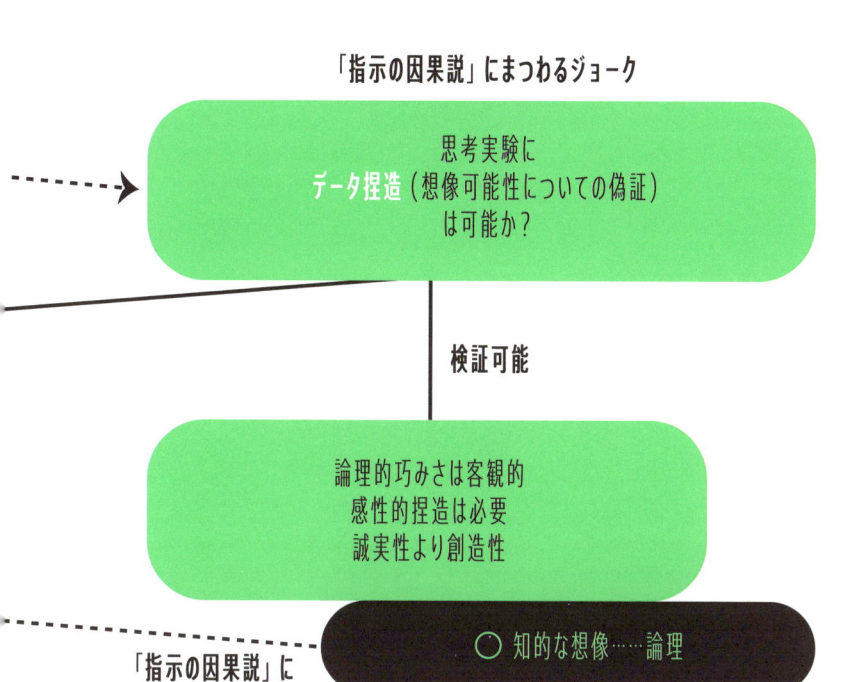

「指示の因果説」にまつわるジョーク

思考実験に
データ捏造（想像可能性についての偽証）
は可能か？

検証可能

論理的巧みさは客観的
感性的捏造は必要
誠実性より創造性

○ 知的な想像……論理

「指示の因果説」に
ついてはどうか？

具体例

個人の心

永劫回帰宇宙における
複数身体に宿る一つの心

＊

1 哲学的思考の誘惑

　前章の終わりで、「感性的な想像」と「知的な想像」という区別をした。「想像できるかどうか」にもいくつかのレベルがあるかもしれない、ということである。それについてしばらく考えよう。「永劫回帰」という、形而上学的核心に係わる大規模な思考実験に入りかけたところで思考を中断することになり、読者の想像力の働きが妨げられるかもしれないが、結構重要なことであり、主題的にもこれまで述べてきたことと密接に関係するのでお許しいただきたい。

　ウェブに、思考実験に関するこんな表題の記事が載っていた。
「(アメリカの哲学者) クリプキが思考実験のデータ捏造により辞職」
(http://fauxphilnews.wordpress.com/ 2012年2月22日)
　実験データの捏造、というのは自然科学のリアル実験でよく聞く話であり、スキャンダルになって研究者が辞職したり解雇されたりという事件がしばしば報道される。しかし思考実験のデータ捏造とは？
　哲学の思考実験にもデータ捏造がありうるのか？
　そもそも、あのソール・クリプキがどのような捏造をしたというのだろう。20世紀後半の哲学を主導したクリプキの名著『名指しの必然性』から、記事は次の文章を引用している。

> 「全く別の両親、つまり別の精子と卵子から生じたある人物が、まさにこの女性（エリザベスII世）だなどということがありうるだろうか。異なる起源から生ずるものは何であれ、この対象ではないと私には思われる」(p.113)

「人物が同一とはどういうことか」についてクリプキは考えている。まさ

に私たちが論じつつあるのと同じテーマだ。さて、クリプキのこの一節のどこに「捏造」があるというのだろう？　記事は述べる。

　　エリザベスⅡ世と正確に遺伝子組成の同じ人物が、別の精子と卵子の合体から原理的には生じうる、ということに、クリプキほどの聡明な人間が気づかなかったはずはない。なぜなら、エリザベスⅡ世のあらゆる遺伝子は、全人口の他の場所にも漂っているからである。クリプキにとって、エリザベスⅡ世が別の両親から生まれることができないと「思われる」というのは、断じて真ではありえない。

　さて、読者はどうお考えだろうか。クリプキは、「特定の人間について、その同じ人物が現実の両親とは別の両親から生まれることがありえたかどうか」を思考実験したのだが、そこで実験データを捏造したというわけだ。
　思考実験における実験データとは、架空の状況において何が起こると「思われる」かを吟味した結果のことである。実験者自身の頭の中での設定をもとに導き出された「思われた内容」が「得られたデータ」に相当する。それを捏造したというのは、本当は「思われてなどいない」ことを「思われた」ように装うことだろう。自分の直観を偽って発表する自己欺瞞が、思考実験のデータ捏造だ。記事が述べるところによれば、クリプキは、ある人物が別の起源から「生まれることはありうる」と思ったのに、「ありえない」と思ったかのように自分の直観を偽装した。クリプキがもし本当にそのような偽装をしたとするなら、確かに「思考実験データの捏造」にあたるだろう。
　さて、いま紹介したニュース記事は、もちろん、ジョークである。クリプキが本当に捏造疑惑で職を失ったわけではない。「思考実験」が「実験」と名乗っている以上、実験につきもののデータ捏造もありうるだろう、それはいけないことだろう、というふうに、アナロジーを機械的に適用したジョークだ。
　とはいえ、実際、「思考実験」も実験であるからには、捏造はありうると考えるべきだろう。それこそ思考実験してみよう。クリプキが本当に、自分が感じてもいないこと、思ってもいないこと、熟考の末たどり着いた結論とは逆のことを、著作で「思考実験の結果」として発表していたとしたら？

犯行の動機は十分だ。『名指しと必然性』は、固有名の指示対象についての新理論である「指示の因果説」を打ち立てようとする野心的な著作である。そのため（それまでの標準理論だったフレーゲやラッセルによる「性質による対象の同定（ソフトな見方）」を捨てて「起源による対象の同定（ハードな見方）」に代えようという野心に駆り立てられているため）、「自らの直観を捏造する」モチベーションは高かったと言えるだろう。

　この記事は、フィクション（クリプキの引責退職）を含むという点ではジョークと言えるが、「思考実験にもデータ捏造がありうる」というポイントにおいては、決してフィクションとは言えない。いや、フィクションとして語られているとしても、現実に反しているかどうかは、改めて考えねばならないのである[*17]。

> [*17] 作品としてのフィクションで語られる個別の出来事は、現実に反するものが大半です。しかし一般法則や傾向については、ほとんどが現実に合致していることに留意しましょう。物理法則、人間の心理的性質、行動傾向などは、フィクションの中でも現実と同じものが前提されていることが多いのです。ただし、作品全体ではなく個々の記述について「フィクションである」と言う場合は、通常、「現実に合致していない」という意味になります。

2 フィクショナルな思考実験

　第1章で、リアル実験・シミュレーション・思考実験・フィクションなどの比較をしたことを思い出そう。ここでは、「思考実験」に「リアル実験やシミュレーションにおけるデータ捏造（実験結果捏造）」に相当するものがある、というフィクションが語られている。フィクションは輪郭を一番自由に作ってゆく営みなので、「思考実験で捏造がなされた」というフィクションが成り立つのは当然である。

　それでは、フィクションほど自由に何でも起こせるわけではない思考実験やシミュレーション、さらにはリアル実験によって、「思考実験で捏造がなされる」という事態を模倣できるだろうか。

　あるいはそんな事態はフィクションでしか表現できないものだろうか。

　かりに思考実験で捏造的なことができるとしても、思考実験データの捏造

的行為は「許されない」「発覚したら責められるべきである」という倫理はどうだろう。それはフィクションかもしれない。いや、フィクションであることは確かだ。そんな倫理的慣習はないのだから。

ためしに思い描いてみよう、かりにクリプキ本人が告白したとしたら。

「実は『思われる』と書いたのはウソでして、自分の直観を偽っておりました。面白い哲学書を書く誘惑に負けまして、心底感じてもいない〈思われ〉をでっち上げました」と。

この告白によって、クリプキはその過去の行為を責められるだろうか?

責められることないだろう。むしろ「なんでそんなことをわざわざ告白する必要があるの?」と訝られるだけだろう。あるいはそれこそジョークとして受け取られ、『名指しと必然性』が哲学界に占める意義に何らケチがつくこともなく、ましてや『名指しと必然性』が絶版にされたり回収されたりすることなどないだろう。

想像できたかどうかを偽って発表すれば、たしかに「思考実験データの捏造」をしたことにはなる。それでも責められることがない、と言えるのは、どうしてだろうか?

理由は大きく分けて2種類あるように思われる(「思われる」というときには常に思考実験がなされているので、いままさに私たちは、思考実験について思考実験をしていることになります。思考実験による思考実験への自己言及的反省、つまり「メタ思考実験」ですね)。

第一の理由は、たったいま見たように、「捏造の告白」そのものが捏造でないという保証がないからである。ウソやジョークで告白のふりがなされている、という疑いが拭えないのだ。告白した本人が本当のことを告白しているという確証などない。物理的な機器を使ったり、人間や動物の行動を観察したりするリアル実験であれば、あるいは自動的な成り行きを見守るシミュレーションであれば、個人の思惑を超えた実施経緯が定められており、データが万人の目に共通にさらされる手続きがあるので、捏造がなされたかどうか、不正な介入があったかどうかは客観的に判定することができるだろう。しかし思考実験では、実験者の思惑とは独立の手続きというものがあらかじめ合意されているわけではない。そして当人の頭の中で何が起きたか、何が想像されたかは、本人以外の誰にも検証できない。

したがって、「正直言うと私はあのことを想像できていないのに、想像できたと書いてしまいました」「ほんとは想像できたのに、想像できないと書いてしまいました」という本人の告白が真実を述べているかどうかも、本人以外には検証できない。思考実験のデータに偽証がありうるなら、告白内容の偽証だって同じくらいありうるのだから。

告白した本人に偽証のつもりがなくても、記憶違いということもあるだろう。告白の時点では自分が過去に捏造したと思い込んでいても、思考実験の現場では自分が想像できたとおりを真摯に述べていたのかもしれない。思考実験そのものは誠実だったが、時間が経って本人の哲学的立場が変わった結果、かつての思考実験が不誠実なものだったと本人自身にも感じられるようになったのかもしれない。真相は客観的検証ができないばかりか、本人自身にさえ定かでない。つまり主観的検証すらできないのだ。「想像内容の記憶」は当人にとっても信頼できないのである。

いずれにせよ、客観的に検証不可能な思考内容の妥当性については、主観的な本人の告白などというこれまた検証不可能な基準を用いるべきではないのだ。反ユートピアを描いたジョージ・オーウェルの小説『1984』では、国民の思考までが統制されるが、本当の「思考内容」は本人の言葉や記憶によってすら確認できず、思考内容ゆえ人を責めたり罰したりすることは原理的に不可能だろう。

では、どういう基準で思考実験のデータの妥当性を判定すべきなのだろう。たとえ本人が自己否定して撤回しても思考実験の妥当性が失われるとは限らないとしたら、それこそ、本書の冒頭で紹介したジョークが当てはまってしまうのではないか。すなわち、「哲学やるにはゴミ箱は要らない、書かれたもの何でもが正当なのだ」と。……そうなるともはや学問ではない。フィクション、つまり芸術活動ということになってしまう。

3 アンチ直観ツールとしての思考実験

もちろん思考実験に芸術のような自由は認められない。思考実験は芸術的な表現で発表することはできるし、その方が発見的効果も高かったりするのだが、あくまで学問のツールであって、芸術活動そのものではないからであ

る。よって、「美」よりも「真実」が正当性の基準となる。「感覚性」「感性的統一」よりも「論理性」「抽象的辻褄」が優先されるのだ。
　ここに、第二の理由——「思考実験データの捏造」が責められない第二の理由——が浮かび上がってくる。「思考実験」の「思考」とは、「生き生きと想像すること」「心から実感すること」「心底思い込むこと」という意味だろうか。もしそういう美的、文学的あるいは心理的な意味なら、「心にもないことを述べた」ということで思考実験者が非難されることはありうるだろう。検証できないので公に非難されることはなくても、思考実験をしている本人が現場で次のような後ろめたさを感じることは多々あるはずだろう。
　「ああ、こういう思考実験データが得られたら、つまりこのデータがちゃんと心底想像できたら、面白い哲学説が可能になるんだがなあ。ええい、想像できたことにしてしまえ。良心がとがめるが、かまうものか」
　実際には、思考実験をするときに「心底実感できていないことを想定した」ことで良心の呵責を覚える哲学者はいない。実感しにくいことでも「想像できた」ことにしてしまう哲学者は多いはずだ。しかしそれで悪いことをしたなどとは思わない。なぜなら、思考実験における「思考」とは、「生き生きと想像すること」「心から実感すること」「心底思い込むこと」ではないからだ。むしろ「辻褄の合った事柄を構成すること」「説得力のある可能性を発見すること」「整合的な解釈を選び出すこと」である。そこに美的鮮明さや生理的実感が伴うとは限らない。
　つまり思考実験では、「何が実感できるか」という感覚的・情緒的な事柄は重要ではなく、「何が可能性として考えられるか」「何が理屈に合っているか」という、知的な要因が勝負を決めるのだ。したがって、まずい思考実験をした思考実験者は「ああ、こんなこと思い描けていないのに、でっち上げを発表してしまってまずいなあ……」と良心の呵責を感じるというより、「ああ、こんなことを思い描いたと述べても、このままじゃ説得力がないなあ……」というふうに、知的洗練の至らなさを嘆くことになるだろう。問われるのは、正直さがものをいう倫理性ではなく、聡明さにもとづいた構想力なのである。誠実性よりも創造性なのだ。
　そもそも、哲学の重要な役割の一つは、人間の日常的な直観や本能的な感性がいかに信頼できないかを暴き出すことである。すなわち、無自覚な信念

を疑って幾重にも考え直させ、思いもよらなかった可能性へと思考の限界を押し広げるのを手助けすることである。だとすれば、「自然に心に浮かぶ直観的な想像」「心底から感じられる実感」に対してはむしろ警戒すべきなのだ。「一見納得できないが論理的には反駁困難な状況」「実感に反するが理屈では認めざるをえない事柄」を探ることこそ、思考実験における「思考」の使い道だということになるだろう。

　しかも、第一の理由で述べたように「直観や実感」は確かに検証不能だが、「論理的な辻褄」「学問的応用可能性」の方は客観的に検証可能である。クリプキの「エリザベスⅡ世の身元の思考実験」も、クリプキ本人の心の状態とは独立に、思考実験の構造によって客観的意義が検証できる。どういう思考ツールが実りある議論を呼び覚まして学問のネットワークを効率的に改編するか、これは専門家の大多数が意見の一致をみることのできる事柄だからだ。したがって、このテストに合格した思考実験は、創案者が誠実だったかどうかにかかわらず、世に提示されたことが歓迎され続けるのである。人物の同一性を考えるさいに精子と卵子を持ち出したクリプキの思考実験はまさに「合格した」思考実験の一つだ。

　以上、「思考実験では捏造がなぜ非難されないか」ということの理由を2つ述べた。捏造の証拠が得られにくいことと、捏造そのものが悪でないことである。2つの理由のうち、第二の理由の方が重要である。第一の「検証不可能」という理由の方は「実感の捏造を見逃すのはやむなし」という消極的な理由だったが、第二の理由の方は、「実感に忠実であるより知的な反逆を」というふうに、知的捏造を非難どころかむしろ奨励するための積極的な理由となるからだ。

　稚拙な思考実験データであれば、一見して「なんだそりゃ。不毛な空想だな」「厨二病か」などと思われるだけである。新味がなかったり、反駁が簡単すぎたり、体系的な学説と結びつかない誇大妄想だったり、理由はさまざまだろうが、倫理的に非難されるまでもなく、知的に嘲笑されるのだ。

　先ほどの記事がジョークでありえたのがその証拠である。あれはジョークとして、新たに「自前のまずい思考実験データ」をあえて提示することによって「クリプキの思考実験データ捏造」を批判する体裁をとっていた。すなわち、「遺伝子組成が同じであれば、同一人物である」という思考実験データ

を提示していた。そのデータが嘘くさいことはすぐにわかるだろう。たとえば一卵性双生児は互いに全く同じ遺伝子組成を持っているが、同一人物とは誰も思わない。エリザベスⅡ世と寸分違わぬ遺伝子を持つ人間がいつか他の場所に生まれたとしても、環境によってさまざまな心的傾向を持ちうるのだから、それがエリザベスⅡ世本人であるなどという考えには誰も説得力を感じないはずである。

記事が捏造と決めつけているクリプキの思考実験データ（「同一人物であるためには起源が同じでなければならない」）の方が遙かに説得力があるのだ。だからこそあの記事はジョークたりえているのである（ちなみにクリプキは、「同じ精子と卵子から生まれなければ同一人物ではない」という思考実験データを出したのであって、「同じ精子と卵子から生まれた人物は同一人物である」と述べてはいません。一卵性双生児は同じ精子と卵子から生まれているが、クリプキ的に見ても互いに同一の人物ではありません）。

他方、うまくできた思考実験データであれば、「なんだかおかしい。想像できない」と思われたとしても、反駁が難しいものだ。読者に反発を感じさせながらもさしあたり同意を強要する。それによって哲学的思考を刺激し、人間の自然な思考を一見不自然ながら高次の段階へと引き上げるのである。その「不自然さ」がいつしか「自然」になったとき、思考実験のデータは正しかったとされ、そのデータに基づいて新たな理論または世界観が人類文化に定着することになる。始めは直観に反していた地動説も進化論も、そうやって知の世界に根を下ろし、他の有益な諸理論を誘発し続けているのである。

4 〈永劫回帰〉へ立ち戻る

さて、以上、「思考実験の捏造」という思考実験をやってみた。先ほど、われわれは思考実験の思考実験つまりメタ思考実験をやりつつあると述べたが、正確には、「もしもクリプキが例の思考実験で偽証していたら？」といった〈思考実験についての思考実験〉について「偽証は責められるべきか」等の思考実験をわれわれは行なったので、メタメタ思考実験と言うべきものだった。

このメタメタ思考実験によって何がわかったかというと、思考実験では、

データ捏造が許されるどころか、大いに奨励されるということである。実感や感性や直観に縛られてはいけない。知的な納得を目指して、データを大いにでっち上げるべきなのである。「直観に反してはいるが知的にはありうる」「心底実感などできないが知的には必然的である」という仮想状況は、そこへ私たちの実感がいつか追いつけるかどうかという挑発的試練である。私たちの感性（何をリアルと感じるか）を、自然選択の結果最低限備わるようになった原始的なレベルから、文明的必要に堪えるレベルへと引き上げる鍵となるのだ。

〈知性本位の思考実験によって感性のレベルアップを試みる〉のは、脳を相手取ったリアル実験と言えよう。まさに「リアル思考実験」である。

長い注釈だったが、さてここで、思考実験への考察から、思考実験による考察へと立ち戻ろう。前章の思考実験は、次のようなものだった。

「この瞬間のあなた自身と同質の物理的システムが登場するというスケールでよいなら、$10^{10^{29}}$ メートル離れればよい。離れればよいといっても、これは（感性的な）想像を遙かに絶するとんでもない大きさである。想像を絶する大きさではあるが、宇宙にとってはそんなものはローカルな微小地域にしかすぎないと（知的に）想像することはできるだろう」。

これは、思考実験の〈データ〉を知的に捏造する例であるとともに、思考実験の〈設定〉そのものを知的に捏造しなければならない例である。「ここから $10^{10^{29}}$ メートル離れる範囲内に何が起きているか」を考えて思考の中でデータを得るわけだが、そもそも「$10^{10^{29}}$ メートル」という距離がこの宇宙に当たり前のように含まれていることを想像しなければならないというわけだ。137億光年なら、「1秒に地球7周半分の距離進む光が137億年かかって到達する距離であり、137億年とはだいたい地球の年齢の3倍であり、地球の年齢とは恐竜滅亡から現在までの約70倍であり、恐竜滅亡はヒト亜族がサルから分かれた時代より十倍昔であり、ヒト亜族の歴史の最近の千分の一が都市文明の歴史であり……」といった具合に、なんとか実感へと近づけることができる概念だ。しかし「$10^{10^{29}}$」などという数を、表記以外の具体性をもってどう実感したらよいというのか？（表記についても誤解のないように。1の後にゼロが29個ではない。100000000000000000000000000000個ですから！）

もちろん、すでに思考実験について長い注釈を経た私たちは、心配する必要はないことを知っている。実感など不要なのだ。とにかく「とてつもなく広大な範囲」がこの宇宙の一部として含まれているという抽象的な〈想像のふり〉ができさえすればよい。その想像が「できた」と見なすことに、怠慢もインチキも捏造もない。

　そのような想像をできたとした上で、その思考の世界の中で何が起こるか、というデータをとることになる。「いろんなことが起こる」というのがもちろん正解だが、その「いろんなこと」は素粒子の状態という単位の組み合わせで生じる。そして何であれ単位の組み合わせであるからには、種類に限りがある、というのがポイントだった。それさえ認めれば、どんなに信じがたくても、その範囲内には、「この瞬間のあなた自身と全く同じ素粒子の組み合わせによって成立するそっくりの物理システム」が存在せざるをえないことも納得される。

　あのジョーク記事が述べるような「同じ遺伝子組成」どころの騒ぎではない。手足の運動、脳の構造・組成から毛髪細胞の状態に至るまで、寸分違わぬ「あなたの複製」が必ず登場するのだ。その複製はおそらく、次の瞬間には外部の変化に反応して、まもなくあなたと違う経験をすることになり、別人であることがはっきりするだろう。しかし、$10^{10^{115}}$メートルの範囲に話を広げれば、あなた自身を含むこの宇宙全体の複製が登場するというのだった。そこでの「あなたの複製」は、あなたの寿命の中では「このあなた」とは違う人生をもたらすような変化が地球まで届いてこない。つまり、あなたとあなたの複製とは、本当に何から何まで、物理的に一生同じなのである。そして心脳同一説をはじめとするどの学説に従っても、物理的に同じであれば心理的にも同じなのである。

　$10^{10^{115}}$メートルよりはるかに大きな範囲をとれば、あなたそっくりの複製を含んだ環境丸ごとの複製が宇宙全体に無数に散らばっていることになる。

　人工的な「複製機」など発明されなくとも、宇宙がとてつもなく広いというだけで、あらゆるものについてその天然複製がすでに無数に存在しているのだ！

　さて、本題はここからである。そのように無数に存在する「あなた自身」

の中で、どれが本当のあなたなのだろうか？

　「見分けはつくはずがないが、どれか1つだけが本当の私だ。他の複製は、この私にそっくりなだけで、実は全く別人である」……これは1つの見解であり、思考実験の結果得られたデータとしてそれなりの説得力を持ちそうだ。クリプキの「指示の因果説」も、この線の考え方である。時間的・空間的に離れた別の場所で生じた個物は、「同じ起源から生じた」とは認められないから、「同一物」ではありえない。性質が全く同じということは、フレーゲ・ラッセル的なソフトな指示理論によれば同一の個物であるための有力な証拠だが、クリプキ的にはそれは同一性の証拠にならない。性質がどうであるかは問わず、起源が等しいということが、同一物であるための必要条件なのである。起源が異なれば、そもそも物理的に別物ではないか。すべての個物は具体物存在であり、物理的存在なのだから、別起源のものは別の個物にほかならない。

　しかしこの「指示の因果説」に対しては、2つの方向から反論を唱えることができる。1つは、すべての個物が物理的な存在だということが正しいとしても、「物理的な個物の同一性を起源で区別する」という指示の因果説は、起源の区別なるものについて明確なことを言えてないのではないか、と指摘すること。もう1つは、個物の中には「物理的存在」とは言えないものもあるのではないか、ということ。この2つを順に、改めて思考実験で吟味してみよう。

5 起源の同一性への疑問

　まず第一の反論から。「エリザベスII世その人と同じ人物は、現実の両親と同じ人物の同じ精子と卵子からしか生まれることができなかった」と言うとき、「現実の両親と同じ人物」「同じ精子と卵子」とは何か、という同じ問いを繰り返すことができる。つまり、ある個体の同一性がその起源によって制約されることを認めたとしても、その起源なるものもまた個体なのだから、起源についても同一性の基準が問い返されることになる。

　答えはもちろん、「同一の起源を持つこと」が必要条件だ、と同じ言葉が繰り返されることになるだろう。起源がそれ自身であるためには、起源の起

源が同じでなければならないのだ。エリザベスⅡ世のもととなった精子は、その精子を形成する物質と同じ物質以外のものからは生じえない。卵子も同様である。このようにして、「起源の起源、の起源の起源の起源の……」と遡って行くと、結局は宇宙の始まり、ビッグバン初期の高密度の特異点に帰着する。

　すると、すべてのものは同じ起源から発していることにならないだろうか。少なくとも、地球上に存在する人物のような、互いに近いところにいて現在も相互作用しているような物理的諸断片は、初期宇宙においては構造的に区別できない同一起源に共存していたと思われる。すると、遡れば結局はみな同一物、という結論に至りかねない（もちろん先ほど注釈したように、クリプキ的指示の因果説は「起源が同じなら同一物」とは言っていないが、「起源が同じなので同一物」という可能性が残ってしまう）。

　しかし、向かい合って話もでき、ケンカもできるあなたと私が「同一人物である」という可能性を認めるのはナンセンスだ。いや、自作自演や自問自答も可能だから完全にナンセンスとは言いきれないが、ソフトな人間観とハードな人間観の両方に反する見方であることは確かだろう。したがって、指示の因果説は、人物の同一性について確かな基準を述べたものとは見なせない。すなわち、人物同一性の「形而上学的基準」を述べた説というよりは、ある個物（両親とか、精子とか卵子とか）がかりに同定できたと仮定したとき、その後の個人の「同一性の認定基準」を述べたにすぎない説と見なすのが妥当である。個物それ自体の存在論よりも、外部からの認定に関わる認識論の問題にとどまると。

　次に、第二の反論を考えよう。第一の反論は物理的個物の同一性基準についての疑問提示だったのに対し、今度は、「物理的個物でない対象に対しては『指示の因果説』は適用できないだろう」という反論だ。

　私たちが問いかけていたのは、もともと、「人物」の同一性だった。「人物」とは何だろうか。換言すれば、「人物」の本質とは何だろうか。場所の特定される物質的身体だろうか、場所の特定されない非物質的な心だろうか？「非物質」などと言うとオカルトめいているが、すでに使ってきた「性質」「構造」といった言葉で言い換えれば、別に奇妙な問いでもないだろう。人物とは、場所の特定される物質的身体だろうか、場所の特定されない性質として

の心だろうか？

6 あなたという物？　あなたという性質？

　性質だって場所が特定されるではないか、と疑問に思う人もいるだろう。もちろん、実際に生じている性質は、何らかの場所に生ずることしかできない。「赤い」にせよ「硬い」にせよ「嫉妬深い」にせよ、いかなる性質も、特定の場所が定まらないことには、つまり時と所が定まらないことには「生ずる」ことができない。いや、中には「虚数である」「普遍的である」「事実に反している」のように、特定の時空的場所に対応させられない性質もある。ただ、それらの性質が「生ずる」とはどういうことかは不明だ。それらの性質はただ「在る」だけであって「生ずる」ようなものではないのだろう。したがって、およそ性質が生ずるためには特定の場所においてでなければならない、というのは依然として正しいように思われる。

　とはいえ、性質の場合、それが生ずる「特定の場所」というのは、複数であってもかまわない。複数の場所に、全く同じ性質が生ずることができるのだ。「8つである」という性質は、あの部屋の中の8人という形で生じたり、その籠の中のリンゴの個数という形で生じたり、太陽系の惑星という形で生じたり、あちこちに生ずるが、どれもみな正確に同じ「8つ」である。場所が違っても、全く同一の「8つ」という性質が生じていると言うべきだ。

　「赤い」や「人間である」のような性質も、いろんな場所に同一の性質として登場することができる。「どのくらいの色調の赤か」「国籍と年齢はどういう人間か」というようにいくらでも性質の幅を狭く限定することはできるが、どれほど限定したとしても、その限定段階に応じた性質として、その同じ性質が複数の場所に登場できることに変わりはない。「心」という性質も同様である。一般的な心だけでなく、特別に限定された内容を持つ個性的な「これこれの内容を持つ心」も同様である。

　クリプキが言うように、特定の時空的軌跡に限定された物理的個物は、特定の起源からしか出現することができず、別の起源から出現したらもうそれは別の個物だとしか言いようがないとしても、「心」のような「性質」は物理的存在ではないので、クリプキ的基準に当てはまらないのではないか。心

は、別の起源を持つ別の個物において生じたとしても、全く同じ性質としての心と言えるのではなかろうか。しかも全く同じ個別的性質と言えるのではなかろうか。たとえば、「あなたが生まれてから現在までに経験した意識内容すべてである」という性質Kは、特定の起源からだけでなく、全く別の起源から発生することが可能である。そして現に、$10^{10^{29}}$メートル離れれば、そこまでの間に少なくとももう1つ、Kが生じているはずなのである。その2カ所において、身体は別々であるだろうが、心は同一である。

　人物の定義が、身体によってでなく心によってなされるべきであるならば、あなたは、その2カ所に同時に存在していなければならないだろう。というより、その2カ所の身体を束ねる1つの心が、あなたなのである。

　以上が、第二の反論となる。指示の因果説は、「物理的個物は起源の同一性に結びつけられているゆえに複数の場所に登場できない」と論ずるが、個人の心のような「性質によって定義される非物理的個物」については当てはまらないということだ。心は個物でありながら、同じ性質である限りにおいて、複数の場所に同じものとして登場し、しかもそれが「個人」としての同一性を保つのである。

　相似の物理系からは同じ内容の心が生まれ、同じ内容の心からは同じ自我が生まれる。そもそも人間転送機が人間の複製でなく転送を可能にすると思われたのは、相似の物理系を作りさえすれば同一の自我が保たれるという見方に、生理的実感はともかく論理的説得力があったからなのだ。

　これは独断的な主張のように聞こえるだろうか。宇宙の広大な距離を挟んで飛び飛びに出現している互いにそっくりな諸身体（とくに脳）の中に、あなた自身が一挙に位置しているだなんて。あなたが瞬間ごとにただ1つの場所を占め、時間とともにただ1本の時空的軌跡を描いているというのは錯覚であって、本当は、見分けのつかない無数のそっくりな環境ごとに1本ずつ軌跡を描いており、合計すると無数本の物理的軌跡に宿る1つの心である、だなんて。

　このイメージが「心底抱かれた実感」にもとづくものでないとしても、「知的な捏造」としては十分説得力があるかもしれない。そして、この「無数の場所に飛び飛びに存在する同一人物としてのあなたの心」という思考実験データが説得力を持つかどうかを、現在最も信頼されている包括的科学理論

から考えてみよう。

その科学理論とは、量子力学である。

参　考　問　題

情緒・感性・実感のレベルよりも、知性・理屈のレベルでのアピールが重んじられる分野として、哲学や科学以外に何か思いつくだろうか。たとえば、「美」という感覚的・情緒的な要因が大きな比重を占めると思われている「芸術」という分野はどうだろう。20世紀で最も大きな影響力を持った美術家、作曲家、文学者を挙げてみよう。どういう傾向が見られるだろうか。

第 7 章

シュレーディンガーの猫
Schrödinger's cat

◎科学史上有名な「猫箱」。この思考実験がなぜ重要なのか、正しく理解していない科学者も少なくありません。この実験が日常の「知られざる結果」とは違うレベルの謎を突きつけるのは何故なのか。そこをまず理解し、「私たちが住むこの環境」の本性があらわになってゆく論理の道筋を追っていきましょう。

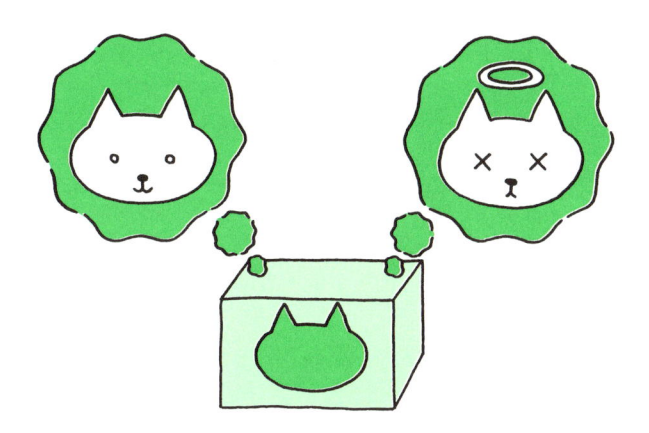

シュレーディンガーの猫

確率的に可能な結果をすべて記述する量子力学解釈は？
実在論、決定論を採るか？ — No

Yes ↓

局所性を維持するか？

Yes ↓　　　　　　No ↓

多世界解釈　　　**ボーム解釈**

生きた猫と死んだ猫の両方がいる　　　箱を開けて見る前に、猫は……

多世界解釈のメタ解釈

永劫回帰宇宙における
複数身体に宿る一つの心

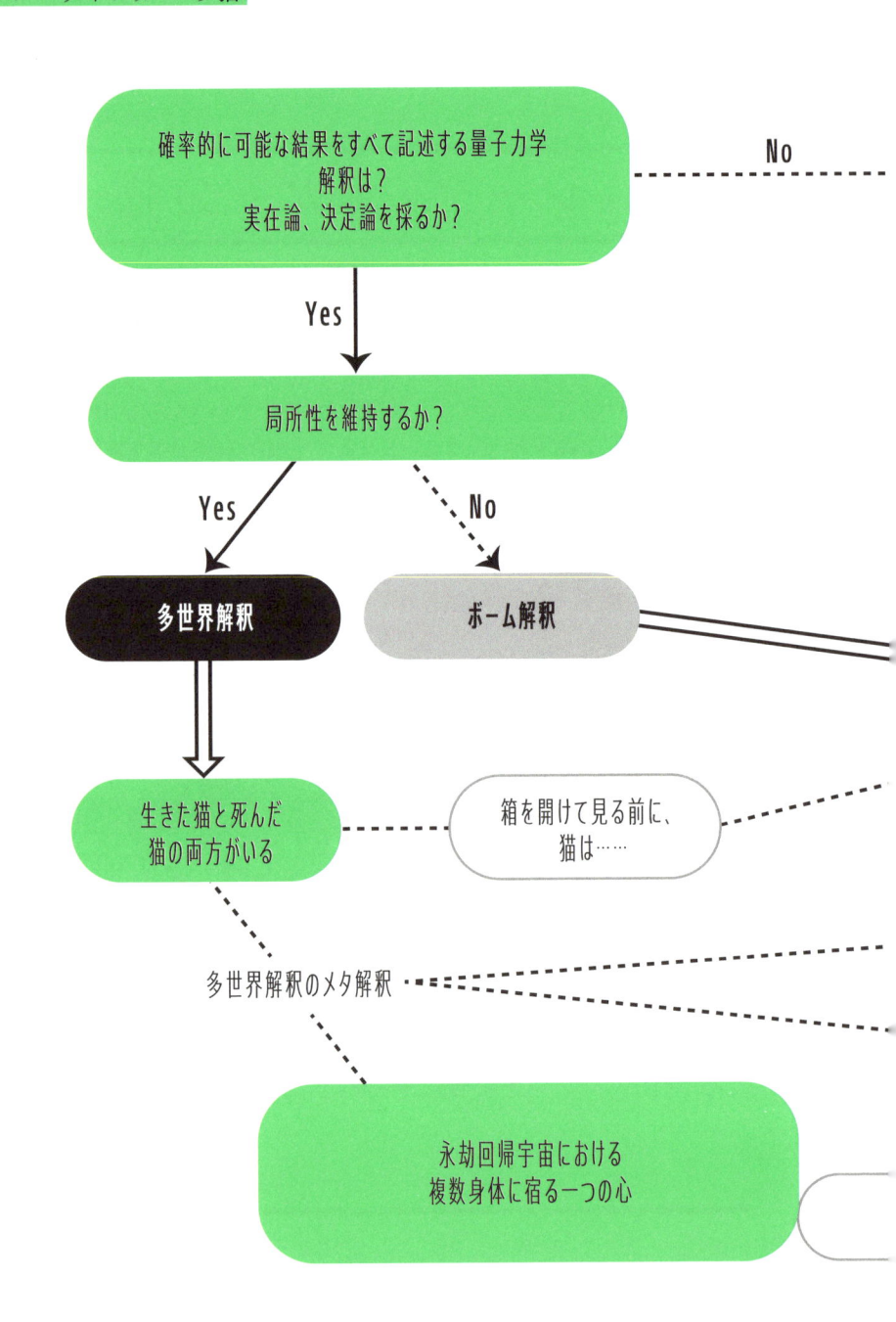

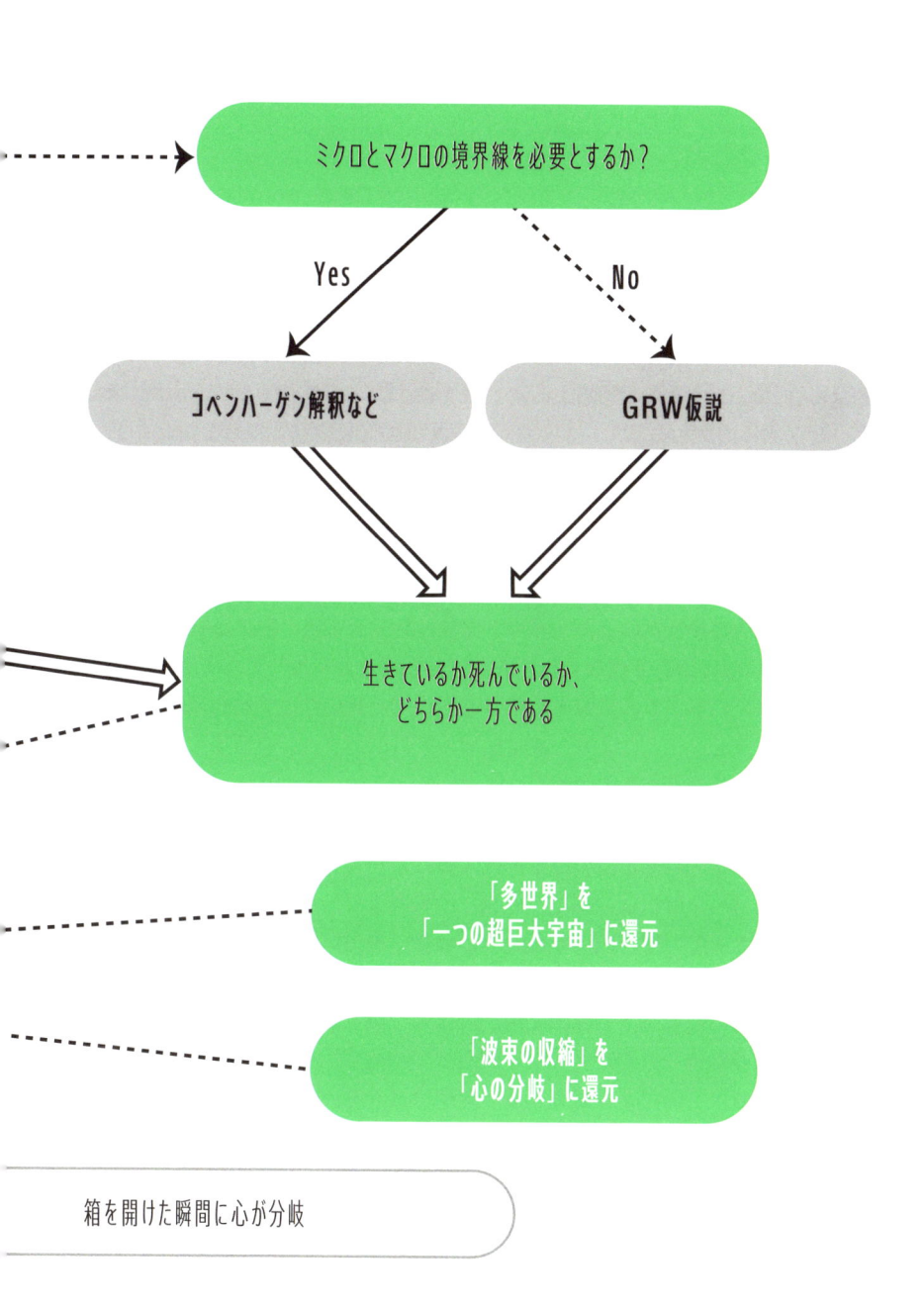

```
                    ミクロとマクロの境界線を必要とするか？
                         │                    ┆
                    Yes  │              No    ┆
                         ▼                    ▼
                 コペンハーゲン解釈など          GRW仮説
                         │                    │
                         ▼                    ▼
                    生きているか死んでいるか、
                      どちらか一方である


                      「多世界」を
                    「一つの超巨大宇宙」に還元


                      「波束の収縮」を
                      「心の分岐」に還元
```

箱を開けた瞬間に心が分岐

　　　　　　　　＊

1 重ね合わせの収縮

　箱の中に、放射性物質を入れる。1時間に確率1/2で崩壊し、粒子を放出するように調整された物質である。量子力学によれば、ミクロの現象として「物理的に何が起こるか」は完全に決定論的に記述されるにもかかわらず、「実現したものとして観測されるのは何か」はまったく非決定論的である。「粒子が放出されるか放出されないかあらかじめ決まっているが私たちが知らないだけ」というのではない。放出されるかどうかそれ自体が決まっておらず、どちらの結果が実際に観測されるかは非決定論的である。

　この「非決定論性」は、2スリット実験、ＥＰＲ実験、遅延選択実験など多くの実験(思考実験ではなく物理的な実験装置を使ったリアル実験)によって証明されている。どの実験も、粒子を射出した後になってから測定方法をランダムに決めることにより、測定結果の統計的パターンを変えられるという不可解な現象をもたらすのだ。

　たとえば2スリット実験では、スリットをいくつ開けるかを変えることによって、粒子の到達位置の確率を変えることができる。そうした実験結果への辻褄の合った解釈は、測定（観測）の瞬間まであらゆる可能性が「重ね合わせ」になっていて、測定されるやいなや「現実に何が起きたか」が理由なく選ばれるのだ、という解釈だけである。

　放射性物質の崩壊もその非決定論的現象の一例であり、崩壊して粒子が放出された痕跡が得られたかどうかを測定して初めて、実際に崩壊したかどうかが決定する。このことは思考実験の対象ではなく、思考実験の前提と言うべき揺るぎない背景知識なので、ここでは論じることなく認めることにしよう（簡便で詳しい解説としては、森田邦久『量子力学の哲学』（講談社現代新書）がお薦めです）。

　さて、箱の中に、1時間後までに確率1/2で粒子を放出する物質を入れて、

密閉する。その箱の中には、1匹の生きた猫も一緒に入れる。粒子が放出されたのを装置が検出すると、箱の内面に電流が流れ、猫は即死する。粒子が放出されなければ、猫は無事である。さて、1時間後に箱の蓋を開けたとき、猫がどうなっているのを実験者は目撃するだろうか？

　これが有名な「シュレーディンガーの猫」の思考実験である。

　シュレーディンガーの猫の思考実験は、毒ガス入りの瓶が割れるかどうかという設定で紹介されることが多いが、ここでは、最初にこの思考実験を提示したエルヴィン・シュレーディンガーの論文（1935年）に書かれたとおり、電流を発する装置としよう。毒ガスでも電流でもどちらでもよいのだが、ガスでなく電流とした方がなにかと好都合だ。その理由は、次章「量子不死」の思考実験のところで明らかになるが、ここではとりあえず、1時間後の猫の生存確率1/2という設定ができていればよい。

　さて、この実験は、やろうと思えば簡単にできるだろう。しかし、考案されて以来、思考実験として繰り返されるだけで、実際に生きた猫を使ったリアル実験としてなされてはいないようだ。倫理的な理由によってではない。麻酔ガスを発生させる装置などを使って「眠っている猫か起きている猫か」を観測する設定にすれば倫理的問題はクリアできるし、そもそも生き物を使う必要もなく、粒子が放出されたらペンキがこぼれて内面が赤くなる、という設定でもかまわないからである。ただし、生か死かを決めるような設定がやはり望ましい。単にこの思考実験を印象深いものにするため、という美的な効用にとどまらない。確率的な量子効果によって生死の分岐点が作られる設定にしておくと、「シュレーディンガーの猫」の応用範囲が広がるのだ（これも後ほど「量子不死」の思考実験を論ずるときに明らかになります）。

　ともあれ、いろいろなバリエーションのもとで簡単にリアル実験できる「シュレーディンガーの猫」だが、思考実験以外の物理的実験としてなされたという話は聞かない。その理由は、実行しても無駄だからである。

　なぜ無駄かというと、結果はわかりきっているからだ。この実験を1回だけやると、箱を開けたときに猫が生きているか死んでいるかはあらかじめ予測しようがない。しかし箱を開けた後には、生か死かのいずれか一方だけが必ず観測される。もし何度も繰り返し実験すれば、そのうちほぼ半数において猫が生きていると観測され、残りのほぼ半数において猫が死んでいると

観測されるだろう。ここに何も紛らわしいことはない。実験をやるだけ時間と手間のロスである。

　では、なぜ「シュレーディンガーの猫」はこんなに有名なのだろうか。それは、1時間経ってから「箱を開ける直前」までの間、箱の中の猫が<u>本当は</u>どうなっているのか、が謎だからである。どこが謎だというのだろうか？

　そう、量子力学を文字通りにとれば、観測されていない箱の中で起きていることは、波動方程式によって記述されるすべての出来事であるはずなのだ。つまり、生きている猫と死んでいる猫の両方が「重ね合わせ」になっているはずだ。箱を開けて「観測」すれば生か死かどちらかに決まるが、箱を開けないうちは、箱の中には生きている猫と死んでいる猫が<u>両方とも</u>存在しているのでなければならない。量子力学はハッキリそう告げている*18。

　え？

　両方ともが？

　1匹の猫が2種類に分裂して箱の中に？

　「そんな馬鹿な！」と思うだろうか。箱を開ければ猫は生きているのが観測されるか死んでいるのが観測されるか、必ずどちらか一方だ。生きておりかつ死んでいるなどという奇妙な状態が観測されることは決してない。しかも観測に相当する事柄が起こるためには、べつに人間の目や耳によって光や音が捉えられなくたってよかろう。誰かの脳の中で意識が「あ、猫は生きている」「猫は死んでいる」などと認知することだけが「観測」ではない。観測とはもっと広い概念であり、ミクロな出来事が日常的な大きさの物体と相互作用して量子揺らぎが一方に固着させられた瞬間、「観測」が成立して何が起きたかが決まるのだろう。つまりそのとき「重ね合わせが収縮する」のだろう。

　だとすると、粒子が放出されたならば、それが電流発生装置のスイッチに触れた瞬間、猫の死が決まったのだし、粒子が放出されなければ、電流発生装置のスイッチは影響を受けず、猫は生きているだろう。箱を開けて人が見るかどうかは関係あるまい。1時間経ったのだから、箱を開ける前にすでに、外の実験者が知らないだけで、猫の生死はどちらか一方だけに決定（収縮）しているはずだ。電流発生装置のスイッチという<u>マクロな物質が粒子の影響を受けたか受けないか</u>が「観測結果の決定」であり、実験者の意識は無関係

だ。実験者の意識はすでに決定された結果を追認するだけだ[*19]。
　……と、あなたは考えるだろうか。

　　*18 量子力学の数学的表現を文字通りにとらない解釈もたくさんあります。正統的解釈とされてきた「コペンハーゲン解釈」をはじめ、そのすべてが、波動方程式で記述されるミクロの粒子の連続的軌跡に、「収縮（非局所的な決定）」と呼ばれる現象をトッピングで付け加える解釈です。粒子がマクロレベルの何かと相互作用した瞬間、特定の確定状態へ瞬間的・不連続的に変化するのが「収縮」です。どのように収縮するかは決定論的ではなく確率的です（「ボーム解釈」のように、収縮（非局所性）と決定論を両立させるためにもはや量子力学とは呼びがたい体系になっている解釈もありますが）。収縮は確かに観測されはするものの、現行の量子力学には含まれていない事柄なので、波動方程式に単純に追加してやらねばなりません。どの段階で収縮が起こるか（世界の状態が確定するか）については、粒子どうしが接触した瞬間〜測定器具が記録した瞬間〜観測者が結果を意識した瞬間、という具合に、さまざまな段階が想定でき、各々の解釈がスペクトルをなしてきました。

　　それらに対し、量子力学の数学的表現を文字通りに受け止めるただ一つの解釈は「多世界解釈」と呼ばれます。多世界解釈によると、収縮なるものは実際には起こりません。実在はどこまでいっても多様な結果の重ね合わせのままで、同じく重ね合わせである脳内の意識から見たときに外界が収縮済みの確定状態として感じられるだけのことです。多世界解釈は、個別に見ると他のどの解釈よりも多くの支持者を持つ解釈なので、本文では、多世界解釈が正しいものと（つまり量子力学は文字通りに正しいものと）前提しています。

　　*19 この「常識」に最も近いのは、量子力学の諸解釈の中では、ＧＲＷ仮説と呼ばれる次のような考え方でしょう。ＧＲＷ仮説では、収縮のさまざまな仕方に確率が付与されるだけでなく、個々の素粒子に収縮が起こるかどうか自体にも確率が与えられます。ミクロな環境では、素粒子１つ１つは未確定の重ね合わせ状態にありますが、微小な確率pで収縮し確定状態になります。マクロな物体は、素粒子どうしの状態が相関して（絡み合いになって）おり、１つの素粒子の状態が収縮すれば、連鎖的にすべての素粒子が収縮へ向かいます。絡み合ったシステム内の素粒子の数nが多ければ多いほど、そのすべてが収縮しないままである確率 $(1-p)^n$ は小さくなり（少なくとも１つが収縮している確率 $1-(1-p)^n$ は大きくなり）、それゆえ、人間の目に見えるほどの物体はどれもほぼ確率１で収縮しています。そして、どの素粒子から収縮が始まるにせよ「任意の素粒子にとって一番確率の高い確定の仕方」と相関した状態へと全体が収縮する確率が一番高いのです。

　　以上のＧＲＷ仮説は、「収縮」を認める解釈の１つなので、多世界解釈（注18）とは相容れません。が、ミクロとマクロの境界線を恣意的に決めずにすむ点では多世界解釈に似ており、他の解釈より優れています。

2 猫箱とサイコロの本質的違い

　以上のように考えるのは、一見まとものように感じられる。いかにも常識的だ。量子的とは呼ばれない日常の事例についての考え方に合致している。
　たとえば、あなたの今いる場所からは見えない隣の部屋で、1個のサイコロが一度投げられたとしよう。どの目が出たかは確率的な問題である。しかし、どの目が出たかをあなたが知らないからといって、すでに振られたサイコロの目が「まだ決まっていない」「6つの可能性すべてが重ね合わせになっている」とは誰も考えないだろう。一般に、「誰も知らない」あるいは「自分が知らない」というのは、「あらゆる可能な結果が重ね合わせになっている」と同じことではない。誰にも知られていないにもかかわらず、ただ一通りに決定している出来事というのはたくさんあるはずだ。
　しかし、である。サイコロと放射性物質を同じに考えてよいのだろうか。
　日常的な世界でも量子力学はもちろん働いており、ミクロなレベルでは無数の状態が「重ね合わさって」いる。そしてミクロとマクロの境界線というものは量子力学であれ他の学問であれ定義されていないので、ミクロ世界で成り立つこと（重ね合わせ）はマクロ世界でも成り立つはずだ。ところが人間的世界のスケールでは、多くの粒子が相互作用することによって、確率の偏りが偏りをふくらませ、全体として「最も起こりそうなこと」へ収束し、何が起こるかはほぼ確率1で確定してしまう。
　サイコロを投げたところ、重ね合わせのうち特殊な可能性ばかりがたまたま重なったためにサイコロが角で立ってしまい、「どの目も出なかった」という可能性は確かにある。したがってそのような出来事も、量子力学を文字通りに受け取れば、必ずどこかで実際に起きている。量子揺らぎが一方向にたまたま集中して、サイコロを構成する分子がいっせいに崩壊し、サイコロが空中分解するなどという確率もゼロではないだろう。したがってそのような出来事も、量子力学を文字通りに受け取れば、必ずどこかで実際に起きている。しかし、すべての可能性の分岐の中で、今挙げたような特殊な事態が生ずる分岐の比率はきわめて小さい。だから観測者がそのような分岐に入る確率もきわめて小さい。観測者は、次の瞬間に、サイコロがどれかの面を上

にして着地している光景を目撃するはずだ。その目は、サイコロを投げる直前の部屋の状態からして、他の5つの可能性に比べ圧倒的に起こりやすいただ一つの可能性だったはずである。

シュレーディンガー方程式では、サイコロの各々の目が出る世界と一緒に、サイコロが角で立つ世界、空中分解する世界なども記述されているのだが、私たちがそのような世界に生きていることが判明する確率は無視できるほど低い。多くの粒子の揺らぎが絡み合って、ニュートン力学が記述するような「決定論的にみえる世界」に私たちが存在する確率だけが突出して高い。そして実際、ほとんどのマクロ現象はニュートン力学の予測の通り進んでゆく。気温、気圧、空気中のホコリの位置、サイコロ投下の角度、サイコロの表面の凸凹など、関与する要因が多すぎて計算が複雑すぎるため実際上予測できないだけで、圧倒的に起こりやすい結果はたいてい一通りに決まる。そして誰も観測できない場所で起きる出来事も、ニュートン力学および相対性理論が予測するとおりに決定しているものと私たちは信じている。その決定の仕方は、ほぼ一通りに決まる。

厳密にはただ一通りに決まってはいないのだが、他の可能性を圧倒する大きな確率でほぼ一通りに決まってゆく歴史を持つような、私たちの住むこの「決定論的にみえる世界」を、物理学者は「疑似古典的世界」と呼んでいる。究極には非古典物理学（量子力学）によって記述された重ね合わせ状態でありながら、統計的にはまるで古典物理学（ニュートン力学と相対性理論）によってただ一通りに決定論的推移しているように扱ってかまわない世界のことである。

以上のようなわけで、量子力学的には実際生じているさまざまな揺らぎが、確率的偏りによって束縛し合い、観測者の知識の及ばぬ現象もすべて一義的に決まっているかのように考えるべきなのが私たちの日常生活である。

ところが、「シュレーディンガーの猫」のような人工的に工夫された実験では、量子的な揺らぎがダイレクトに大きな差異をもたらす状況設計がなされている。自然界では量子効果は疑似古典的推移の中にほとんど埋没してしまい、量子揺らぎの瞬間的拡大なるものはめったに起こらないはずだが[20]、粒子1個が突如大きな差に拡大するような「過敏な」装置を工夫すると、「疑似古典的推移の中断」を引き起こす実験ができるのだ。

*20 瞬間的でなければ、ミクロな揺らぎがマクロな大差に拡大することは頻繁に起きています。たとえば、生殖細胞の遺伝子が自然放射線によって偶然に変異し、祖先の誰もが持っていなかった先天的心理特性を持つ子どもが生まれて、歴史が変えられるなど。

「シュレーディンガーの猫」の実験においては、重ね合わせになった粒子のミクロ状態の一方だけが選ばれるような、統計的な根拠がない。半々の選択肢がいきなりマクロ環境と相関関係に入ってゆく。サイコロのように各々の粒子が環境と接し続けてきたわけではないから、1回の実験では統計が法則的な傾向を作り出せないのだ。粒子は放出されるかされないかなのだが、どちらの結果が起きて猫の生死が決められたとしても、それを保証する古典力学的な傾向性はないのである。

つまり、古典力学的には猫の状態はまったく決められない。隣の部屋で振られたサイコロとは事情が違って、ニュートン力学は何も決めてくれないのである。私たちが無知で計算が複雑すぎるからではない。「量子力学が確率的総和の結果としてニュートン力学に近似したマクロ法則を与え、『疑似古典的世界』に私たちを位置づける」と言えるような理論的根拠が一切奪われた特殊な実験設定だからである。

統計を根拠に量子力学からニュートン力学的決定論的世界を得る、という通常のやり方ができないとなれば、量子力学をそのままマクロレベルに適用するしかない。すなわち、猫の生死がどうなっているかについて、量子力学が語ることをそのまま文字通りに日常スケールに当てはめるしかない。

するとどうなるか。前述のように、シュレーディンガー方程式は粒子が放出された世界と放出されない世界とを両方とも半々の確率で記述している。つまり、それぞれの事実がともに同格で認められている。そうなると、粒子の放出の有無がダイレクトに猫の生死をもたらすのだから、猫についても、生きている姿と死んでいる姿の両方が同格に実現していなければならない。どちらかを優遇する根拠が量子力学そのものには含まれていないからだ。

3 本当の非決定論的世界

これで、物理学者が「シュレーディンガーの猫」の思考実験に苦慮する理

由がはっきりしただろう。「見なくたって、どっちか一方だろ」で片づけられないからなのだ。箱を開ける前は、箱の外の視点からすると、猫の生死は本当にどちらにも決まっていないのである。粒子が電流発生装置のスイッチに影響したかどうか、ということ自体が、量子力学では確率的に同等だからである。その両方が起こっているとしか言いようがないのだ。あるいは、実験者自身がその両方の分岐に存在しているとしか言いようがないのだ。

　ではなぜ、箱を開けたときに、実験者の前に生きた猫と死んだ猫の両方が現われないのだろうか。なぜいずれか一方だけ、たとえば生きた猫が実験者の前に姿を現わし、量子力学が同確率で記述しているはずの死んだ猫は消えてしまうのか。なぜ、生きておりかつ死んでいる猫、あるいは生きた猫と死んだ猫の二重像のようなものが観測されないのか。

　それは、人間の意識による観測というものが、物質である身体と密接に結びついているからである（第5章で前提した「心脳同一説」を思い出そう）。人間の意識を生み出すのはもちろん脳という物体だが、脳は、感覚器官からの物理的情報を受けて自らの状態を変え、意識を生み出す。その情報なるものが量子的な揺らぎから一挙にマクロな脳状態へと拡大されてくる場合、統計的根拠がないために確率的に起こりうる脳状態がすべて生ずることになる。それぞれの脳状態は異なる意識を生み出す。そして、内容の異なる意識はそれぞれ異なる物理状態によって引き起こされるため、生きている猫を眼前に持つ意識と、死んでいる猫を眼前に持つ意識とは、別々の物体（脳）に宿っている。

　つまり、互いに両立しない意識内容を生む物質基盤どうしは、別々のかけ離れた時空間へと分岐している。すると、互いに矛盾した意識どうしが混ざることはありえず、結果としてどの意識内容も、猫の生死について整合的な確定状態として生ずることになるはずだ。

　ここまでの説明は、量子力学が何を述べているのかをめぐる数多くの解釈のうち、最も自然な「多世界解釈」を前提にしてきた。多世界解釈を改めて明確に表面化させつつ、ここまでのポイントをまとめ直してみよう。

　　◆量子力学では、確率的に起こりうることはすべて実現しているものとして記述される。

- ◆量子力学を文字通りにとれば、物理的に平行する諸世界が実在する。量子揺らぎが相互作用するたびに別々の確定の仕方へと世界の進路が分岐する。
- ◆世界の中にいる観測者の身体も、世界の分岐とともに分岐する。
- ◆観測者の身体の大多数は、最も確率の高いただ一種類の疑似古典的諸世界へと分岐してゆく。
- ◆観測者の意識は、身体(とりわけ脳)から生ずるので、観測者の意識も身体に伴って大多数が疑似古典的世界へ分岐する。
- ◆圧倒的多数の観測者にとって、主観的な視点からは、古典的法則が成立しているように感じられる。
- ◆「シュレーディンガーの猫」の実験では、量子揺らぎが確率的偏りを経ずにダイレクトにマクロ環境と相関し始める設定ゆえに、2つの可能性が全く拮抗し、統計的な多数派世界が決まらない状態になっている。
- ◆そのため、箱を開ける前と開けた後をつなぐような、疑似古典的法則がない。
- ◆箱を開けてみるまでは、その中がこうなっているはずだという疑似古典的世界が物理的に成り立たない。
- ◆箱を開けてみるまでは、観測者の身体および意識は分岐しようがなく、猫が生きている世界と死んでいる世界とに対等にまたがって存在している。
- ◆観測者の視点では、箱を開けてみるまでは、箱の中の猫は生きている猫と死んでいる猫とが重ね合わせになっている。

　以上のまとめから見てとれることは、量子力学では、同一人物がたえず多数の世界にまたがって存在しているものとして了解される、ということだ。猫の生死を確認する前は、あなたは、猫が生きている世界と死んでいる世界の両方にまたがって存在している。
　正確に言うと、猫が生きている諸世界にも死んでいる諸世界にもそれぞれあなたの身体・脳が含まれており、全体に占める二種の割合が同等である。そのため、自分がどちらの諸世界にいるかが「知らないけれど決まっている」とは言えない。サイコロの場合と違って、結果は「知らないのだから生きて

いる猫と死んでいる猫の両方ともがそこにいる」と言わざるをえないのである。

4 脳にやさしい多世界解釈の解釈

　あなたは、いま意識で経験しているとおりの世界に住んでいる。錯覚や幻覚のような例外的な場合を除けば、意識は世界のあり方を反映している。いや、錯覚や幻覚ですら、「世界のあり方」を忠実に反映している。なぜなら、どんな意識状態であれ、外界とあなたの身体との相互作用による脳状態という「世界全体のあり方」を忠実に反映しているからである。

　いまあなたの意識に感じられている世界の見え方、その全体的状態をPと呼ぼう。見え方Pを示している世界は、実はただ1つに限定されはしない。Pはいろいろな可能性と両立する。あなたの五感によるPは、素粒子レベルからすればかなり粗い記述に対応するので、ミクロな素粒子の状態のうちいろいろな種類のものがPを生み出すだろう。素粒子まで降りていかなくても、分子レベルでもよい。空気分子のいろんな分布状態が、どれも全く同じこの部屋の中の一様な空気の状態に対応しているだろう。部屋の一隅の気圧が一瞬高くなろうが低くなろうが、あなたの現在の知覚内容Pには影響しない。さらには、あなたの身の回りにまだ影響を及ぼすに至らない遠くの出来事（太陽の中心での出来事など）についても、いろいろな状態がPと矛盾せずに成り立ちうるだろう。

　あなたの意識がPとして受け止めている現在の世界の姿は、実は無数の候補が集まった「世界の束」の姿なのだ。あるいは「世界の姿」の束なのだ。あなたの身体はそれらの諸世界のすべてに存在し、<u>見分けのつかない諸環境を一挙に認識している</u>。

　無数の、互いに見分けのつかない各世界にあなたの身体がそれぞれ存在している。そこで観測される事柄の背後にある複数の相容れない可能性がそれぞれ日常レベルへと影響し、見え方が限定されたとたんに、あなたの意識はそのいずれかへと収縮する。明晰な意識は、矛盾した世界を認識することなどできないからだ。

　このことは、「人間転送機」（第5章）の性能の限界として考えたことと同

じだ。見かけ上同一の場所であっても、ミクロな(内側の)分岐とマクロな(外側の) 分岐の両面から、次第に歴史が分かれてゆき、見かけ上、別個の状態へと諸分身がお互いかけ離れてゆくのだった。

　この図式を、シュレーディンガーの猫の実験に当てはめて考えてみよう。箱を開けて猫の状態を見たとたん、あなたの存在する世界の総数は一挙に1/2に減る。箱を開ける前には、互いに知覚的に区別できない2種類の諸世界に遍在していたあなたの意識が、箱を開けて猫が生きているのを観測すると、猫が生きている諸世界だけに収縮する。そのことを考えれば、あなたの身体の総数が1/2になるのは納得されるだろう。もちろん、猫が死んでいる諸世界も存在し、そちらへもあなたは収縮していったはずである。ただし、収縮後は、そちらの「あなた」はもはやこちらのあなた自身ではなく、「あなたの分身」と言うべきなのだが、収縮前は全く同一人物だったのだ。

　この分身関係は、「人間転送機」のCとBに相当する。あるいは、「5億年ボタン・分岐解釈」のC期間とB期間に相当する。違いは、「シュレーディンガーの猫」での分岐は対称的だということと、新たな「複製」が起きてはいないということだ。人間転送機等の場合はあなたの身体が2倍に増える分岐だったが、「シュレーディンガーの猫」の分岐は各々半分ずつに減りながら分かれる「分割」である。

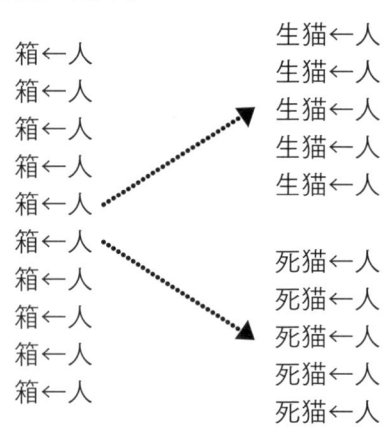

```
箱←人          生猫←人
箱←人          生猫←人
箱←人          生猫←人
箱←人          生猫←人
箱←人........  生猫←人
箱←人
箱←人........  死猫←人
箱←人          死猫←人
箱←人          死猫←人
箱←人          死猫←人
箱←人          死猫←人
```

＊実際は、生きた猫の姿、死んだ猫の姿それぞれが世界ごとに千差万別なので、あなたのいる諸世界は2種類だけに分裂するのではなく、識別可能な多種類に分割される。つまり正確には、箱を開けた瞬間、あなたの住む世界の数（＝あなたの身体の数）は1/2に減るとは限らず、何千分の1以下に減ることもある。

観測前のあなたの諸身体は、猫が生きている諸世界と猫が死んでいる諸世界にまたがって同じ意識を保っていた。観測後は、あなたの諸身体が二群に分裂し、半数は猫が生きている諸世界に在り続け、残りの半数は猫が死んでいる諸世界に在り続ける。だから身体そのものが収縮することはない。個々の身体は始めから各々の世界に閉じこめられていた。しかし意識は、物ではなく性質であるがゆえに、区別できない内容を持った状態の集合として定義される。よって、「猫の生死不明」という内容から、「猫の生が判明」「猫の死が判明」という2種類の諸世界へと分割される。分割後は、それぞれ別個の歴史に入ってしまうので、互いに交流はできず、別人になってしまう。猫箱の外面だけを見ていたときに比べ、中を見た時点では、実在全体の中でのあなたの占める世界が半減したのだ。

　上の段落で、「世界」「諸世界」という言葉を何度か使った。「2種類の諸世界に遍在していたあなたの意識」「猫が生きている諸世界」「猫が死んでいる諸世界」「2種類の諸世界へと分割」……ここでいわれる「諸世界」は、異次元空間とか、平行世界とかいう神秘的なものである必要はない。この宇宙が1つのとてつもなく巨大な宇宙であるというだけで十分だ。前章で見たように、少なくとも$10^{10^{29}}$メートルくらいの距離ごとに、繰り返し「あなたの身辺そっくりの状態」が必ず存在する。その状態1つ1つが、上でいう「諸世界」の「世界」に相当すると考えてほしい。広大な宇宙に散らばっている、互いに同じ意識を持った無数の「あなた」が、意識内容が分岐するたびに居場所を減らしてゆく。しかしどんなに分岐して居場所が縮小しても、まだまだ無数のあなたがいる。それほど宇宙は広いのだ。

　「多世界解釈」というと、何か神秘的な多次元空間が「ここ」に重なっている、というイメージが抱かれ、「ピンとこないな。ここに多世界があるというなら、なんで世界どうしで接触できないんだよ？」「今まで1カ所にあったものが、分岐したとたんいきなり接触を断つのはどういうわけだよ？」等々、釈然とせぬ思いに囚われる人も多いかもしれない。実際、多くの物理学者が多世界解釈について態度保留しているのもそうした疑問が根深いからである。

　しかし今述べたように、とてつもなく広い宇宙が1つありさえすれば、その中で「そっくりな意識を実現している相似な無数のかけ離れた場所」が「多世界」の役割を果たすことができる。そこに何ら異次元的な神秘はない。

始めからトビトビの場所にあった身体たちが、1つの意識によって束ねられており、場所ごとの進路の多様化に応じて意識が新たなまとまりへと縮み、同一の意識のもとに再編され束ねられる、という繰り返し。絶えず縮んでゆく世界の束こそが、意識の経験する「ここ」だと考えればよいのである。
　重なっているのは物理的諸世界ではなく、心に映ずる諸世界なのだ。
　いかがだろう、すっきりしただろうか。なにやら神秘的な、垂直的に重なったような奇妙な「多世界」なる仕組みが、単に「水平的に広い時空間」によって解釈できてしまった。
　垂直構造は必要なく、広大な宇宙がありさえすれば多世界が手に入るとは、なかなかうまい話ではないか。「思考実験は直観を重んじなくてよい」と前章で述べたばかりだが、いったん直観の呪縛をふりほどいて自由に考えはじめれば、今われわれがたどり着いたように、「多世界解釈」のような超直観的仮説を、普通にわかりやすい直観適合モデルとして解釈することができる。直観の否定が高次の直観を育むのだ。
　このプロセスは、えてして不明瞭ととられがちな多世界解釈を明瞭化する高次の解釈、すなわちメタ解釈と言えるだろう。「多世界解釈のわかりやすいメタ解釈」――直観になじむ「脳にやさしい」解釈――をゲットするのに、思考実験は見事に力を発揮したのである。
　「多くの世界に」「諸世界に」という表現はこれからもしばしば用いるが、その意味がイメージしにくい場合は、「広い宇宙の中で互いに相似である多くの場所に」と理解していただきたい。

確　認　問　題

　多世界解釈では、揺らぎの「収縮」というものは起こらないとされている。本文の説明では、世界が分岐するたびにあなたの意識は確かに収縮している。あなたのいる世界の集合もそのつど収縮している。それでもなお、「多世界解釈は収縮を必要としない」と言える理由はなんだろうか。

★答え★　多世界解釈では、いかなる<u>物理現象</u>の瞬間的収縮も認めずにすむ。

物理現象はすべて連続的でなめらかだ。(だからこそ物質としての脳もなめらかに持続できて、脳にやさしい解釈なのだ)。意識の居場所が瞬間的に収縮することについては、物理学としての量子力学の守備範囲外だと考えられる（もちろん哲学の守備範囲……）。

第 8 章

量子不死・量子自殺
Quantum immortality & Quantum suicide

◎多世界解釈を本当に信じるならば、ある実験について、奇想天外な結果が出ると予想せざるをえなくなります。その結果が実際に出るかどうか実証するには、命を賭ける覚悟が必要です。実際にこの実験をやってみる前に、思考実験によってじっくり考えてみましょう。「この実験はやる価値があるかどうか」そして「そもそも多世界解釈は信頼に値するかどうか」を。

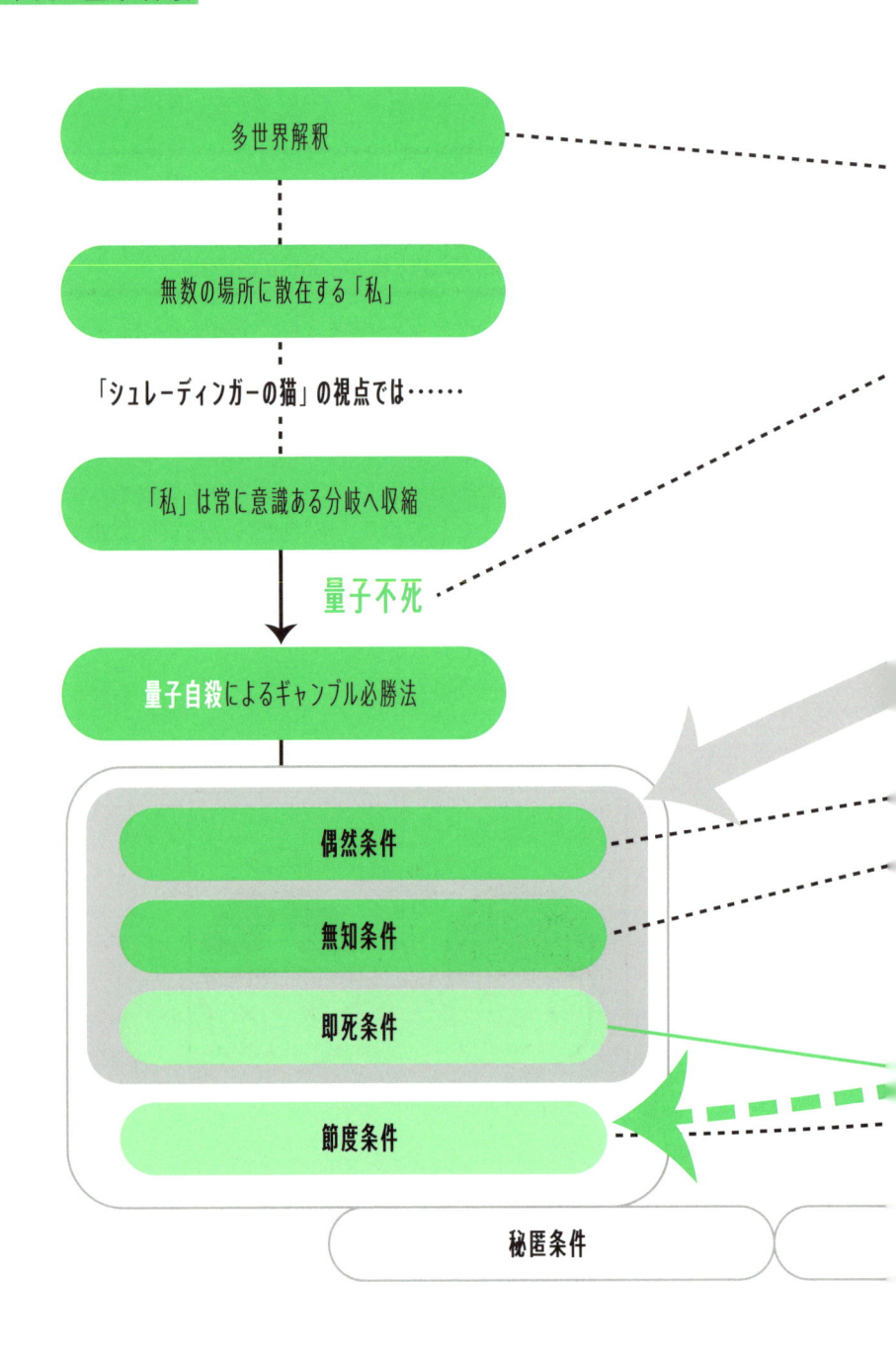

量子不死・量子自殺

多世界解釈
↓
無数の場所に散在する「私」

「シュレーディンガーの猫」の視点では……

「私」は常に意識ある分岐へ収縮

量子不死

↓
量子自殺によるギャンブル必勝法

- 偶然条件
- 無知条件
- 即死条件
- 節度条件

秘匿条件

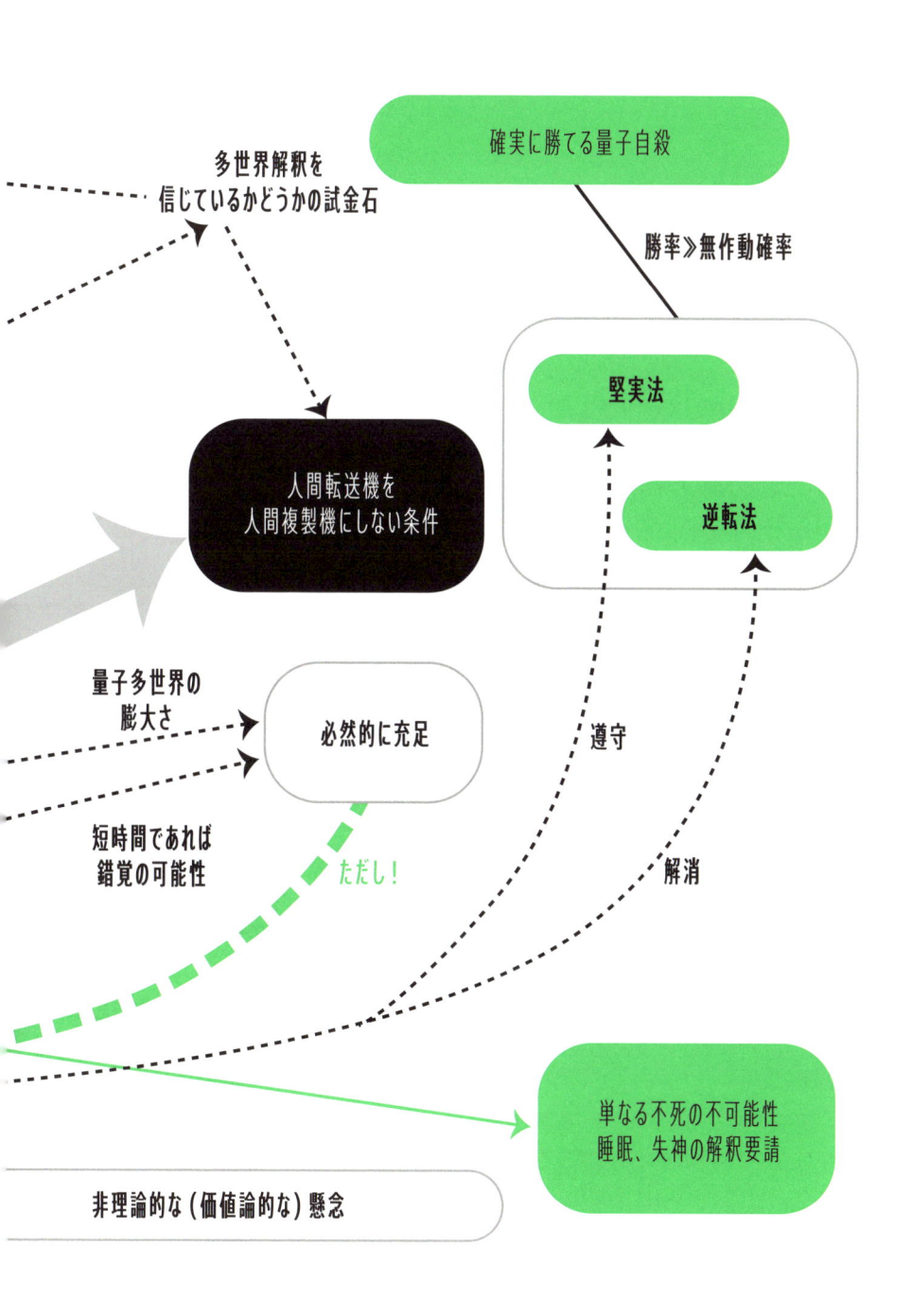

- 確実に勝てる量子自殺
  - 勝率≫無作動確率
- 多世界解釈を信じているかどうかの試金石
- 人間転送機を人間複製機にしない条件
- 堅実法
- 逆転法
- 量子多世界の膨大さ
- 短時間であれば錯覚の可能性
- 必然的に充足
- ただし！
- 遵守
- 解消
- 単なる不死の不可能性
  睡眠、失神の解釈要請
- 非理論的な(価値論的な)懸念

＊

1 猫から見た世界

　前章までの整理をもとに、いくぶんＳＦ的な「量子不死」という思考実験に取りかかることができる。

> 　「シュレーディンガーの猫」の実験で、あなたが猫の役目を担当することになった。箱に閉じこめられ、1時間そのまま放置されるのだ。同じ箱の中にある放射性物質が粒子を放出すれば、スイッチに作用して箱の内側に電流が流れ、あなたは即死。粒子が放出されなければあなたは無事。1時間のうちに粒子が放出される確率は1/2。さて、1時間過ぎたところで、あなたはどうなっているだろうか？

　客観的に起こることは、猫だろうがあなたという人間だろうが、もちろん同じである。実験開始前にあなたが存在していた諸世界のうち「あなたが実験中に死ぬ諸世界」と「あなたが実験を生き延びる諸世界」は、それぞれ半数ずつである。したがって、外の実験者たちから見れば、生きたあなたと同じ分岐へ自分が収縮する確率と、死んだあなたと同じ分岐へ自分が収縮する確率は同じ。つまり、実験終了後に箱を開けて実験者たちが観測するのは、半数の実験者については死んだあなた、残り半数の実験者については生きたあなたということになる。箱を開ける前の実験者の視点から言い直せば、確率1/2ずつで、生きたあなたか死んだあなたの一方だけがまもなく観測される。

　実験者にとってのその「確率1/2」は、彼らの無知ゆえの便宜的言い回しではなく、本物の物理的構造を持った客観確率を指していることがわかるだろう。

　さて今度は、あなた自身にとって何が観測されるのかを考えてみよう。箱

の中のあなたの主観的経験は、1時間でどのように推移するだろうか。確率1/2で死ぬのだから、1時間後に、無事生き続けている確率は1/2なのだろうか？　1/2の確率であなたの意識は消滅するのだろうか？

　実は、そうではない。三人称の視点と、一人称の視点では、観測される事柄の確率が全く異なるのだ。あなたの身体は1時間の間に、たしかに確率1/2で死ぬ。言い換えれば、諸世界の箱の中に存在するあなたの個々の身体のうち、1時間のうちに半数が死亡する。1時間後に生き残っているのは半数の身体である。

　しかし、意識はどうだろうか。そう、あなたの意識とは、同じ内容を保つ意識内容の集合体である、という前章の考え方を思い出そう。その考え方が正しいなら、死んだ身体（停止した脳）はもはや意識を生み出さないから、あなたの意識はその身体がいる世界へ分岐しているはずがない。あなたの意識は、生きている身体の居る諸世界だけに存在し続けてゆく。つまり意識は、生きた身体の存在する諸世界の集合へと収縮していく。

　あなたの意識が存在する諸世界の集合が狭くなってゆくだけである。居場所となる世界の数が減ったからといって、あなたの意識がそれだけ薄くなるとか、主観的感じがぼやけるとかいう「意識の減退」が起こるわけではない。意識内容としては、終始同等の明瞭度で、諸世界の「生きた脳」の中に灯っており、それの総計が「あなたの意識」「あなたの自我」を形成しているのだ。

　あなたにとっての主観的世界とは、あなたの意識が存在する世界である。当たり前のことだ。すると、猫役のあなたは、主観的にみて、「シュレーディンガーの猫」の実験を、必ず、確率1で、生き延びることができるのである。当然だろう。あなた自身が死んだ世界というものを、あなたの意識は経験できないのだから。あなたの身体が死んだ世界は、あなたの意識が観測する諸世界、すなわち「あなた自身の環境」から脱落してゆくのみである。

　これが「量子不死」。主観的には「私」は死なない、という世界観だ。
　え？　本当に？
　いや、但し書きがいくつか付く。量子不死が起こるためには条件がいくつかあるのだ。とりわけ、目立った条件が3つある。何だろうか。

　それを考えるために、「シュレーディンガーの猫」という受動的な実験を、能動的な実験に置き換えてみよう。すなわち、被験者が自分の意思によって

多世界の中の自分の身体を殺すという「量子自殺」である。

2 ギャンブル必勝法

いまあなたは、量子的重ね合わせが一挙に拡大される「量子サイコロ」を転がして、出る目を予測し、当たったら大金をもらえるというギャンブルをするとしよう。「量子サイコロ」は、シュレーディンガーの猫のように、密閉された箱の中で転がされる。放射性物質の量子効果によって、放出される粒子の通り道が6つ、それぞれ確率1/6ずつに調整されている。どの道を通ったかによって別々の検出器が作動し、サイコロの目が決まる。箱の外にいるあなたは、箱を開けてサイコロを見る前に出目を予測する。予測が当たったら1億円もらえるのである。

あなたはギャンブルに100%勝つ必勝法を考えついた。量子不死を利用すればよいのではないかと。そこであなたは、内側に銃口のついたヘルメットをかぶる。銃口はあなたの額に向いて密着している。箱を開ける瞬間、あなたが申告した目以外の目が出ている場合には、箱内部の検出器からの信号がリモコンでこのヘルメットに作用し、弾丸が発射されてあなたは即死する。あなたが申告した目が出ている場合には信号は送られず、あなたは無事である。

そのような「量子自殺装置」をかぶってギャンブルに臨めば、あなたは主観的に必ずギャンブルに勝ち続けるはずだ。何度やっても必ず当たり、たちまち何百億円も獲得してしまうだろう。仕組みは先ほど見たとおりである。箱が開けられる前は、あなたの意識は6通りの諸世界、すなわちこれから出るはずのサイコロの各々の目に対応する諸世界すべてに同時に存在している。それらの諸世界にいるあなたの身体の中の脳が、全く同じ状態にあり、同じ意識を生み出しているからだ。

それらのあなたの脳のうち、サイコロがあなたの申告とは違う目を出していた諸世界では、箱を開けた瞬間にあなたの脳が破壊される。よって、それらの諸世界ではあなたの意識が消滅し、あなたの意識の居場所は、あなたの脳が生きている諸世界へと縮む。その諸世界とは、予測が当たっていた諸世界である。量子自殺装置でそのように仕組んだのだから。

このギャンブルは何度でも繰り返せる。あなたの意識は毎回、5/6の多数派である「外れの諸世界」をかいくぐって、1/6の少数派である「当たりの諸世界」へと次々に収縮してゆく。あなたはたちまち大金持ちだ。
　これが「量子自殺」による幸運の獲得法である。量子力学を応用すると、どんなに確率の低い幸運であっても、ものにすることができるのだ。
　ただし、量子自殺で幸運な世界へと確実に入ってゆくには、3つの条件をクリアしなければならない。いま考えた「量子サイコロ」の思考実験では、この3つがすべて満たされている。3つの条件は同じことをそれぞれ別の視点から言い表わしているだけなのだが、1つ1つ考えていこう。
　まず第一に、**偶然条件**。「シュレーディンガーの猫」タイプの、量子重ね合わせの瞬時の拡大がなされねばならないこと。ギャンブルの結果が決定論的推移で決まるのではなく、非決定論的な決まり方、つまり真に偶然による決まり方をしなければならない。しかも、選択肢の中に幸運な世界が必ず入っているような非決定性が必要だ。ギャンブル直前にあなたが存在する多世界の中に、幸運な世界が実在しなければ話にならないからである。
　したがって、ニュートン力学的に決定してしまった段階においてサイコロを振っても、量子自殺は成功しそうにない。あなたがすでに入り込んでいる多世界のうちすべての世界において外れの目が出ると決まっているならば、外れと判明するとともに脳破壊装置が働くことであなたの意識は全滅してしまう。
　量子効果でサイコロの目が偶然に、非決定論的に決まるという設定なら、偶然条件は満たされるだろう。放射性物質の崩壊を使えば、「粒子が放出される→自分の脳は死ぬ」「粒子が放出されない→自分の脳は死なない」の両方ともが「物理的に可能な出来事」となっており、両方の種類の近未来が、直前の自分の意識が観測する環境と両立可能だ。現実に出る目の可能性の中に、あなたが選んだ目が含まれているに違いない。
　第二に、**無知条件**。不運な諸世界（予測が外れた諸世界）であなたの脳が破壊されるのは、あなたの意識にギャンブルの結果が反映される前でなければならない。結果をあなたが何らかの方法で知った後に装置が働いてあなたを殺せば、あなたはただ死ぬだけに終わってしまう。装置が働くということは、あなたの諸身体のうち「外れの諸世界」にある身体の脳だけにあなたの

意識が収縮した後なのだから、そこで死ねば、あなたの意識は全滅してしまうのだ。「自殺装置が結果を受信するのは、箱が開けられる瞬間」と先ほど述べたが、結果受信をもっと前に設定できれば不都合が回避できるだろう。箱の中でサイコロが止まった瞬間に箱内の検出器から信号が送られてくるようにするのだ。そうすれば、あなたが当たりの世界へ分岐するタイミングが少し早まり、無知条件が破れる隙がなくなる。

　したがって、次のような「手動量子自殺」は役に立たない。カジノに拳銃を持っていき、外れたとわかったとたんに素早く自分の頭を打ち抜く、という方法。どんなに素早く自殺しても、もう「外れ」と確定したことが意識に映り込んでしまった後では手遅れだ。無意味に死ぬだけである。

　今見た第一の「偶然条件」と第二の「無知条件」は、同じことを述べているのがおわかりだろうか。どちらも、「自分のいる環境の多様性」を確保するための条件だからである。自分の意識内容が実現されている多世界のすべてで同じことが起きている、というような袋小路に入らないうちに、望ましい出来事の起きている世界をピックアップせよ、ということだ。

　だから、「大金持ちの家に生まれ落ちる」という望ましい出来事を起こすために量子自殺を企てても無駄である（現実に大金持ちの家に生まれた人は、有名な科学者の子どもに生まれたかったとか、作曲の才能がほしかったとか、適当に非現実的な望みを考えてください）。あなたが生まれた家庭はもう確定しているし（偶然条件の破れ）、そのことがあなたの意識にインプットされて久しいので（無知条件の破れ）、量子的重ね合わせの力を借りようにも、重ね合わせはとっくになくなっている。大金持ちの家にあなたが生まれたという目当ての分岐は、過去に分離し去った分岐であるため、もはや現在の量子多世界の非決定性の範囲には含まれないのである。

　さて、量子自殺を成功させるための第三の条件は、最も注意を要する条件だ。すなわち、うまく実行するのがいちばん難しい。**即死条件**だ。「ギャンブルで外れた場合にあなたを殺す装置は、確実に、しかも瞬時にあなたの意識を消滅させなければならない」。

　「量子自殺装置」をかぶってサイコロギャンブルに臨んだはいいが、その装置があなたの頭を撃ち抜いたとき、急所を外れたり、弾丸の速度が甘かったりといった不完全な設計になっていたとしよう。その場合あなたは、5/6

の確率で、大怪我の痛みに苦しむことになってしまう。あるいは、装置はうまく働いたのだが、脳が停止するまでに意識が１秒ほど残存したとしよう。すると、ギャンブル直前に１つだったあなたの意識が６通りに分岐したうちの５つは、１秒の「死に際」を意識することになる。その死に際体験（臨死体験とは違う、シラフの死直前経験）をしてしまったあなたは、もはや引き返せない。たった１秒であれ、「ギャンブルに負け＝死」という不運な世界に入ってしまったのでは、もう時間を逆行できないからである。あなたはまっしぐらに死ぬだけだ。

　こうして、即死条件を満たさない生ぬるい自殺装置を付けてギャンブルを続けていれば、遠からず必ず、あなたは死ぬことになってしまう。あるいは、二度とギャンブルのできない寝たきり状態に苦しむことになるかだ。

　したがって、ギャンブルに負けて装置が作動する場合は、あなたが「あ、作動した。負けた、死ぬんだな」と一瞬でも意識する暇がないほどに、瞬間的にあなたの意識が消し去られねばならない。そのような瞬間的殺害が生じてこそ、「あなたが勝って生き続けている諸世界」にあなたの意識は収縮することができる。望ましくない可能性は、あなたが迷い込む前に確実に葬り去らねばならないのだ。「シュレーディンガーの猫」の致死装置は毒ガス発生器よりも電流発生器の方が後々応用に富む、と前章で述べたのはそういう意味である。高圧電流なら文字通りの即死を実現できそうだが、毒ガスでは拡散と作用に多少の時間がかかるだろうから、迅速な死をもたらしにくいのではないかということだ。

　１秒の遅れも許されないというのは、第５章「人間転送機」の理屈に似ている。いや、全く同じ理屈である。送信器内のあなたは受信機に複製される前に殺されねばならなかった。人間転送機でも量子自殺でも、一方の道に自らをいったん見出してしまったら、はるか遠くのもう一つの道にジャンプすることはもはやできないのだ。

　この第三の「即死条件」は、第一・第二の条件と多少毛色が違って見えるが、根本は無知条件の一種であることは容易に見て取れる。「死の苦しみ」という形で「あ、装置が作動した（ギャンブルに負けた）……」と察知する事態を禁じる条件だからだ。そして偶然条件の一種でもある。即死条件のポイントは、「自分が負けた（装置が作動して身体が傷つく）諸世界」だけから成

る決定論的分岐への迷い込みを確実に避けることだからだ。

確 認 問 題

「偶然条件」「無知条件」「即死条件」の間の関係を整理してみよう。
（　ア　）条件が満たされれば、（　イ　）条件も自動的に満たされている。
（　イ　）条件が満たされれば、（　ウ　）条件も自動的に満たされている。

★答え★　偶然条件が満たされていれば、無知条件も満たされている。無知条件が満たされているならば、即死条件も満たされている。逆に言うと、即死条件が破れていれば無知条件も破れており、無知条件が破れていれば偶然条件も破れている。ただし例外的に、即死条件や無知条件に反して「結果が負けと意識されてしまった」のに偶然条件が破れていない（したがって量子自殺がうまくゆく）、という場合もある。（どういう場合かは本文でまもなく触れます。あらかじめ推測してください）。

3 即死条件の重要性

　第三の「即死条件」は、偶然条件と無知条件とを保証するための必要条件である。しかし、確実に守るのは難しそうだ。本物の即死は、実現可能だろうか。人間の意識は、本当に無自覚のうちに消し去ることができるものだろうか。「あ、自分はいま死ぬんだ」と意識する暇もない迅速な死をもたらしてくれる死に方とは、どういう死に方だろうか。
　首を切断したらどうだろう。ギロチンで処刑された人がただちに意識を失うかどうかについては、議論がなされている。処刑される者と立会人が事前に打ち合わせて、〈斬首直後の首に呼びかけたとき瞬きなどで答える実験〉というのが何例か報告されているが、不随意の反射運動と区別することが難しく、信頼できる記録はない。意識の存否は、当人以外にとっては検証不可能だからだ。むろん、呼びかけに応じて瞬きではっきりしたコミュニケーショ

ンをたとえば10秒間ほど交わすことができた、などといったはっきりしたデータがとれれば、切り離された頭にも意識が残っていることの強力な証拠になるだろう。現実に得られているデータといえば、意識とは無関係なけいれんと解釈できる程度の微妙なものでしかないため、首切断という徹底した措置の後に、わずかでも意識が生き延びる時間がありうるかどうかについては、確実なことはまだわかっていない。

　しかし、もっと徹底した措置、たとえば脳そのものを一瞬にして潰してしまう措置をとれば、自己の消滅を自覚させる暇もなく意識を掻き消せるだろう。脳の真ん中に大きな弾丸を撃ち込むとか、超強力な電流を頭部に流すとかいった装置が、量子自殺の「即死条件」をクリアするために安全な方法と言えるだろう。

　「偶然条件」「無知条件」「即死条件」という３つの条件を満たさねばならない理由を整理すると、「確率１で死に向かう分岐に入り込まないようにすること」だった。

　　偶然条件……自分が死なない幸運諸世界への分岐を可能にすること
　　無知条件……自分が死ぬ不運諸世界への分岐に入り込んだと「知ってしまう」のを防止すること
　　即死条件……自分が死ぬ不運諸世界へ段階的に滑り込まないようにすること

　さて改めて考えてみよう。これらの条件は、本当に必須だろうか。
　いやもちろん、現時点において本当に「死すべき不運諸世界」だけが残ってしまっているとなれば、幸運を得るために量子自殺をすることは無駄になってしまう。三条件のそれぞれを満たし損なったまま量子自殺を試みると、次のような不運が待ち受けることになる。

　◆偶然条件を確保できていない場合……
　　ただ死んで終わり。単なる自殺に帰着する。ほんとうに耐えがたい人生を避ける「消極的選択」なら死も本望だろうが、ギャンブル大当たりをあえて目指す「積極的選択」の場合、生きていても十分幸福でありえただろ

うから、自殺は不運な結果となる。

◆無知条件を確保できていない場合……
　たまたま幸運な分岐だと知れたなら問題ないが、不運な分岐だと知ってしまったら、そこで自殺装置が働いても幸運な分岐に戻ることはできない。ただ死んで終わり。

◆即死条件を確保できていない場合……
　徐々に意識が失われるので、意識を保ったまま確率の高い分岐へ進むたびに、死が避けられなくなってゆく。かりに死を免れた場合でも、重い障害を負って生きることになり、しかもそこは確実にギャンブル外れの不運世界である。死か、負け＋重傷の二重苦か、いずれにせよ、いいことなし。

以上のように整理してみると、最も重要なのは「即死条件」であることがわかる。即死条件は、量子自殺でない普通の自殺の場合にも重要だと考えられている。なにしろ苦しみながら死にたいと思う人はいないだろうし、死の瞬間もなるべくなら無自覚でやり過ごしたいと誰しも願うはずだから。よって量子自殺の場合にも、即死条件が最も配慮を要することは当然であろう。
　他の二条件——「偶然条件」と「無知条件」——は、どれほど配慮に値するだろうか。細心の注意を払って是が非でも確保すべき条件だろうか。

4 偶然条件と無知条件は自然に成り立つ？

　実は、量子力学を文字通りにとるならば、「偶然条件」と「無知条件」をあまり気にする必要はないらしいのだ。ある程度以上の信頼性をもって、次のように言えるからだ。
　——「偶然条件と無知条件は放っておいても常に自動的に満たされているから、即死条件のようにあえて確保に努める必要なし」。
　理由は以下の通りである。
　まず偶然条件から。隣の部屋のサイコロ投げについて思い出していただこう。日常的な、すなわちニュートン力学的なレベルでは、サイコロのどの目

が出るかは、それまでの巨視的な環境の動きによって決定されている。ただし、その「決定」の意味をよく考えてみよう。それは「きわめて確率が高い」という意味にすぎない。あらゆる素粒子の量子揺らぎの統計的平均値が、巨視的にはほぼ最高確率のパターンに収束するというだけのことだ。きわめて確率は小さいものの、巨視的に偏ったパターンが実現することもありうる。つまりそういう分岐（諸世界）もある。

　ということは、量子自殺によって幸運をつかむためには、普通のサイコロでもかまわないということである。「量子自殺者が参戦するギャンブルは普通のサイコロでなく量子サイコロであることが必要」であるかのような前提で話を進めてきたが、実はその必要はなかったのだ。偶然条件は、普通のサイコロでも満たされている。量子的揺らぎはそれぞれの素粒子に偶然の揺らぎを許しているので、全体として素粒子の集団がどう振る舞うかは厳密に決まってはいない。3の目が出る確率が圧倒的に高い状況においても、他の5通りの目が出るような少数派の諸世界も必ずや併存しているのだ。

　こう考えると、偶然条件は気にしなくていい。この世のすべてが量子力学によって動いているならば、非決定論的なミクロレベルと決定論的なマクロレベルという境目など存在しない。そのため、日常のマクロレベルでも、偏りは大きいにせよさまざまな可能性が実在の諸世界として分岐してゆく。したがって、通常のカジノのルーレットのように、量子揺らぎがじかに拡大されはしない普通のギャンブルでも、外れたら即作動する自殺装置を装着することにより、連続大当たりをゲットすることができる。

　ただし、偶然条件を一切考えずに無頓着に量子自殺をすると、きわめて確率の低い事柄に賭けることになりかねない。よって、あなたはごく少数派の諸世界へと入り込みそうだと承知しておくべきだろう。つまり、あなたと生活をともにしてきた家族・友人らのほとんどすべてとお別れせねばならなくなるということだ。彼らのうち圧倒的多数の存在する諸世界では、あなたは死んでしまうからである。程度問題ではあるが、「お別れ」の確率を毎回1/2とか5/6くらいにとどめておきたいならば、偶然条件を慎重に確保して、量子コインや量子サイコロのギャンブルを心がけるのがよいだろう。むろん量子コイン投げであっても、10回も勝負すれば$1/2^{10}$という圧倒的少数派の分岐へあなたは入ってゆくことになり、家族・友人の大多数（99.9％以上）

のもとにあなたの死骸を残す羽目になることに変わりないのだが。

　量子自殺は、自分さえ主観的に儲かるならば、多くの場所において親兄弟友人たちに悲しまれたり軽蔑されたりしてもかまわないという、自己本位の行為なのである。自分一人さえ快ければよい、他人など居ても居なくてもよいという、あの「エウダイモニア」（第3章）で批判された世界観が思い出されるではないか！

　さて次に、無知条件はどうだろう。これも、気にする必要はないという考えが成り立つ。「抜き打ち試験のパラドクス」（第2章）を論じたときに、「知る」ことの難しさをさんざん確認したことを思い起こそう。あの「知識成立の微妙さ」のことだ。

　何かを「知った」つもりになっていても、実はその「知識」の内容が身の回りの環境のあり方と食い違っていて、実は「知って」はいなかった、ということを私たちはしばしば経験する。夢や幻覚の場合だけでなく、通常の生活でも錯覚はしょっちゅう起こる。脳の状態の揺らぎによって、自分の意識の中の外界の状態と、本当の外界の状態とが、一致しない場合が珍しくないのだ。

　何らかの故障によって自殺装置が作動せず、ギャンブルの結果をあなたが「負け」と認識してしまったとしよう。無知条件が破れてしまったわけだ。そして、ただ故障したのではなく、遅れて作動したとする。さて、あなたはどうなるだろう。「負けた分岐」に意識が入ってから自殺したのだから、一巻の終わりだろうか？

　いや、そうではない。量子自殺装置が作動する直前にあなたが意識した「負けた！」という意識状態が、外界の状態を忠実に反映している確率は100％ではないだろう。人間の意識には常に思い違いが起こりうるからだ。「負けた！」というあなたの意識状態が、外界の状態を忠実に反映している確率を99.999％としよう。つまり、聞き間違えや見間違えなどで勝ちを負けと思い込んだ意識状態にある確率が0.001％だとしよう。あなたが〈そのギャンブルの結果を負けと意識したその状態と正確に同じ意識状態があなたの脳で実現された諸世界〉のうち、99.999％という大多数の世界であなたは本当に負けたのだが、中には0.001％のごく少数ながら、実際は勝っている諸世界も含まれている、とするのだ。通常の私たちの「勘違い」の頻

度を考慮すると、これは決して突飛な仮定ではない。

　その場合、自殺装置が遅れて作動しても、次の瞬間、あなたは「自分が勝った世界」に生きていると気づくことになる。なぜかというと、負けという正しい認識をした99.999％の諸世界におけるあなたは装置によって脳を吹き飛ばされるが、0.001％の諸世界ではあなたは勘違いしていたのであり、したがって勝ち組として生き残るからである。主観的には、あなたの身には何も起こらず無事生き続ける。「あれっ、勘違いだった。ホントは勝ってたのか」と気づくだけだ。

　自殺装置が作動する直前の、「負けという正しい認識」をした大多数の脳と主観的に区別できない意識状態（錯覚）を0.001％なり何なりの脳が生み出しうるという根拠は何だろう。それは、脳内の量子的状態がそのように作動しえたからである。そんな好都合なことがあるだろうか、と思われるかもしれない。しかし、脳内の量子状態のバリエーションが膨大であることを思えば、そのような「勝ち負けについての勘違い」が全く起こりえないと決めつける方が不合理だろう。

　こう考えると、無知条件は必要ない。結果を「知って」しまった後でも、自殺装置を働かせる意味はある。自殺装置の作動によって、「嬉しい勘違い」をしていた諸世界へあなたの意識は収縮できるからだ（「嬉しい勘違い」原理）。

　しかしそうすると、量子自殺は万能なのだろうか？
　何も配慮せずとも、「負けた」「失敗した」「落第した」と意識してしまった後でも、即死できさえすれば勝ち組として生まれ変われるのだろうか？
　いや、そううまい具合にはいかない。２つのことに注意すべきなのである。
　まず、自殺装置の「作動遅れ」は、短時間でなければならない。あなたがサイコロを見て「ああ、負けた」と意識してしまい、にもかかわらず自殺装置が作動しなかったとしよう。あなたは故障だと思って自殺装置をそのままかぶり続けていたところ、10分後に自殺装置が作動したとする。このケースだと、あなたの意識は消滅するだろう。勝った世界へと収縮はできまい。本当の死に見舞われる。

　なぜかというと、10分間の長さにわたって、あなたが勝った世界と負けた世界とでそっくり同じ意識が持続する、というような諸世界のペアがある

などと期待するのは虫がよすぎるからだ。さしもの量子多世界といえども、そんな都合のいい展開になるとは限らないだろう。「負けてしまった」という意識を抱いて、細部まで辻褄の合った状況がしばらく推移して、それが後で間違いだったとわかるというような「負け意識の抱き方」がありうるのは、一瞬か、せいぜい数秒が限度ではないだろうか。

　なぜそう言えるかというと、宇宙の大きさが無限大だとしても、「論理的に可能なありとあらゆる種類のこと」が実現するとは限らないからである。無限宇宙における永劫回帰のメカニズムは、「物理的に可能なことは無限回起こる」と保証するだけだ。すなわち、一度起きたことは必ず無限回起こるという保証であって、論理的に可能なことすべてが物理的に可能であるという保証ではない。よって、量子多世界がいかに豊饒であっても、何でもかんでもがどこかで起きていると期待するのは不合理なのだ[*21]。

　以上のことをふまえて、正しい量子自殺のための注意点を確認しよう。

　【注意点：無知条件への違反（自殺装置作動前におけるギャンブル敗北の認識）は、短時間でなければならない。無知条件が破れたとわかったら、自殺装置をすぐ脱ぎ捨てるべし。脱ぎ捨てが間に合わないほどの短時間で自殺装置が働いてしまった場合は、「嬉しい勘違い」原理により生き延びられる見込みが高いが、脱ぎ捨てが間に合うほどの時間が過ぎても脱ぎ捨てずにいるのは危険である。可能な限り速やかに脱ぎ捨てるか、作動スイッチを止めるべきである】

　　[*21] 注16参照。たとえば、今日までの地球の歴史が同じで、深夜に突然日本列島とオーストラリア大陸だけが跡形もなく同時に消滅してしかも波風ひとつ乱れない、という宇宙は存在しないでしょう。論理的には可能ですが、論理的に可能というだけでは、リアルな意識がそこへと収縮することはできません。リアルな意識が存在できるのは、心脳同一説によれば、物理的な宇宙だけだからです。

5　自殺装置不具合の罠

　さて、注意すべきことはもう一つある。自殺装置が狂って〈遅作動〉しうるのでは、という心配がたった今確認した【注意点】だったが、もっと大き

な不具合が生ずる可能性を考えねばならないのだ。すなわち、設定の目的とは逆の作動をしてしまう不具合である。

その種の不具合には２種類ある。「本当は負けたのに作動しない場合」と「本当は勝ったのに作動してしまう場合」である。前者を「無作動」、後者を「誤作動」と呼んで区別しておこう。

無作動と誤作動のうち、どちらの方が深刻だろうか。本当は負けたのに作動しない場合と、本当は勝ったのに作動してしまう場合と、どちらを防止することの方が、自殺装置製造にとって優先事項だろうか？

言い換えると、量子自殺をしようとしているあなたにとって、本当は負けたのに自殺装置が作動しない確率と、本当は勝ったのに作動してしまう確率の、いずれの方を気にしなければならないだろうか。他方、ほとんど気にしなくてよいのはどちらだろうか。

さあ、その問いに答えるため、思考実験向けの設定を具体的にこしらえよう。どういう状況設定をすれば、有効な比較のための思考実験ができるだろうか？

そう、〈二択の意図的選択〉を求められる設定がわかりやすい。たとえばこういう設定だ。

　勝つ確率が0.1％であるギャンブル（１〜1000までの自然数の書かれた1000枚のカードのうち１枚だけが当たりで、量子的にシャッフルされたその1000枚からプレイヤーが１枚だけ選ぶギャンブルとか）にあなたは参加し、自殺装置を付けて必勝を期すことにした。ここに、２つの自殺装置があり、どちらかを選ぶことができる。装置Ａ、装置Ｂとも、あなたが勝ったときには作動せず、負けたときには作動する仕様の標準的自殺装置なのだが、機械の通例として、無作動・誤作動の可能性がある。そして装置Ａ、装置Ｂには無作動・誤作動の確率に違いがある。

　装置Ａ（抗不運タイプ）〈本当は負けたのに作動しない〉確率は、0.001％（10万分の１）。〈本当は勝ったのに作動してしまう〉確率は、１％（100分の１）。

装置B（抗不帰タイプ）〈本当は負けたのに作動しない〉確率は、1％（100分の1）。〈本当は勝ったのに作動してしまう〉確率は、0.001％（10万分の1）。

どちらの装置を選ぶのが賢明だろうか？

		勝ち	負け
自殺装置なし		1／1000	999／1000
A	作動（死）	× 1／100　　誤作動	○ 99999／100000
	作動せず（生）	○ 99／100	× 1／100000　無作動
B	作動（死）	× 1／100000　誤作動	○ 99／100
	作動せず（生）	○ 99999／100000	× 1／100　　無作動

○が本来期待される作動状態

　こういった思考実験が、無作動防止と誤作動防止のいずれが優先されるべきか、という問いに答える鍵となるのである。

　さて、装置Aを選ぶ人は、無作動を恐れ、負けたのに生き残るという誤算をなるべく避けようとする。「量子自殺の目的に反した結果を最小限に派」だ。

　対して、装置Bを選ぶ人は、誤作動を恐れ、勝ったのに不必要に殺される分身の数をなるべく抑えようとする。「量子自殺が過剰になされるのを防ごう派」だ。

　どちらの方が賢明（合理的）だろうか。

　正解を先に言おう。

　合理的なのはAを選ぶ派であり、不合理なのはBを選ぶ派である。勝ったのに作動してしまう誤作動は心配しなくてよい。警戒すべきなのは、負けたのに作動しない無作動だけなのだ。なぜだろうか？

　上記の思考実験の設定において、あなたが生き残る世界の相対的な比率を調べてみよう。ギャンブルで結果が出る直前において、あなたの意識は特定の状態にある。その意識を作り出す身体（脳）が存在する世界の数を1億個としよう（このように特定の数を想定して考えやすくしても、もともとの確率の趣旨を損なうことはありません。多世界における確率は、無数にある諸世界の個数比（測度）に基づいているので、比率を保っている限り、具体

的などんな数を代入しても同じ論理が成り立つからです)。

　さあ、これで、あなたがどういう世界へ分岐してゆくかを計算してみよう。(以下のようなひたむきな計算は、思考実験の中の「シミュレーション部分」です)。

　1億個の世界すべてにそれぞれ1個ずつあなたの身体(脳)が分散しており、そのすべてが同じ意識を持っている。心で数えればあなたは1人だが、身体(脳)で数えた場合にはあなたは1億体いる。確率1000分の1で当たるギャンブルだから、あなたがカードを選ぶと、1億体のあなたのうち、10万人が当たり、残り99900000人が外れる。この客観的事実は、装置Aを選ぼうが装置Bを選ぼうが共通だ。

　さて、AかBかの選択によって違いが出るのは、無作動または誤作動する装置をかぶっていたあなたの人数が違うからだ。それぞれの確率に基づいて計算しよう。

　装置Aを選んだ場合は、〈負けたのに生き残ってしまう〉あなたは、99900000人中999人。〈勝ったのに死んでしまう〉あなたは、100000人中1000人。

　装置Bを選んだ場合は、〈負けたのに生き残ってしまう〉あなたは、99900000人中999000人。〈勝ったのに死んでしまう〉あなたは、100000人中1人。

　以上が、あなたの身体のうち無作動または誤作動する装置をかぶっていた者の人数だ。さて、あなたのその後の経験を確率1で引き継ぐのは「生き残る身体」なので、生き残る人数を計算しなければならない。生き残るのは、〈負けて無作動〉の場合と、〈勝って誤作動せず〉の場合だから、次のようになる。

　装置Aの場合、〈負けたのに生き残った〉あなた999人＋〈勝ったので生き残った〉あなた(100000 − 1000)人＝99000人。

　装置Bの場合、〈負けたのに生き残った〉あなた999000人＋〈勝ったので生き残った〉あなた(100000 − 1)人＝99999人。

　これが生き残った人数。その中において、ギャンブルに勝っている人数比を求めよう。

　装置Aの場合、ギャンブル結果判明後にあなたが勝ちをつかんでいるのは、

生き残り総数999＋99000人中、99000人。99％以上だ。日常的感覚では確率はほぼ1と言ってよい。あなたはまず間違いなく、ギャンブルに勝った諸世界へと分岐していくだろう。負けた諸世界へ流れる分身は圧倒的少数派だからである。

装置Bの場合、ギャンブル結果判明後にあなたが勝ちをつかんでいるのは、生き残り総数999000＋99999人中、99999人。1割を下回る。これでは、生き残ってもほぼ負けていそうだ。もともとの勝つ確率1000分の1よりはましだとはいえ、ほぼ負けるのだから、量子自殺をする意味がない。量子自殺は、あなたが死んでいる大多数の世界であなたの親兄弟や知人を悲しませる行為なのだから、そのコストに見合う主観的メリットがなければならない。装置Bでは、他人を悲しませたうえ、主観的にもあなたは不運なのである。

		勝ち	負け	確率
自殺装置なし		100000人	99900000人	0.01％
A	生き残り	○　99000人	×　999人	99％以上
B	生き残り	○　99999人	×　999000人	約9.1％

　B派よりA派の方が賢明であることはこれでおわかりだろう。誤作動よりも無作動の確率を重視して、無作動の防止に努めることが大切なのだ。言い換えると、無作動確率がギャンブルで勝つ確率よりハッキリ小さくなっていることを確認すべきなのである[22]。

> [22]　本文では具体的な数値で考えましたが、いちおう、一般的な計算をしておきましょう（退屈なシミュレーション的計算なので、思考実験的な本筋に集中したい人はこの注は無視してください）。
> 　ギャンブルに勝つ確率をa、〈負けたのに装置が作動しない〉確率（負けたという条件の下で無作動の確率）をb、〈勝ったのに装置が作動する〉確率（勝ったという条件の下で誤作動する確率）をcとすると、ギャンブル後にあなたが生きて自らを意識する確率は、
> 　　$a \times (1-c) + (1-a) \times b$
> 　そのうちあなたが勝っている確率は、$a \times (1-c)$
> 　したがって、ギャンブル後に生きているあなたにとって、自分が勝っている確率は、
> 　　$a(1-c) / (a(1-c) + b(1-a))$
> 　分子と分母に$a(1-c)$が含まれていて、分子より分母がどれほど大きいかが$b(1-a)$

で決まるので、全体の確率がどのくらいなのかは主としてb（1－a）の値に左右されます。b（1－a）があまり大きいと、せっかく生き延びても勝っている確率が小さくなってしまいます。
　aはどのみち小さいだろうから（勝つ確率が小さいから量子自殺が必要となったはず）、（1－a）は1に近い値です。すると、b（1－a）はほぼbに等しい。他方、a（1－c）は問題の確率にあまり影響しないから、cはいくらでも重要でありません。こうして、cの値は気にせずともよい反面、bの値は気にすべきであることがわかります。bがどのくらいでなければならないかを求めると、
　あなたが勝ちを経験できる確率a（1－c）／（a（1－c）＋b（1－a））は、五分五分よりも格段に大きくないと量子自殺した甲斐がないから、
　　　a（1－c）／（a（1－c）＋b（1－a））≫ 1/2
　　　　　　　　　　　　（ ≫ は「大きな差がある」という意味の不等号）
これをbについて解くと、a（1－c）／（1－a）≫ b　つまり、
「〈負けたのに装置が作動しない〉確率（無作動の確率）は、〈勝ったとき装置が作動しない〉確率（誤作動しない確率）と、ギャンブルで勝つ確率を負ける確率で割った比とを掛け合わせたもの　よりはっきり小さくなければならない。」
両辺を（1－c）で割って言い直せば、
　　　　　　a／（1－a）≫ b／（1－c）
「〈負けたのに装置が作動しない〉確率（無作動の確率）を〈勝ったとき装置が作動しない〉確率（誤作動しない確率）で割った値は、ギャンブルで勝つ確率を負ける確率で割った値よりはっきり小さくなければならない。」
もっと平易に（正確さを多少犠牲にしつつ）言い直すと、本文のようになるでしょう。

　無作動確率と誤作動確率とは、正反対を向いた故障なので負の相関がありそうだが、「故障の確率」が固定されていないならば、ともに「故障の確率」の一部として連動していると考えられる。したがって、ここまで見てきた教訓は、大まかに次のように言い表わすことができる。

・特定のギャンブルで量子自殺をするなら、そのギャンブルで勝つ確率よりもはっきり小さな確率でしか故障を起こさないような、信頼できる自殺装置を使わなければならない。

　別の言い方をすると、

・特定の量子自殺装置を付けでギャンブルに臨むなら、その自殺装置が故障する確率よりもはっきり高い確率で勝てるギャンブルを選ばなければなら

ない。

6 「節度条件」の参入

　前節でたどり着いた条件は、直観的に「なるほど」と感じられる条件ではなかろうか。自殺装置の信頼度が高くなければならないのは、改めて考えるまでもなく当然のことだが、逆に見ると、ギャンブルの当初の勝利確率そのものも考慮せねばならないということだ。

　せっかく量子自殺で生き延びても、勝ったから生き延びられた見込みよりも自殺装置の不具合ゆえに生き延びられた見込みの方が高いというのでは、量子自殺した意味がない。生き延びたのは勝ったからでなく他の事情ゆえだったという羽目に陥らないためには、あまりにも勝ちが起こりにくいギャンブルであってはならないのだ。あまり難しいギャンブルだと、「運が自殺装置の不具合に打ち負かされてしまう」のである。いくら量子多世界が豊饒で、幸運なあなたのいる諸世界が用意されているとはいっても、装置が不具合である諸世界よりも幸運諸世界の数を多くする、といった「多世界全体の恵みのメカニズムを調整する」芸当を、多世界そのものが行なってくれたりはしないのだから。

　すなわち、「自殺装置の不具合を考慮して、あまり難しいギャンブルには挑まないようにせよ」。

　この条件は、先に見た「偶然条件」「無知条件」「即死条件」と並んで、第四の条件と認定するに値する。何と呼ぼうか、**「節度条件」**としておこうか。節度とは、量子多世界を信じ切ってあまりにも無謀な賭けに乗り出すことを戒めた言葉のつもりである。この「節度条件」は、従わないと肉体的に悲惨なことになる「即死条件」に比べれば必要性は低いが、しっかり守るのが一番難しい条件なので、最も注意を要する。即死条件はひたすら装置の性能に気を配っていればよかったが、節度条件の方は、装置の性能とギャンブルの内容との相対的関係を考慮しなければならないからだ。

　さて、こうして私たちは、正しい量子自殺のための４条件を整理することができる。

偶然条件……本当に未来がオープンであること。ほとんどのギャンブルでは、量子力学により自動的に満たされる。とくに配慮の必要なし。

無知条件……結果が意識に届く前に自殺装置を働かせること。ただし短時間であれば「勘違いの可能性」により挽回可能なので、負けたと気づき次第直ちに装置を脱ぎ捨てればＯＫ。それほど神経質になる必要なし。

節度条件……極端に勝率の低いギャンブルに量子自殺装置を使わないこと。自殺装置の性能と勝ったときのメリットを比較するなど、周到な事前調査が必要である。

即死条件……自殺装置の速効効果を確認すること。肉体的に重傷を被って苦しむ羽目にならないよう、最優先の配慮を要する。

　節度条件は、明示されなくても、たとえば偶然条件に「結果に量子的効果がはっきり働いていること」という但し書きを付けるような形で、これまでも暗黙に必要とされてきた条件である。ニュートン力学的な疑似古典的推移によって決まった因果関係とは食い違う予測をすれば、高い確率で外れる。量子的揺らぎはマクロなレベルでもたしかに起きているとはいえ、ニュートン力学に反した現象が起こることはきわめて稀であり、自殺装置が不具合を起こす確率よりも遙かに小さいだろう。運が自殺装置の不具合可能性に打ち負かされることはほぼ確実だ。

　よって、「明日太陽が西から昇ることに賭ける」というような、ニュートン力学の予測に反した無茶な賭けをすると、量子自殺は成功しない。量子力学によれば、明日太陽が西から昇ることも確率ゼロではないので、たしかにこの賭けは偶然条件を満たしてはいる。しかしその確率はあまりに小さすぎるのだ。あなたは生き残るだろうが、太陽が西から昇ったからではなく、太陽は東から昇ってあなたが賭けに負けたにもかかわらず自殺装置が無作動だったからにすぎないだろう。あなたは賭け金を失うだけ。したがって、賭けが当たる確率は大いに気にしなければならない。ギャンブルに量子効果が使われることは事実上、必須だろう。

　というわけで、偶然条件に付けてある但し書き「とくに配慮の必要なし」は、

「節度条件を心がけている限り、加えて偶然条件を気にする必要なし」という意味である。節度条件の中に、偶然条件が含まれているからである[*23]。

> [*23] 正確に言うと、節度条件が偶然条件を含むのは、節度条件の中の「勝率」を、サイコロの「1/6」のような表面的な勝率としてでなく、「多世界の中の当たり世界の数の比率」という本当の勝率として読む限りにおいてです。なので以下、必要な条件の中に偶然条件も含めることにします。

7 「秘匿条件」の参入

　さて、これら4つの条件を心がけて、堅実な量子自殺を繰り返して大儲けできたとしよう。このとき起こっていることは、多世界の中で、あなたの身体の大多数は死んでいくということである。あなたの家族・知人の大多数は、あなたの悲惨な末路に立ち会うこととなる。あなたの意識が居場所として辿ってゆく諸世界（あなたが勝ち誇っている諸世界）は、全体の中で圧倒的少数であり、その中の家族・知人友人は、偶然の悪戯によってたまたま一緒に分岐してきた超少数派だ。「典型的な」家族知人たちの眼前には、あなたの無惨な死骸が残され、永遠のお別れがなされているのである。

　どうだろう、これは嘆かわしいことだろうか？　量子自殺は、第3章「エウダイモニア」の状況に似ていることが改めて見てとれる。エウダイモニアの思考実験では、あなたは全くの幻を見ているという設定だった。主観的にだけ幸福な人生。他者のいない、ただ一人の世界。それでも主観的に幸福でありさえすればよいか、という問いが投げかけられていたのだった。

　量子自殺の状況には、他者がいないわけではない。ちゃんと、あなたとは独立の他者たちの内面的心があって、しかもあなたが幸運であるような世界が実在している。あなたは決して幻を見ているわけではない。その点で、エウダイモニアの思考実験で見た「培養脳」の主観的境遇よりは遙かに現実に根差しており、虚しさはない。

　しかし、培養脳の境遇よりも遙かに悪いと思われる点がある。量子自殺者たるあなたに対して、実在する他者たちが抱く悪い感情だ。実際に量子自殺者は、身の回りの人々の悲しみや迷惑を顧みない人である。後に残される人

の気持ちには知らん顔なのである。

　あなたが自殺装置で死ぬ世界においては、近しい人々が「馬鹿なやつだ……、身勝手なやつだ……。自分さえよければいいというのか。そういうやつだったのか」とさんざん酷評を交わすだろう。あなたが生き延びて幸運をつかんだ世界においても、あなたが量子自殺の生存者であることが知られると、「人のことを考えない利己主義者なんだな。また同じことをやるんだろうな。付き合うのはやめておこう」と敬遠する人が出てくるかもしれない。他者と触れ合えない培養脳の虚しさとは正反対に、激しい悪印象の嵐に包み込まれることだろう。せっかくギャンブルに勝っても、人間関係を失ったのでは幸運とは言えまい。

　このようなことが気になる人にとっては、安全確実な量子自殺のための第5の条件が欠かせないものになる。それは、**「秘匿条件」**だ。

> 秘匿条件……親しい人々の気持ちを差し置いて、主観的な幸福だけを念頭に置いて量子自殺するようなやつだと思われないよう、量子自殺実行歴を他人に知られないようにせよ。

　自殺装置が働いてあなたが死んでしまう世界では、量子自殺を隠し通すのは難しいかもしれない。つい昨日まで良好な関係を保ってきた親兄弟や友人に、「ああ、あいつは私たちとの関係を放り出して身勝手な自殺をしてしまった」と知られないよう、事故に見せかける工夫ができればそれに越したことはないが、相当な手間がかかるだろう。そこで、自殺装置が働いた世界のことは忘れることにして、せめて自殺装置が働かない幸運世界においては、あなたが量子自殺をくぐり抜けてきたことがバレないようにしたいものだ。量子自殺を試みて成功したことを隠し通すべく、自殺装置の痕跡を抹消すべきだろう。量子自殺を決行した人物だと知られるやいなや、前述のように「次は私たちを見捨てるつもりだろう」的な悪印象を抱かれかねないからだ。

　こうして「秘匿条件」も無視できない。

　以上、正しい量子自殺のためには、いくつか心がけるべき条件があることがわかった。偶然条件・無知条件・即死条件・節度条件・秘匿条件の5つだ。これらはそれぞれ独立ではない。偶然条件が節度条件の前提になっていたり、

即死条件が無知条件の特殊例であったり、無知条件と即死条件が偶然条件によって要請されたりすることをすでに見てきた。

ただし1つだけ、倫理的な意味合いを持つ秘匿条件は、他の4条件と独立である。他の4条件を守ったうえで、秘匿条件を守るか守らないかは完全に自由だ。当面のギャンブルの正否そのものに秘匿条件は影響を及ぼさない。量子自殺の目的である「幸運な人生」を心おきなく実現するためには、自己本位の自殺経験者という悪印象を防ぎ、近しい人々との良好な関係を保つのが望ましい、といった理由によって秘匿条件が要請されるにすぎない。他の4条件が量子自殺の物理学的・確率的ロジックに関わる条件であるのに対し、秘匿条件は、カテゴリの違う「価値論的」条件と言えるだろう。

8 多世界解釈を正しく理解すれば

さて、ここで考えてみよう。あなたが量子自殺のチャンスを与えられたとして（金でも名誉でも知識でも健康でも異性でも、最大の望みが叶う選択肢が賭けられているとして）、量子自殺装置を付けて賭けを実行したいだろうか？ あるいは、絶対に別れたくない人がいるならば、その人といっしょに量子自殺をする「量子心中」であってもよい。

私が管理している電子掲示板で量子自殺が話題となったとき、こう言う人がいた。

「私は多世界解釈はかなり信憑性があると思っているのですが、量子心中をやってみろといわれたら絶対に嫌です。これは矛盾した態度でしょうか？」
(投稿者：クリスティアン　投稿日：2011年11月16日(水)23時19分55秒)。

「絶対に嫌です」の理由の候補がいくつか吟味された。ここまで使ってきた言葉で整理すると、次のようになる。

1. あなたは、本当は多世界解釈を信じていない。（あるいは、永劫回帰を実現するほどに宇宙が広いとは思っていない）
2. あなたは、多世界解釈を信じているものの、それを世界が多数平行しているという世界像としてのみ理解している。つまり、多数の世界に「同一のあなた自身」がまたがって存在しているとは信じていない。

（「本当のあなた」が住むのは1つの世界だけで、他の世界にはあなたそっくりのコピーという別人たちがいるだけだと思っている）
3. あなたは、多数の世界に「同一のあなた自身」が分散していると理解しているものの、その大多数の身体が死んだ場合に、必ず生きている（意識のある）身体へ自分が分岐し、生き残るのだという「量子不死」の論理を信用していない。
4. あなたは、多世界解釈も量子不死も信じているものの、偶然条件・無知条件・即死条件・節度条件をすべて保証するような装置設定が実際上むずかしいと思っている。
5. あなたは、多世界解釈も量子不死も偶然条件・無知条件・即死条件・節度条件を保証する装置もすべて信頼しているが、秘匿条件がクリアできないと思っている。心中の相手以外の、後に残される家族や友人（生き延びる自分と同じ分岐に進む少数派を除いた多数派の人々）の分岐束との別れのことを考えると（とくに彼らの悲しみや怒りを考えると）いたたまれない。
6. 1～5のどれも該当しないものの、なんとなく気持ちが悪い。

　1～5はどれも、ここまでの議論で何度か論じてきた見方である。
　「自分は6です」という人は案外多いかもしれない。あの「人間転送機」についても、同じく「気持ちが悪い」という印象を持つ人は多いようだ。ただし、その「気持ち悪い」が、「遠隔地に自分そっくりの人間が作り出されても、自分が生きていることにはならないのではないか」という気持ちだとしたら、それは感情ではなく論理による忌避なので、2に相当する疑惑である。あるいは、「送信機内の処理に遅れが生じて、人間転送ではなく人間複製に終わってしまうのではないか」という気持ちだとしたら、これも「なんとなく」ではなく物理的事実への明確な不信感であって、4に対応する懸念である。
　それらの「表面上の6」に対して、「本当の6」というのは、次のような考えもしくは感覚だろう。「人間転送機で受信機内に出現する人間は自分である、量子自殺で生き残るのは自分であると信じていながら、〈理屈ではない気持ち悪さ〉を覚える」……。
　人間転送機と量子自殺の大きな違いは、人間転送機では物体としての身体

に不連続が生ずるという点である。そのぶん、「自己の断絶」の感じが強い。送信機に入ってオリジナルは分解され受信機に瓜二つの分子集合体が現われる。そのようにいったん物理的不連続性が生ずる人間転送機に比べれば、量子自殺では、生きている身体に関する限り何ら不連続性も外傷もない。過去と未来はなめらかに連続しており、その限りにおいては人間転送機よりも気持ち悪さは小さいはずだろう。

　それでも、6は拭い去れない微妙な本能的感覚かもしれない。微妙なだけに、自分が「本当の6」だと言い切る前に、もしかして「表面上の6」ではないか、つまり1〜5のいずれかに自分は当てはまるのではないかという内省が必要だろう。とくに哲学的な微妙さを孕むのは、2と3である。とくに2は、多世界解釈という物理学理論のロジックを理解できているかどうかを試す試金石ともなるステップだ。

　実のところ、物理学者の中にも、2に該当する人がいることを知る機会が今までに何度かあって、私はいささか驚いている。多世界解釈を支持しないという1の立場ならまだわかる。1は、量子力学を文字通りに受け止めないという多少不自然な立場だとはいえ、矛盾はしていないからだ。しかし、多世界解釈は支持するが「本当の私」はただ1つの世界にいるはず、という2は、全く矛盾している。多世界解釈を採用しておいて、「本当の私がいる世界」は現在の瞬間においてただ1つだけだというのは、多世界解釈を採用する意義を自ら放棄しているに等しいのだ。

　2に該当する人は、各々の世界にいる客観的身体（脳）の各々が主観的自我に一対一対応する、と考えているのだろう。「この私」は、自分がどの世界にいるか知らないだけで、どの瞬間にもただ一つの世界に属しているのだ、と。

　しかしその考えだと、量子力学の観測データを説明できなくなってしまう。少なくとも「多世界」を動員することで説明するという当初の目的が達せられなくなってしまう。多世界はただ余計にして無用な仮定になってしまう。

　たとえば2スリット実験で、電子がスリットAを通過したA世界と、スリットBを通過したB世界とがあって、A世界にいるあなたと、B世界にいるあなたとが別の意識主体として実験前から互いに独立しているとしよう。「本当のあなた」はA世界内にいるかB世界内にいるか、自分が知らないだけで

本当はどちらか一方だけに実験前から決定していることになる。そういうことだと、電子は「あなた」から見てスリットAかスリットBの一方だけを通ったというのが真実となる。つまり量子力学は古典力学となんら変わりなく、無知の部分が非決定的と「感じられるだけ」であって、「本当はあなたから見て」実在はすみずみまで一通りに決定していることになる。量子力学特有の重ね合わせは「あなたから見た物理学」において起こるはずがないことになってしまう。しかし実際は重ね合わせが計算上起きてしまい、だからこそ物理学者らは一世紀近くも困惑し続けてきたのだ。

その困惑を、多世界解釈は「あなたのいる『ここ』が実は多世界そのもの」と考えることで解消する。決して「この環境とは別に多数の似たような環境がある」というのではない。「あなたの身のまわりのこの環境」そのものが多世界の重ね合わせなのだ。「あなた自身」は、スリットA世界にいる客観的個体とスリットB世界にいる客観的個体の合わさった複合体（重ね合わせ）である。それが多世界解釈だ。

意識内容はA個体もB個体も正確に同じであり、ともに「あなた本人」である。スリットに検出器をつけて、電子がどちらを通過するかを観測すれば、スリットA世界にいる客観的個体とスリットB世界にいる客観的個体とは別の観測をすることで意識内容が異なり、分離するので、「本当のあなた」はもはや重ね合わせではなく*24、どちらかに移動する（カテゴライズされる）わけである。どちらにカテゴライズされるかは偶然であり、観測するまでわからない。それはちょうど、自分がこの世にどういう個体として生まれてくるか——性別、国籍、遺伝的組成、名前、等々——が生まれてみないとわからないのと同じことである。

*24 当の電子がAを通ったかBを通ったかに関しては重ね合わせでなくなった、という意味。他にも電子はたくさんあるし、まだ観測されない無数の事柄については、あなたは依然として多世界内の諸身体の重ね合わせであり続けます。

この世にどういう人々が生まれてくるのかがかりに決定論的に決まっていたとしても、その中の誰が「私」にあたることになるかは各人（各々の「私」）にとって非決定論的だろう。同様に、多世界解釈の量子力学では、この世は客観的には（グローバルには）決定論的だが、主観的には（ローカルな「私

の環境世界」のあり方は）非決定論的である。個々の決定論的世界の集まりの中で、「私」が結果的にどの諸世界を観測してゆくことになるかの偶然性によって、非決定性が説明されるのだ。

　したがって、2は、多世界解釈をまるきり理解していない立場と言ってよい。2に該当する人が多世界解釈を正しく理解した場合、2から脱却するか、多世界解釈を拒んで1へ後退するかは、人それぞれだろう。いずれにせよ2にとどまるのは自己矛盾である。

　物理学者の中にもこのことがわかっていない人は案外多い。理屈を超えた感情レベルでの拒否反応が6の「非合理」だとすれば、理屈を誤解した論理レベルでの無理解が2の「不合理」だと言えるだろう。

　以上の批判は、3の「量子不死を信じない立場」についても同様にあてはまる。重ね合わさった身体のすべてが「私」の自我によって束ねられているのだから、そのいくつかが死ねば、私の自我がそこから去って生きている部分だけで束ね直されるのは当然、と理解できるだろう。3の立場は、2と同様、「不合理」なのである。

9 確実に勝てる量子自殺　その1

　さて、5つの条件をクリアした量子自殺は難しいかどうか、という話に戻ろう。

　実は、秘匿条件は別として、残りの4つ、偶然条件・無知条件・即死条件・節度条件をすべて自動的にクリアできるという、耳寄りな量子自殺法があるのだ。

　もともと秘匿条件は、ギャンブルに勝って生き残るという量子自殺の本質には関係ないから、優先順位は低くてもよい。残りの4条件を自動的にクリアできる方法というのは、まさに「量子自殺を成功させる必勝法！」である。その必勝法があるのだ。しかも2種類ある。いったいどういうやり方か、おわかりだろうか？

　ヒントを差し上げよう。その2つを名づけるなら、1つは「堅実法」、もう1つは「逆転法」。

　まず、偶然条件はほとんどの場合、常に成り立っていると考えてよいこと

はすでに見た。宇宙が広大であれば、どんなに少数派であれ、あなたがギャンブルに勝つ世界は必ず存在しているだろうからだ。次に、即死条件と無知条件は、自殺装置を強力な仕様にして、迅速かつ徹底的な身体破壊を行なえる仕組みにしておけばクリアできるだろう。つまり即死条件＋無知条件は力ずくで確保できると見てよい。難しいのは節度条件である。自殺装置の不具合による無作動の確率が、勝つ確率を大幅に下回るように抑えておくこと。これをどう確保するか。

　1つめの「堅実法」は、まず誰でもが思いつくであろう方法であり、一般に、量子自殺のオーソドックスなやり方として当初から想定されていたものだ。そう、宝くじのようなものは避けて、勝つ確率が比較的高いギャンブル（コイン投げとか、サイコロとか）を何度も繰り返すのだ。量子自殺装置によほどの欠陥がない限り、毎回、勝つ確率が装置不具合の確率を大幅に上回り、間違った分岐に迷い込むことなく勝ち進むことができる。量子自殺はべつに一発大当たりを狙わなくてもかまわないので、少しずつ着実に勝っていけば安全に大金持ちになれる。家族・友人との別れも、一挙に圧倒的多数を切り捨ててしまうような寂しいことにならずにすむ。

　さてもう1つ、「逆転法」は？　こちらは、量子自殺の仕掛けを根本的に変更する方法だ。堅実法のように「自殺装置不具合の確率を相対的に抑える」方法ではなく、「不具合を論理的に消してしまう」方法である。つまり、どんなにリスクの高いギャンブルであっても、節度条件が自動的に100%守られる方法なのだ！
　どういう方法だろう？

10 確実に勝てる量子自殺　その2

　逆転法とは、その名のとおり、発想の逆転による必勝法である。
　いままで考えてきた量子自殺装置は、ギャンブルの結果が出たときに、その情報を作動の有無に変換するタイプだった。そのような「ギャンブル結果が先、それに合わせて装置が作動」という仕組みだからこそ、「誤作動」や「無作動」の心配が生じたのである。因果関係を逆にしてしまえばその難点は解決するではないか。自殺装置を作動させて、生き延びられたら勝ち、という

ルールにしてしまえばよいのである！

　たとえば、こんなルールでロシアンルーレットをやるのだ。「弾が出て私が死んだら私の全財産をあげよう。弾が出なかったら君の全財産をもらうよ」。

　これだったら、どんなに勝率が低くても、勝ったときのみ生き延びるので、主観的勝率は100％である。装置の無作動の確率は関係なくなる。無作動なら即勝ちなのだから。最もデリケートな節度条件が自動的に満たされる。

　弾が出ない確率を100分の1とか1000分の1とかで提案すれば、喜んで応じる相手に事欠かないだろう。というより、互いに命を賭けて、対称的なルールで量子自殺合戦をやればもっと合理的だ。ロシアンルーレット仕立ての銃を2人が互いに相手のこめかみに向けて発砲し、死んだら負け、生き延びたら勝ち。そのルールでやれば、双方が必ず勝者になる。それぞれ、自分が生き延びた世界では勝者になっているからだ。なんと、敗北を味わう者のいない、全員勝ち組のギャンブルである。

　「死ぬ気でやればどんな道も開ける」という教訓は、比喩でも気休めでもなく、文字通りの真実だったのだ！

確認問題1

　量子自殺の根拠となる「量子不死」の論理を信じるならば、妙なことにならないだろうか。つまり、偶然条件はほぼ常に満たされているとすると、「私たちは主観的には決して死なない」という「単なる不死」が帰結するのでは？　ギャンブルをやるやらないにかかわらず、そして自殺装置などかぶらなくても、人間全員が主観的に不死である、と。

★答え★　「量子不死」から「不死（単なる不死）」は導き出せない。あくまで量子自殺のお膳立てが揃った条件下での「死」を一人称的主体は必ず生き延びる、というのが量子不死で言う「不死」だからだ。とくに、即死条件が確保されていなければならない。生物である私たちは、徐々に病んだり老いたりしてゆき、積み重ねとしてどんどん死の確率を増やしてゆき、やがて後戻りできない死へのルートに入る。主観的には常に〈突然死〉や〈不慮の事故〉

を免れたとしても、〈病死〉や〈老衰死〉を避けることはできない。人生は「即死条件」を常に満たすように進むとは限らないからである。

> ### 確 認 問 題 ２
>
> 「わかりました、私たちは衰弱死のようなものを免れることはできないのですね。ただし、突然死は決して経験することがないと。しかしどうなんでしょう、私は貧血で失神した経験があるんですが、そのときは瞬時にして意識を失いましたよ。目が覚めたとき「あれ？　どうなったの？」てなもんでした。それに毎晩ベッドで眠るときだって、決して徐々に意識を失うわけじゃないのに、ちゃんと意識を失って眠れてます。そんなふうに、意識の観点からすると即死と同じことを私たちは何度も経験している。てことは、一人称的に突然死は可能である、てことでしょう？　これって、量子不死がありえないことの証拠だと思うんですが。失神した人が無意識のまま心停止すれば、突然死と同じでしょうし……」
>
> 量子不死の支持者は、上の問いにどう答えるべきだろうか。失神という経験は、量子不死を反証するのだろうか。

★答え★　いろいろな答え方がある。① 突然気を失ったとか、いつも突然眠りに落ちているとかいう記憶は本当に正確だろうか。現場では常に、意識が薄れてゆく連続的プロセスが経験されていながら、覚醒後に「突然だった」と脚色しているだけなのでは。② 主観的に突然意識を失うことが本当に起こるとしても、脳が生きている限り、「潜在意識」「疑似意識」が意識の代わりに自我を維持するのではないか。③ 突然だろうが徐々にであろうが、いったん意識が失われても後に蘇生や起床が起こることで自我が回復される、という経験データは、量子自殺の成功に即死条件や無知条件は不要であることの証明かもしれない。不運に遭ったときは、どんな死に方であれ、死にさえすれば別の「あなた的存在」として転生できるという証拠かもしれない。

①②③のどれも量子不死を支持するための答え方だが、もちろん、量子不死が「突然失神」によって反駁されていると考えることもできる。

第 9 章

2 封筒問題

two envelopes problem

◎確率はトリッキーです。「量子自殺」のように、確率の低いことを実際に起こしてしまうトリックが可能なので。この章では、「得をする見込みが五分五分であるはずのギャンブルを、形ばかりの仕草ひとつで得な設定に変えてしまう方法」を議論しましょう。封筒と小切手だけを使う、手品のような思考実験です。リアル実験をすることもできます。

◎なぜか学界で「未解決問題」とされているパズルですが、論理的な正解は明白かつ単純。なぜ未解決と言われるまでに紛糾するのか、異論を唱える人々の言い分も吟味しましょう。

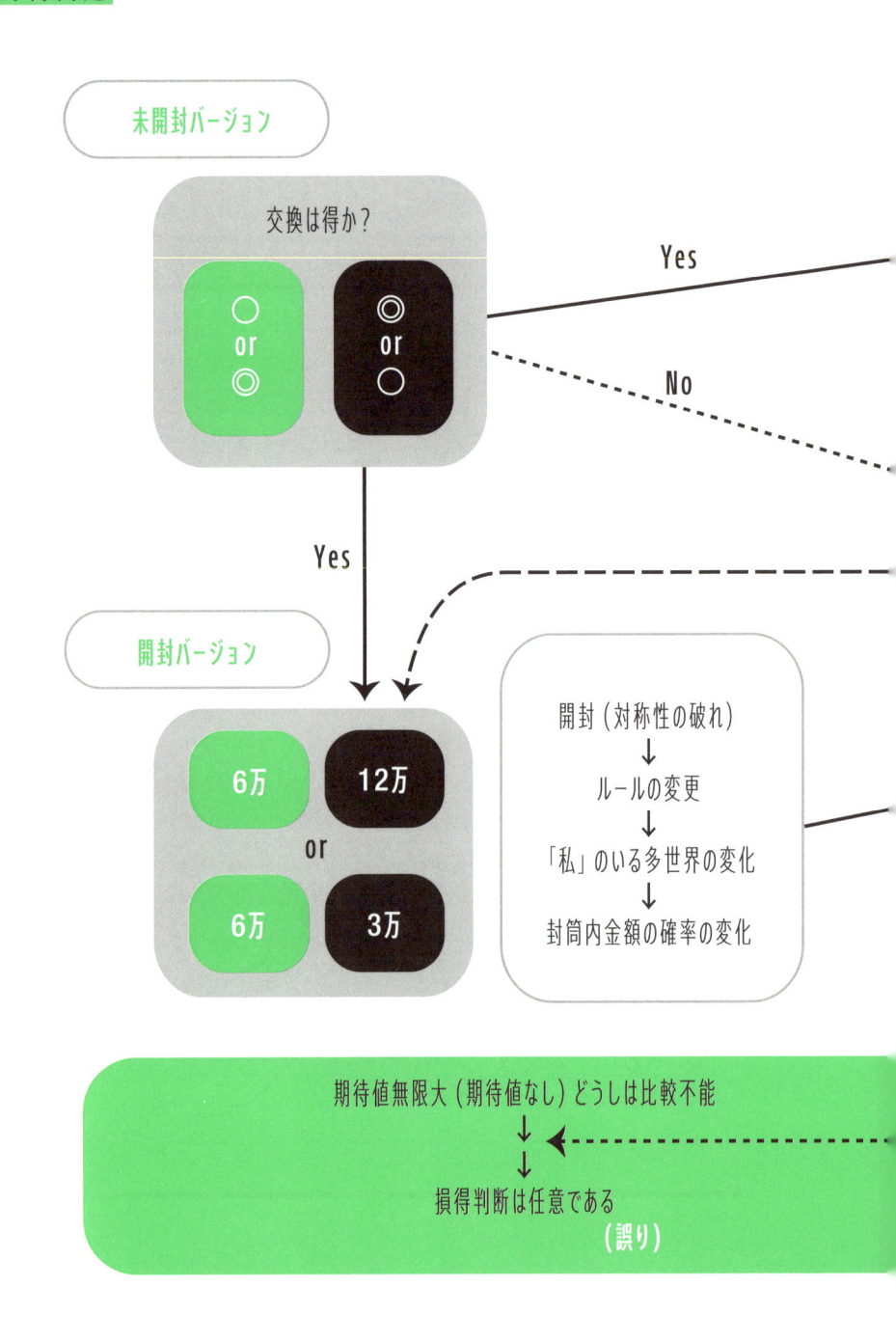

2 封筒問題

未開封バージョン

交換は得か？
○ or ◎ / ◎ or ○

— Yes
‐‐ No

↓ Yes

開封バージョン

6万 | 12万
or
6万 | 3万

開封（対称性の破れ）
↓
ルールの変更
↓
「私」のいる多世界の変化
↓
封筒内金額の確率の変化

期待値無限大（期待値なし）どうしは比較不能
↓
↓
損得判断は任意である
（誤り）

A	2A
or	
A	A/2

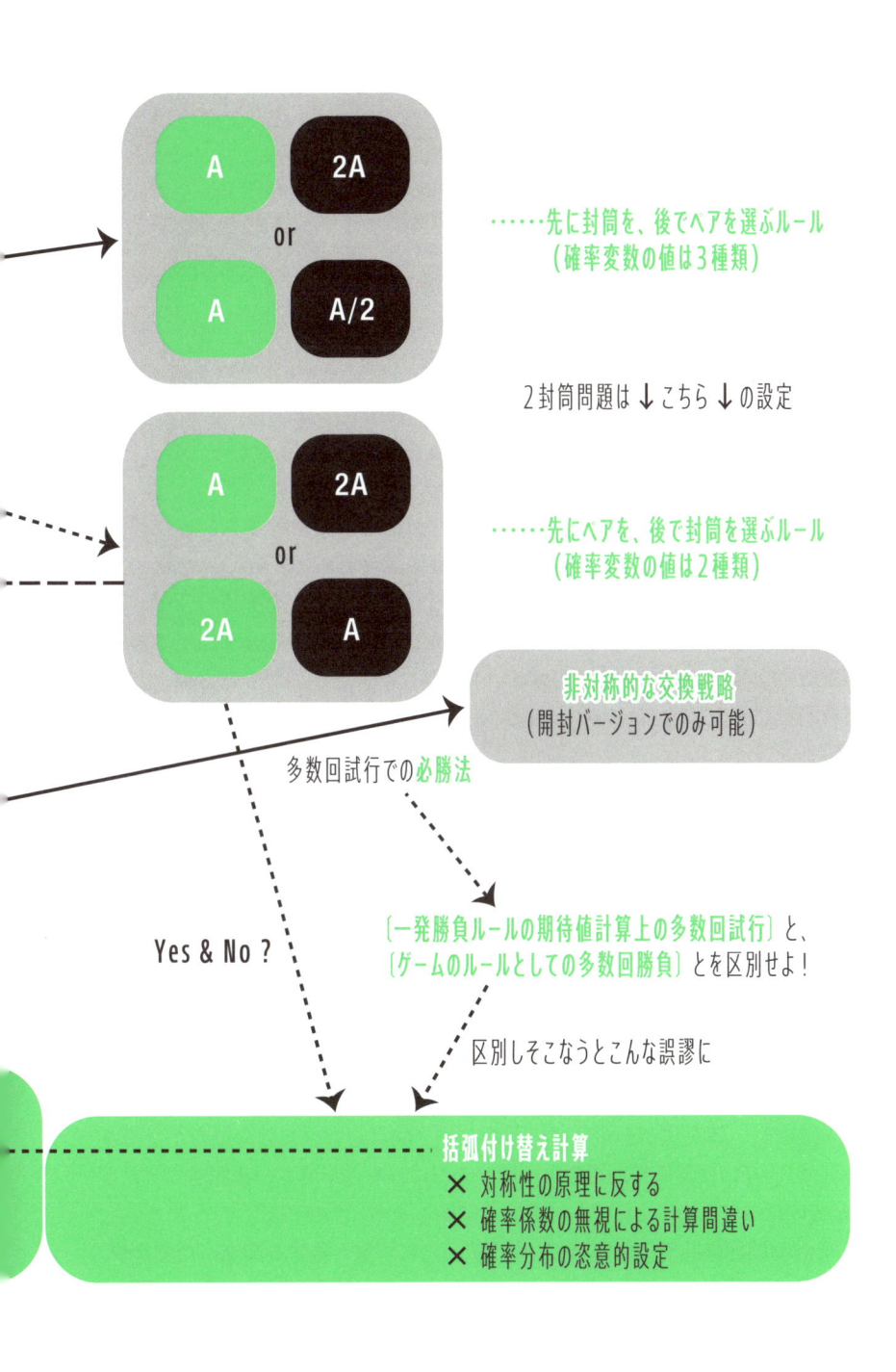

……先に封筒を、後でペアを選ぶルール
(確率変数の値は3種類)

2封筒問題は ↓こちら↓ の設定

A	2A
or	
2A	A

……先にペアを、後で封筒を選ぶルール
(確率変数の値は2種類)

非対称的な交換戦略
(開封バージョンでのみ可能)

多数回試行での**必勝法**

Yes & No ?

〔一発勝負ルールの期待値計算上の多数回試行〕と、
〔ゲームのルールとしての多数回勝負〕とを区別せよ！

区別しそこなうとこんな誤謬に

括弧付け替え計算
✕ 対称性の原理に反する
✕ 確率係数の無視による計算間違い
✕ 確率分布の恣意的設定

　　　　　　　　＊

1 期待値を信じられるか

　答えは明らかだがその答えを導く理屈を突き止めにくい問題というものがある。その代表例が、「抜き打ち試験のパラドクス」（第1章）だった。それとは対照的に、前章の「量子自殺」は、理屈は十分でありながら、答えそのものに異論がありそうな例である。

　抜き打ち試験の場合は、「教師は抜き打ち試験を実施することができる」ということには疑いの余地はない。自分が生徒の立場になってちょっと考えてみればわかる。現実にああいう設定でやってみれば、候補が1日だけだとしても、生徒にとっては意外な抜き打ち試験が成立してしまうはずである。「それはなぜなのか」を根拠づけるのがなかなか難しいのだった。

　反対に量子自殺では、答えがなんとなく疑わしい。「本当に『私』が生き残れるのか？」という疑惑が最後まで残り続ける。「生き残れる」という根拠は量子力学の多世界解釈によってはっきり与えられているにもかかわらず、生き残りを保証する条件をあれこれ吟味すると、紛糾した関連問題が次々と呼び醒まされるのだった。

　そこで次に、以上2種の混合問題というべき、「答えも根拠も明らかでない」種類のパラドクスを思考実験してみたい。しかも、多世界解釈を使うとすっきり納得できるというおまけ付きである。

　そのパラドクスは、「2封筒問題」と呼ばれる。世間には「未解決のパラドクス」と呼ばれている問題がいくつかあるが、「2封筒問題」もその一つである。ただし、未解決と言われている問題の多くは、本当は未解決ではなく、「正しい解決法がわかっているのだが、納得しない強硬な論者がたくさんいて、互いに矛盾した複数の解釈が未だに幅をきかせている問題」というほどの意味であることが多い。2封筒問題もその一つである。

　2封筒問題の論理的解決は実は簡単だ。別の解決と称する間違った考えや、

解決そのものを拒む不明瞭主義のたぐいがはびこっていて、そのために未解決であるかのような外観を呈しているにすぎない（そんな紛糾を引き起こす力を失わないという意味では確かにまあ「未解決」の問題だが……）。ここでは、間違ったいくつかの「解決法」にも触れながら、唯一の正しい解決を確認することにしたい。

　まず、2封筒問題を提示しよう。

> 　あなたは次のようなゲームのプレイヤーである。胴元から封筒を2つ差し出される。それぞれ金額の書かれた小切手が入っている。あなたは封筒を1つ取るよう求められる。取った方の金額をもらえるというのだ。見分けのつかない封筒のうち1つをあなたは取った。
>
> 　ここで胴元は言う。「まだ中を見ないでね。私にも見分けがつかないが、一方には他方の2倍の額を書いておいた。さて、もし君の気が変わったなら、取らなかった方の封筒に取り替えてもいいよ」と。あなたはどうするか。

　あなたの手もとにある封筒内の金額をAとしよう。それが金額の大きい方なのか小さい方なのかは確率が五分五分だから、単純に考えて、取らなかった方の封筒内には、Aの2倍か、半分か、見込みは五分五分。つまり、むこうの封筒に2Aが入っている確率1/2、A/2が入っている確率1/2である。

　獲得できる金額の期待値[25]を計算すると、

　　交換しない場合……　　A
　　交換した場合………　　2A×1/2＋A/2×1/2＝5A/4

交換した方が1/4つまり25%の得だ。交換しよう！

　この推論が間違っていることは直観的に明らかだろう。交換してもしなくても、損得の見込みは変わらないはずだ。上の推論が正しいなら、あなたがもし反対側の封筒を始めに取っていたとしても「交換が得」という同じ理屈が成り立ってしまう。これは明らかにおかしい。しかし、どこがおかしかっ

たのだろうか。

> *25 期待値とは、各々の場合が起こる確率に、その場合に対応する数値（確率変数の値）を掛けて、結果をすべて足し合わせたもの。その確率変数の値が「利得（効用）」である場合、期待値は「損得の平均値」となり、「期待効用」とも呼ばれます。1回の試行で期待値に近い利得が得られる保証はありませんが、損得の見込みの判断は、たいていの場合、期待値にもとづいて行なうほかはありません（例外については、第10章で考えます）。

2 未開封バージョンの解決

「2封筒問題の不合理な計算結果は、期待値というものが信用できないことを示している」と唱える人がいる。もちろんそれはバカげている。期待値計算はギャンブルでの損得判断で頼りになる。では、なぜ先ほど、期待値計算は「交換が得」などという明らかに間違った答えを支持したのだろうか？

それは、計算が間違っていたからである。正しい計算をすれば、交換してもしなくても期待値が同じであることを示すことができる。

先ほどの理屈はこうだった。「手もとにある封筒内の金額をAとしよう。それが大きい方か小さい方かは五分五分だから、単純に考えて、取らなかった方の封筒内は、2Aの確率1/2、A/2の確率1/2」。

これは「単純に考えすぎた」ための間違いである。手もとの金額を定数Aで表わしてはいけないのだ。（こちらの金額，むこうの金額）のペアを（A，2A）（A，A/2）の2通りで表わしたわけだが、それが間違いのもとなのである。

（A，2A）のAは金額の小さい方、（A，A/2）のAは金額の大きい方を表わしたつもりなのだろう。しかし、金額の大きい方と小さい方とでは、絶対値が異なることを忘れてはならない。絶対値の異なるものを、同じAという文字で表わすのは数学の基本に反している。手もとの金額が小さい方のときAと表記したのなら、大きい方のときは2Aと表記しなければならない。したがって、（こちらの金額，むこうの金額）のペアを表わす場合には（A，2A）（A，A/2）の2通りとしてではなく、（A，2A）（2A，A）の2通りとしなければならない[*26]。

「ペアが決められた後で一方の封筒を選んだ」という設定をちゃんと考えれば、封筒内金額を「(A, 2A) か (A, A/2)」と考える間違いは防げる。「ペアが決まった後で封筒を選んだ」のだから、「(A, 2A) か (2A, A)」と考えるべきなのだ。

> *26 (A, 2A) のように、( ) を用いた表記では、括弧内の文字の順序に意味があります。ここでは、左側の文字が選んだ封筒内の金額、右側の文字が選ばなかった方の封筒内の金額を示します。(A, 2A) と (2A, A) は、プレイヤーがそれぞれ別の封筒を選んだことを示すので、区別しなければなりません。
> 　なお、{A, 2A} のように、{ } を用いた表記も後に用います。その表記では、括弧内の文字の順序は意味を持ちません。その表記は、プレイヤーがまだ封筒を選んでいないときの2封筒の中身を表すのに便利です。胴元がどのような金額ペアを選んだか、だけを示す表記と言えます。{A, 2A} と {2A, A} は同じものであり、区別できません。

時間の推移（歴史の分岐）をふまえれば、今考えるべき可能性は、直前の「自分はどちらの封筒を選んだのか」であって、「胴元がどんなペアを選んでいたか」に遡ってはいけない、ということがわかるだろう。

上記の正しい表記法によって期待値を計算すると、

交換しない場合…… $A \times 1/2 + 2A \times 1/2 = 3A/2$
交換した場合……… $2A \times 1/2 + A \times 1/2 = 3A/2$

交換してもしなくても期待値は同じか。当たり前だな！

さて、一件落着。
以上の理屈は納得していただけるだろう。ペアがすでに選ばれたために未知数が2つしかない対称的な状況を、未知数が3つあるかのように表現するのは間違っている、というだけの話だから。可能性に応じて本当は変数扱いせねばならないもの（手もとの金額）をうっかり定数扱いしてしまうと、(A, 2A) (A, A/2) という偽りの非対称性が現われてしまうわけである。
「ペアが決められた後で一方の封筒を選んだ」設定ゆえに、金額が2つしか存在せず、対称性で解決できたというわけだ。それでは、選択の順序が逆で「一方の封筒を選んだ後でペアを決める」設定だったらどうだろうか。た

とえば、あなたに特定の金額入りの封筒が渡されたあと、その封筒内金額の半分か2倍かがコイン投げによって決められ、もう1つの封筒に入れられる。さあ、あなたは交換すべきか。

　このゲームの場合は、金額の決め方が非対称的なので、手もとの金額を「固定した基準金額A」と見なすことができる。つまり、封筒内金額は（A，2A）か（A，A/2）の二択と見なすべきである。交換すれば、手もとのAが2AかA/2になるので、期待値25％増という最初の計算が成り立って、交換した方が得になる。

　「ペアが決められた後で一方の封筒を選んだ」のか、「封筒が与えられた後でペアが（もう一方の金額が）決められた」のかによって、適切な計算が変わる。そのことに別段不思議はない。2封筒問題と呼ばれるパズルは前者の設定であり、後者にふさわしい計算をうっかりやってしまう人が落とし穴にはまる、という仕掛けだ。問題の設定をよく読めば、この種のウッカリは避けることができるだろう。

3 開封〜〜偽りの非対称から本当の非対称へ

　さてしかし、「2封筒問題」の手強いところは、ここから先なのだ。
　前節に見たのは、2封筒問題の「未開封バージョン」。これは、「対称性の原理」に訴えることで解決された。対称性の原理とは、立場を入れ替えても同じ理屈が成り立つならば、双方を全く同等に扱わねばならない、という常識的な原理である。
　ところが、対称性を破る設定を作ることにより、対称性の原理という常識が使えなくなってしまうのだ。対称性を破る設定は、封筒選択とペア選択の順序を変えるという形で、前節の最後に見たばかりである。つまり、「封筒を選んでからペアを選ぶ」という設定へと初期設定そのものの変更をすることによって、対称性の破れを作ることができた。それでは、「ペアが決められた後で一方の封筒を選んだ」という初期設定は変えずに、対称性を破ることができるだろうか。
　できる。小さな変更をトッピングすることで対称性を破ることができるのだ。さて、どうするのか。

対称性の破り方はいたって簡単。手もとの封筒を開封して、金額を見ればよい。たとえば６万円だったとする。これは文句なく定数だ。手もとの金額だけが６万円という定数なので、取らなかった方の封筒内金額は３万円か12万円かという２つの可能性に絞られる。つまり、先ほど、

　（A，２A）（２A，A）

という対称性を示していた２つの可能性が、

　（6，12）（6，3）

という非対称な２つの可能性へと変貌したのである。A＝6か、２A＝6か、いずれかだから、むこうの封筒内にある金額は12か3。確率は依然として1/2ずつだ。

　ここで、交換したときの期待値を計算すると、先ほどの「間違った計算」と同じく、交換せずの場合より25％増になるはずだ。

　　交換しない場合……　６万円
　　交換した場合………　12万円×1/2＋3万円×1/2＝7.5万円

　交換すると１万５千円の得。今度は、計算は間違っていない。
　これはどういうことだろう？
　初期設定は変えていない。ただ一方を開封しただけだ。なのに、交換で損得なし、という理屈が、交換するのが得、へと変わってしまった？
　封筒選択とペア選択の順序を変えるような初期設定の変更があれば、期待値の変化は納得できる。しかし今回はそういう変更はない。ただ開封という小さな動作を付け加えただけだ。それなのに、先ほど「間違った計算」だったものが正しくなってしまった。これは不思議である。開封しただけなのに、なぜ交換が得でないという計算から得だという計算へと、正しさの基準が変化してしまったのだろうか。
　むろん、対称性が破れたからである。対称性の破れと同時に、あなたのいる諸世界の集合が変わったのだ。
　ここで言う「世界」は、比喩的な意味ではなく、これまで量子自殺などで考えてきた本当の物理的諸世界を考えてほしい（比喩的世界よりも物理的世界の方が話は説得力を帯びるでしょうから）。封筒内を見ていないときは、

あなたのいる諸世界は、封筒内が（A，2A）の諸世界と、（2A，A）の諸世界の2通りから成っていた。Aが何であるかについてもさまざまな世界が混在していた。そこで次に、Aか2Aかわからなかった手もとの金額を見た。それが6万と確定した瞬間、あなたのいる諸世界は、A＝6万の諸世界と、2A＝6万の諸世界とに収縮した。すなわち、取らなかった方の封筒の中に、12万円がある諸世界と、3万円がある諸世界とに限定されたのだ。

　Aが未知で無数の可能性があったところから、Aの可能性がただ2つに絞られた。その絞りとともに、あなたのいる諸世界の候補の対称性が破れたのだ。これは考えてみれば不思議なことではない。プレイヤー自身にとって「自分がどの封筒を選んだか」が確定したのだから、考えるべき可能性は今や「胴元がどのペアを選んでいたか」へと遡らざるをえなくなる。例の「ペア決定の後で一封筒選択」設定から「一封筒内金額決定の後でペア決定」設定への変更と構造上同じことが起きているわけだ。

　むろん、物理学的には、はじめからペアも確定している。2封筒の置かれた世界はニュートン力学的世界だ。むこうの封筒内にある金額について、もはや2つの可能性はない。胴元が最初に封筒を用意するさい、6万円＋3万円を使った場合と、6万円＋12万円を使った場合とでは、9万円の差があるのだから、胴元が抱く心積もりの違いや小切手に書き込んだ後の姿勢の違いなどが空気分子の動きや小物の配置などに影響し、ゲーム開始後の今となっては、あなたの目に映る世界の姿は完全に分岐しているはずである。そしてあなたはその一方にしかいない。つまり、あなたが2つの封筒を前にして見ている世界の姿は、物理学的に、（6，12）世界と（6，3）世界のうち片方としか両立しない。あなたにわからないだけで、あなたのいる現在の世界は実は（6，12）世界か、（6，3）世界か、どちらか一方だけに確定しているはずだろう。

　いや、確定などしておるまい、と言う人もいるかもしれない。たしかに、（6，12）世界と（6，3）世界の両方の物理的可能性が残っているかもしれない。しかし、かりに一方に確定まではしておらず、あなたの見ている光景が（6，12）と（6，3）の両方と両立可能だとしても（なにしろ多世界は膨大な数の世界と揺らぎの多様性を含むでしょうから）、大いなる確率的偏りがある

はずだ。つまり、ゲーム開始前の初期条件＋量子力学からニュートン力学的な（6，12）世界が生ずる確率と（6，3）世界が生ずる確率とは、ともに1/2などというように拮抗してはおらず、どちらかに大きく偏っているはずだ。したがって、（6，12）と（6，3）をともに1/2とするのはあくまで作業仮説であって、交換の期待値を$12 \times 1/2 + 3 \times 1/2 = 7.5$とするのは厳密には正しくない。

　そう、確かに厳密には正しくない。

　しかし、これが思考実験であることを思い出してほしい。取らなかった方の封筒内金額はニュートン力学的に決まっている、とは言っても、「どう決まっているのか」が決まっていないのだ。

　「確率は無知の程度を表わす」という「主観確率」なる確率観があるが、ここではその客観バージョンというか、「確率は具体的記述の欠如の程度を表わす」という「設定解釈」と呼ぶべき見方をとらざるをえない。それ以外には論じようがないからだ。$12 \times 1/2 + 3 \times 1/2 = 7.5$を「厳密には正しいはずがない」からといって却下してしまうと、他に情報がない以上、ただ「決まらない」としか言いようがなくなる。2封筒問題が確率を問いかけている以上、全く決まらない状態というのは、見込みはまさに五分五分ということだ。取らなかった封筒の中身は3万円、12万円それぞれ1/2とせざるをえない。

　そして実際、あなたはいま現実にこのゲームをしているわけではなく、思考実験をしているのだから、「手もとにあるのが6万円の小切手」という事実以外のありとあらゆる点において、さまざまな物理的風景が混在しているはずである。つまり、胴元の表情や部屋の様子などの具体的光景の偏りが実際に決定されてはいない。したがって、起こりうるあらゆる可能性すべてをひっくるめて勘定すると、取らなかった封筒の中身は3万円、12万円それぞれが厳密に半々になっていなければならないだろう。理論的な期待値計算は、本当の特定の実験現場ではいろいろケチがついたとしても、思考実験においては非の打ちどころなく通用するのだ[*27]。

[*27] では、現実にゲームをしているとしたら？　実はその場合も、プレイヤーの観点からは、期待値の評価は変わりません。「本当は決まっているはず」であるとしても、無知の状態をそのまま「決まっていない状態」として読み替える以外、やりようがないのです。主観的には、

プレイヤーは自らの無知状態と両立する多宇宙に属しているからです。すなわち、「これと同じような無数の状況」の平均値をもって「期待値」とせねばなりません。

4 なぜ交換が得になるのか？

さて、本筋に戻ろう。未開封のときには間違いだった非対称的な期待値計算が、片方を開封すると正しくなる。そのことは、不思議のように見えて不思議ではない。なぜなら、私たちが住んでいる多世界（諸世界の種類の比率）が、意識に与えられる情報によって刻々と変わっていくからである。もしも、手もとの封筒ではなく、むこうの封筒の方を開封して6万円という金額を見れば、むこうが確定してこちらが3万、12万という2つの可能性として重ね合わさったことになるだろう。その場合は、手もとの封筒をそのまま取っておいた方が得だ。交換すると期待値が減るのである。

ここで、「やっぱりおかしいと思う！」と言いたくなる人もいるだろう。

こちらの封筒を開封するか、あちらの封筒を開封するかという、自由意思で適当に決められる事柄によって、封筒の中身が変わるとでもいうのか？しかも封筒の中身に触れることのない儀式のような「開封」という行為によって、交換するのが得か損か（こちらが小か大か）が決まるとでもいうのか？そんな考えはオカルトもいいところであり、常識に反する！　と。

結論から言うと、常識に反していない。どちらの封筒を開封するか、つまりどのような知識を得るかによって、「どのようなゲームをしているか」が変わるからである。ゲームが異なれば、合理的な戦略が変わるのは当然のことだ。

こちらの封筒を開封して6万円があった場合、あなたがやっているゲームは、2封筒問題のルールのもとで可能なすべてのゲームのうち、「手もとにたまたま6万円入りの封筒が来たケースに限った勝負」である。むこうの封筒を開封して6万円があった場合、あなたがやっているゲームは、2封筒問題のルールのもとで可能なすべてのゲームのうち、「取らなかった方の封筒がたまたま6万円入りであったケースに限った勝負」である。つまり、開封によって、ゲームのルールが変わったも同然のことが起きたのだ。

ルールが変わった？　そのとおり。開封して発見した金額をデータとして本当に尊重するのであれば、今やその金額が封筒内に見出された場合だけをゲーム成立とするようルール変更してゲームを捉え直したはずなのだ。それほどにデータを尊重しないと、「開封バージョン」の名に値しない。「ただ開いて見ただけ、何の策もとらず」というのでは未開封バージョンと変わらないのだから！

　一方を開封してもその瞬間にどちらかの中身が変わるわけではない。それなのに交換が得か損かが変わるのは、ルールが変わったからなのである。ルール変更なら、封筒の中身が手つかずであったとしても勝負の論理が変わりうる。つまり、封筒の中身が同じままでも、違うルールでやることになったなら、どの戦術が得になるかという論理が変わるのだ。それは当然のことだろう。ここに何らオカルト的非常識はない。

　例の「ペア決定の後で一封筒選択」設定から「一封筒内金額決定の後でペア決定」設定への変更と同じことだ。言い換えると、開封によって、「ペア決定の後で一封筒選択」ルールから「一封筒内金額決定の後でペア決定」ルールへと変わったということだ。

　ためしに2封筒ゲームを何度も何度も繰り返しやってみよう。思考実験でもいいし、胴元役を見つけてリアル実験してみるのでもよい。コンピュータ・シミュレーションでもいいだろう。胴元は、任意の自然数Aについて{A、2A}の封筒ペアをランダムに作り出してゆく。プレイヤーは、そのいずれかをランダムに選ぶ。手もとに「60000」以外が来たらパスして、「60000」が来たときだけゲーム成立とする。獲得金額の平均値を実際に計算するためには、ある程度以上の回数「60000」を手もとに見出して交換してみなければならないが、あらかじめ決めた数が手もとに来るのは、ランダムという条件のもとでは全く稀なことだろう。したがって、「60000」が来るケースを多数回揃えるためには、気が遠くなるほどの回数を実行せねばならない。だからリアル実験はあまりお勧めできない。

　ところが思考実験なら簡単である。論理的に言って、交換すれば、手もとに「30000」と「120000」とがほぼ同数来るはずだ。胴元がランダムに封筒ペアを選んでいたなら、{3万，6万}を選んでいた確率と{6万，12万}を選んでいた確率はもともと等しいので、手もとに6万を見出せば、

もう片方は3万と12万が半々の確率だからだ。それ以外の想定は恣意的である[*28]。こうして、全回交換すれば、25%の得となり、1回あたり平均して15000円儲かることになる。

「手もとに『60000』以外が来たらパスして、『60000』が来たときだけゲーム成立」という「ルール制限」がわかりづらいという人は、次のように考えてほしい。ルールはもとどおりにしておいて、「手もとに『60000』以外が来たら交換せず、『60000』が来たときだけ交換する」という「戦術」をとろう、と。理屈は同じことである。交換しない場合については、当然ながら期待値の変化はないので、考察から外してよい。「60000」のとき交換し続けた結果だけによって全体の期待値変化を判断することができる。このバージョンでも、交換しない場合より交換した方が25%得であることに変わりない。

あなたとは違う封筒を常に取るもう一人のプレイヤーBがいるとしよう。あなたの「60000のときだけ交換戦術」にBが付き合うならば、Bは交換しない場合よりも損することになるわけだ。

[*28] 次のように反発する人はいるでしょうか。「……胴元が{3万, 6万}を選んでいた確率と{6万, 12万}を選んでいた確率はもともと等しい、というなら、それはなにも{3万, 6万}と{6万, 12万}に限った話ではなく、{5千, 1万}と{1万, 2万}とか、{4億, 8億}と{8億, 16億}とか、すべての「隣接するペア」について言えるはずだ。そこですべてのペアについてこの考えを当てはめると、すべてのペアについて選ばれる確率が等しかったことになる。しかしそれはありえない。なぜなら、排他的なペアが無限にあるので、すべてのペアの確率を合わせると、同じ値を無限回足し合わせることになり、無限大になってしまうからだ。排他的なあらゆる可能性の確率の合計は1になるはずだろう。確率無限大は矛盾だ。したがって、『胴元が{3万, 6万}を選んでいた確率と{6万, 12万}を選んでいた確率はもともと等しい』ということはありえない。どちらかの方が大きかったはずだ」。

上の考えは、「事前確率分布」についての懸念ですね。たしかに、無限個の可能性すべてについて同じ確率を付与することはできません。それぞれの確率を合計して無限大になってしまってはまずい。しかし、この懸念に対しては、次の2つの点から「心配には及びません」と言えます。

1. 「{3万, 6万}と{6万, 12万}とで、いずれかの確率の方が大きかったはず」というのがその通りだとしても、どちらの方がどれだけ大きかったのかについては全然手掛かりがない。したがって、主観確率で1/2ずつと考えるしかない。

2. 封筒ペアの選び方を無限種類と考える必要はない。次のα、βを混同してはいけない。αが偽でも、βさえ真であれば話の辻褄は合う。

α　すべての封筒ペアは、どれも選ばれる確率が等しい。
β　胴元によって選ばれる可能性のあった封筒ペアは、どれも選ばれる確率が等しい。

胴元が超人的な目配りのできる神でない限り、ほとんどのペアは「胴元によって選ばれる可能性のなかった封筒ペア」だったはずです。それらがどういうものかを特定する必要はありません。プレイヤーが手もとにどんな金額Aを見出そうとも、{A/2, A}と{A, 2A}とが「胴元によって選ばれる可能性のあった封筒ペア」にもともと含まれていたことだけはわかった、というだけで十分なのです。胴元が{A/2, A}を選んでいた確率と{A, 2A}を選んでいた確率は等しい、と判断できるからです。

また、手もとの金額が奇数だったらどうするか、ということも気にすべきではありません。その場合は交換が当然得だとわかってしまうので、問題成立の条件から排除されるだけだからです。このような、問題の本筋に関係ないノイズを除去するために、思考実験では金額を自然数ではなく実数（貨幣ではなく、黄金の量のような）に置き換えることがしばしばなされます。

さらに、次のようなことも心配には及びません。「いかにも小さな数であれば交換した方が得、いかにも大きい数であれば交換しないのが得、という判断が賢明ではないか」。そういう恣意的な判断は無駄です。胴元による封筒ペアの選択はランダムだと想定するなら、手もとにどんな数を見出そうが、大きい方を取っている確率と小さい方を取っている確率が1/2ずつという当初の判断を変更するためのデータにはならないからです。

「胴元の選択はランダム」というのは不可能だ、という反論も無視してかまいません。ランダムでないとしても、どうランダムでなかったか、が特定できないなら、結局「手もとに見出した金額を挟むペアについてはランダム」としか想定できないからです。

5 必ず得をする戦略！

　一般的に言うと、この2封筒ゲームを何度も繰り返しプレイする場合は、「特定の数が手もとに来たときだけ交換する。他の場合は交換しない」という非対称的な戦略をとれば、全く交換しない場合や、すべて交換する場合に比べて得となる。たまたま6万を例にしたが、どんな数であってもよい。あらかじめ決めておいてもよいし、最初に手もとに来た数を確認してから以後その数に固定するのでもよい。とにかく特定の数が来たときだけ交換する、という戦略をとれば、決して交換しない戦略に比べて、得となる。その特定の数が来たときについて平均すると25％得をするので、全体としてそのぶん得をすることになるからだ[*29]。

*29 イメージしやすいように何度も 2 封筒ゲームを繰り返す喩えで説明していきますが、その「繰り返し」は、ただ一度だけのゲームで交換したときの期待値変化を求めるための「シミュレーション」であることを忘れないでください。「本番」は一度だけです。2 封筒ゲームは、1 人のプレイヤーが実際に多数回挑戦したときに毎回交換すると全体として得するかどうか、というゲームではなりません。問われているのは「この一度」についてだけです（かりに多数回挑戦したとしても、1 回ごとにゲームは終了するので、通算してはいけません）。繰り返しをシミュレーションとして想定するだけでなくルールとして（本番そのものの姿として）認めてしまうと、もはやそれは 2 封筒ゲームではありません。本番とシミュレーション（あるいは実験）とを区別するのはきわめて重要です（注 1 参照）。

したがって、誤解を招かないよう万全を期するには、繰り返しよりも同時併存する多世界で考えた方がよいでしょう。多世界にまたがるあなたが一度だけこのゲームをしたとき、封筒内に「6 万円」を見出したという点で共通している分身（あなた自身を含めて、6 万円という情報以外の意識内容においてゲーム中に分岐してしまった分身も含めて）全員が封筒交換すれば、平均して 25％得して 7.5 万円得られる、ということです。封筒内を見ずに金額を「A」と名付けただけの分身全員が封筒交換した場合は、当然、損得なしとなります。「A」という名付けは役に立ちません。つまり未開封バージョンでは交換が決して得にならないのです。

実際上は、多世界設定より日常感覚に合致した繰り返し設定で期待値をイメージしても誤解が生ずることは少ないでしょうが、以上の点（シミュレーションのための繰り返しであってルールとしての繰り返しではないという点）をくれぐれも念頭に留めてください。

「100 万以下の数が来たら交換する、その他の場合は交換しない」という戦略であってもよいだろう。とにかく非対称性を作り出せば、非対称的な部分について 25％の得となるのだ。

「待ってくれ。そのやり方で得というのは、やっぱりおかしいぞ！」そう叫ぶ人がいるかもしれない。

「特定の数のときに交換すれば得をするって？ それはおかしい。どんな数も『特定の数』じゃないか。特定の数でない数なんて無いのだから。『特定性』という性質が、そして『交換すると 25％の得』という性質が一つ一つのどの数についても成り立つってことは、すべての数について成り立つてことだろう。つまり、どの数を選んでその交換戦略を実行しても 25％得するってことは、その戦略をすべての数について実行すれば、全体で 25％得するってことだろう。すべての数について交換戦略を実行するってことは、いかなる場合にも交換する戦略をとるってことだ。だけどそれは不合理だ。なぜなら、どの回も必ず交換するってことは、反対側から見れば、交換しないでおくのと同じことだからな。封筒ペアが提示されるたびに、2 人のプレ

イヤーが各々違う封筒を取るゲームを考えよう。プレイヤーAの選択を全回にわたってごっそりプレイヤーBの選択に入れ替えれば得、だなんてことはありえない。ゲームの構造からして、プレイヤーAとプレイヤーBの得られる期待値は同じはずだからな！」

　どうだろう、この異議申し立ては。もっともらしく聞こえるだろうか。

　この異議は、ケアレスミスに基づいている。ケアレスなのは、「一つ一つのどの数についても成り立つってことは、すべての数について成り立つってことだろう」の部分だ。どの数についても成り立つことが、すべての数について成り立つとは限らない。「どの（any）」と「すべての（all）」とは厳密に区別しなければならないのだ。

　得をする戦略とは、次のようなものだった。「特定の数が手もとに来たときだけ交換せよ」。

　「だけ」を勝手に無視してはいけない。指令は文字どおり守るべきなのだ。この指令はどの数について適用してもよいが、すべての数について適用するとしたら指令違反になってしまう。「特定の数が手もとに来たときだけ交換」という方針が相殺され無効化されてしまうからだ。あくまで非対称性を作り出すのが目的だったのに、すべての数についてやってしまうと、対称性が復活してしまうのである。

　非対称性を作り出すような「部分的な交換戦略」を保たねばならない。欲張って全回交換すると、交換しないのと同じことになってしまう。交換するのは6万だけとか、6万と100万だけとか、7200と1億と8と7千兆9千億の4種類に限るとか、とにかく互いに相殺しないような、決してペアになりえないものを選ばなければならない。

　このように、封筒の中を見ることは、戦略上重大なヒントになる。「必ず得をする戦略」を実行するための情報を与えてくれるからだ。「どうせどんな数でも同じことだから」と、実際に封筒の中を見ないまま「見たと仮定して」手もとの金額をAと置いたとしよう。そのやり方だと、せっかくの「部分的交換戦略」が実行できない。なぜなら、初回はそのAを交換したとしても、次の回以降は、手もとに来た金額がAなのかAでないのかわからないため、交換するべき回を選択できないからである。中の金額を実際に見ることこそ重要なのだ。

以上が、「2封筒問題」の正しい解決法である。

案外簡単だ。2封筒問題は「未解決の問題」としばしば言われるが、それは都市伝説であることがおわかりだろう。

6 無限大の呪い？

2封筒問題には、まだまだ注釈しておくべきことがある。しばしば持ち出される「無限大の問題」に触れておこう。次のような主張が成り立つと考える人がけっこう多いからだ。

「封筒の中の金額はいくらでもありうる。だから、金額の可能性を列挙してゆくと無限大に発散し、期待値が求められない。だから、交換して得かどうかという問題は成立しない。問題が成立していないのだから、交換して得なのかどうかについてはどうとでも言えて、交換で25％得、と言えてしまうのも驚くに値しない」。

無限大を持ち出す人は、2封筒問題のルールを勘違いしている。封筒ペアはただ1つだけである。違うペアで何度も繰り返し行なって、回数を増やした極限の損得の期待値を調べる、というゲームではないのだ（注29参照）。だから、無限大を持ち出して2封筒問題を「解決できない」あるいは「解決の必要なし」と決めつけるのは間違いだ。封筒内金額は、確実に特定の有限値である。2封筒問題に無限大は無関係である。

有限の金額が決まる「開封バージョン」に無限大が影響しないことはいずれにせよ自明だ。そうすると、2封筒問題に無限大を持ち込む多くの論者は、最初に見た「未開封バージョン」だけを考えているのかもしれない。未開封バージョンなら、確かに封筒内金額の期待値は無限大だとも言いたくなるだろう。なにしろ金額がわからないうちは、可能性に上限がないのだから。

しかし未開封バージョンは、対称性の原理により、難なく解くことができたことを思い出そう。交換したときに期待値の増減はゼロであることが証明できたのである。したがって、「期待値が無限大なのだから、厳密には期待値は存在せず、交換して得するという答えも合理的になる」という奇妙な解法の出番はない。

開封バージョンでは、特定の有限の値が見えてから考察が始まるので、期

待値計算には有限の値しか出てこない。なので、無限大が関係ないことはもはや一目瞭然だろう。開封バージョンは、未開封バージョンよりもはるかにトリッキーな難問なのだが、「期待値が発散する」という懸念がないぶん、無限大の件に関しては対処が易しい。

他方、未開封バージョンは、「対称性の原理によって交換しても損得なし」になることはすでに見たとおりであり、哲学的にも数学的にも難しいところのない初歩的パズルなのだが、無限大という理屈が入り込む余地がある。無限大にこだわる論者の言い分を少し吟味してみたい。

「交換して損得なしと言えるためには期待値が存在しなければならない。しかし、未開封である限り金額の可能性に上限がなく、期待値が無限大に発散してしまって、期待値が存在しない。したがって、『交換は損得なし』『交換が得』両方の見方が成り立ってかまわない。つまり『交換すれば得』をそのまま認めても、辻褄は合っているのだ」……。

いかがだろう。手に取った封筒内の金額の期待値は無限大、取らなかった方の金額の期待値も無限大、無限大は無限大より大きいとも言えるし小さいとも言える（たとえば無限大を2倍しても、2で割っても無限大である）ので、「交換して25％の得」というあの逆説的な答えも、それなりに筋が通っている──という理屈である。「期待値が無限大である（正確には、期待値が存在しない）場合には、損得について何でも言えてしまう。だから『対称性の原理』で無理に辻褄を合わせて『損得なし』だけを正解として常識に一致させる必要などない。無限大はもともと非常識なものなのだから」……。

この考えは二重に間違っている。第一に、本章の始めに見たように、「未開封のとき、交換すれば25パーセントの得」という計算は、変数を定数であるかのように扱うという、ごく初歩的な誤りを犯していたのだった。そして変数はAと2Aの2つだけであり、A，2A，A/2という3つが混在することは決してない。計算方法がまるきり間違っているのだから、その答えを尊重する筋合いはないのだ。いくら期待値が無限大に発散するからといっても、「未開封のとき、交換すれば25パーセントの得」という計算が正しくなることはありえない。（参考までに次節以降で〈無限大論者の計算〉を検討するので、興味のある人はどうぞ）。

第二に、「期待値が無限大に発散する」という計算が正しいからという理

由だけで、「無限大について成り立つ計算がすべてこのゲームに適用できる」と判断するのは間違っている。2封筒問題は、ゲームのルールからして、胴元はあらかじめ必ず封筒の中身を決めて、有限の額を提示しなければならない。封筒ペアの金額を選ぶとき、胴元がどんどん大きな数をイメージしていって、結局「封筒の中身を決めることができない」ということは決して起こらない。そのような場合は、2封筒ゲームがそもそも始まらないからである。2封筒問題は、ゲームが始まったところから語られる。プレイヤーの目の前に、すでに封筒が2つ差し出されたところから問題は始まるのだ。つまり問題の設定からして、有限の金額であることが保証されている。未知であるだけで、そして上限が決まらないために期待値が無限大になっているだけのことで、「実際の金額は必ず有限」という縛りはあるのだ。

したがって、「期待値が無限大」だからといって、実現する賞金そのものが無限大でありうるという想定へ迷い込んではいけない。この第二点は、次章で、2封筒問題と「サンクトペテルブルク・パラドクス」という問題とを比較しながら詳しく論ずることにする。

7 無限大論者のトリック〜〜括弧付け替え計算
（この節は、細かい詮索に入らずに本筋を追いたい人は飛ばしてください）

「交換してもしなくても期待値が無限大だから（＝一定の期待値が存在しないから）交換したときの損得（期待値の変化）はどうにでもなる」と主張する人は、具体的にはどのような計算を念頭に置いているだろうか。

前節で簡単に触れた「第一の誤り」の確認と整理を兼ねて、ざっと見ておこう。実際に次のような計算を提示する人がいるのだ。

・・・・・・・・・・・・・・・・・・・・・・・・・・・・・・・・

目の前に提示された封筒の中身がいくらであるか、あらゆる可能性について列挙してみよう。

封筒の中身は、（A，2A）か（2A，A）かいずれかであり、Aはいろいろな値を取りうる。対称性の原理による正しい計算とやらは、次のようなものだった。（交換が得になるとわかってしまう金額、つまり最小金額の入った封筒が

存在しないようにするため、Aは正の実数とするのがよいが、ここではわかりやすい自然数部分だけを例示する）。

「交換しないときの獲得金額の期待値－交換したときの獲得金額の期待値」は、

……1/2 (20＋40)＋1/2 (40＋80)＋1/2 (80＋160)＋1/2 (160＋320)＋……
－ ……1/2 (40＋20)＋1/2 (80＋40)＋1/2 (160＋80)＋1/2 (320＋160)＋……

すなわち、

……
＋ (1/2 (20＋40)－1/2 (40＋20))　　………封筒ペア {20円, 40円}
＋ (1/2 (40＋80)－1/2 (80＋40))　　………封筒ペア {40円, 80円}
＋ (1/2 (80＋160)－1/2 (160＋80))　………封筒ペア {80円, 160円}
＋ (1/2 (160＋320)－1/2 (320＋160))　……封筒ペア {160円, 320円}
＋……

これを計算 α としよう。正確には、それぞれの行に、その封筒ペアが選ばれる確率が掛け合わされるべきだが、簡略化のため省略してある。

さて、この計算 α では、足し合わせる単位であるどの項もゼロになるから、それらを足し合わせた全体もゼロになる。つまり、交換してもしなくても、獲得金額の期待値は同じということだ。これはこれで、2封筒問題の未開封バージョンの正しい計算を表わしている。それは認めよう。

しかし、上の計算は、可能な計算のうちの1つにすぎない。足し算の書き表わし方は、他にもたくさんある。たとえば、計算 α の「交換しないときの獲得金額の期待値－交換したときの獲得金額の期待値」を「交換しないときと交換したときの差額の期待値」と見なして、

1/2 (A＋2 A)－1/2 (2 A＋A)
＝1/2 (A－2 A)＋1/2 (2 A－A)

によって書き直すと

……
＋ (1/2 (20－40)＋1/2 (40－20))　　………封筒ペア {20円, 40円}
＋ (1/2 (40－80)＋1/2 (80－40))　　………封筒ペア {40円, 80円}
＋ (1/2 (80－160)＋1/2 (160－80))　……封筒ペア {80円, 160円}
＋ (1/2 (160－320)＋1/2 (320－160))　……封筒ペア {160円, 320円}

＋……

すべての行が依然としてゼロで変わりないが、ここからさらに括弧付け替えの操作をして、1/2（A－2A）の位置を順繰りに１つ左にずらすことにより、足し合わせる単位を変えてみよう。足し合わせる項が無限個続いているから、１つズラしても計算の正しさに影響はない*30。

……
＋（1/2（40－20）＋1/2（40－80））　　………手もとの封筒内に40円
＋（1/2（80－40）＋1/2（80－160））　　………手もとの封筒内に80円
＋（1/2（160－80）＋1/2（160－320））　　……手もとの封筒内に160円
＋（1/2（320－160）＋1/2（320－640））　　……手もとの封筒内に320円
＋……

計算 α から得られたこの計算を計算 β としよう。計算 β だと、すべての行がゼロより小さくなり、それらを足し合わせた全体はマイナス無限大になる。同じものを足し合わせているはずなのに、括弧を付け替えただけで、計算 α と計算 β では答えが違ってしまった。しかしどちらも正しいのだ。有限個の項を足し合わせる場合は、括弧を付け替えても答えは変わらないが、無限個の項を足し合わせる場合は、このように、ときとして答えが１通りに定まらない。これは、もともと期待値が存在しない設定だったからだ。対称性の原理と称して「正解はゼロ」「交換しても期待値変化なし」とのみ断定するのは独断的であることがこれでわかるだろう！

*30 項が無限個ある列は、有限回ズラしても全体に影響ない、という理屈は、いろいろな正しい計算として応用されます。たとえば、無限小数 S＝0.99999……が厳密に１に等しいことの証明。「10 S＝9.99999……なので、10 S－S＝9 S＝9.0000……。よって、S＝1」。数字が一桁ずつズレても全体の数は変わらず、差し引くと一挙に消える、という理屈です。

・・・・・・・・・・・・・・・・・・・・・・・・・・・・・・・・・・・・・・

以上が、無限大論者の言い分である。いかがだろうか。

計算 β は、対称性の原理を放棄して項をズラすことにより、交換すると「手もとの金額」より25％増加する、と解釈できる計算になっている。

計算 β は、単なる計算としては正しそうだが、前述のとおり、単純な間違いである。

以前考えた「ペア決定の後で一封筒選択」と「一封筒内金額決定の後でペア決定」の区別を思い出そう。計算 α は「ペア決定の後で一封筒選択」ルールを表わすのに対し、計算 β は、「一封筒内金額決定の後でペア決定」ルールを表わしている。この２つを混同してはいけない。２封筒問題の設定はあくまで前者である。形式的な無限大のどさくさに紛れて、別々のルールを勝手に同一視してはいけない。
　「いや、いいのだ。同一視できるのだ。純粋な計算として見るなら、同一なのだから。それが数学というものだ」と無限大論者は主張する。そこで次に、「純粋な計算」としても計算 β は無益であることを無限大論者に示してやらねばならない。
　計算 β は、計算 α の省略形から括弧付け替えで作り出したものだった。そして無限大論者は、括弧付け替え計算ができるように、計算 α の式と説明の間に、そっと次のような但し書きを加えていた（217ページ）。「正確には、それぞれの行に、その封筒ペアが選ばれる確率が掛け合わされるべきだが、簡略化のため省略してある」。
　しかし、この「省略」こそ不正なトリックなのだ。各ペアが選択される確率の係数表示を省略してはいけない！

8 無限大論者のトラップ〜〜どんなゲームかを忘れるな
（この節も、細かい詮索に入らずに本筋を追いたい人は飛ばしてください）

　省略せずに書いたらどうなるか。
　ちゃんと書けば、計算 α はこうだった。胴元が各ペアを選んでいる確率を、……, f, g, h, i, ……とすると、

　……
　$+ f\,(1/2\,(20-40) + 1/2\,(40-20))$　　………封筒ペア {20円, 40円}
　$+ g\,(1/2\,(40-80) + 1/2\,(80-40))$　　………封筒ペア {40円, 80円}
　$+ h\,(1/2\,(80-160) + 1/2\,(160-80))$　　……封筒ペア {80円, 160円}
　$+ i\,(1/2\,(160-320) + 1/2\,(320-160))$　　……封筒ペア {160円, 320円}
　$+ ……$
　各々の封筒ペアが選ばれている確率　……, e, f, g, h, i, j,

……の値は、すべて足し合わせると1になるような数列を形作る。

この計算を計算 γ としよう。計算 γ も、括弧の外側に係数が付いている以外は計算 α と同じだから、合計がゼロになることに変わりない。しかし、係数のあるなしは実は大違いなのだ。計算 γ でなく、ペアごとの確率の表示を省略した計算 α だったからこそ、無造作な括弧付け替えである計算 β が可能になったのだった。計算 α でなく、より正確な計算 γ をもとに括弧付け替えをしたらどうなるだろうか。

……
+ (f /2 (40－20) + g /2 (40－80))　　……手もとの封筒内に 40 円
+ (g /2 (80－40) + h /2 (80－160))　　……手もとの封筒内に 80 円
+ (h /2 (160－80) + i /2 (160－320))　　……手もとの封筒内に 160 円
+ (i /2 (320－160) + j /2 (320－640))　　……手もとの封筒内に 320 円
+……

この計算を計算 δ としよう。計算 δ は、計算 β とは違って、「すべての行がゼロより小さくなる」とは言えない。確率の表示として、各行が、f と g、g と h のように、それぞれ2つの異なる係数が混じっていて、括弧の外にくくり出せないからである。

すべての行がゼロより小さくなるわけでないとすれば、「交換しないときの獲得金額－交換したときの獲得金額」の期待値がマイナス無限大になるとは言えず、「期待値が存在しない」とか「期待値が定義できない」とは言えなくなる。そして、期待値が存在するのであれば、一定の値、すなわちゼロに定まるはずである。そんなことは対称性の原理によって始めからわかっていたのではあるが。

前述のように、未開封バージョンの場合、目の前にある2つの封筒の中には2種類の金額しかないので、期待値計算のためには、常に2種類の金額どうしの差し引きを列挙してから、その結果を足し合わせなければならない。それを無理に3種類の金額をまとめて括弧でくくったために、いかなる試行にも対応しない単位をでっち上げる羽目になり、1つの括弧内に異なる確率を共存させてしまい、にっちもさっちもいかなくなったのだ。

ちなみに、「一封筒内金額決定の後でペア決定」ルールであれば、
　……

$$+ (f/2(40-20) + f/2(40-80))$$ ……手もとの封筒内に 40 円
$$+ (g/2(80-40) + g/2(80-160))$$ ……手もとの封筒内に 80 円
$$+ (h/2(160-80) + h/2(160-320))$$ ……手もとの封筒内に 160 円
$$+ (i/2(320-160) + i/2(320-640))$$ ……手もとの封筒内に 320 円
$$+ \cdots\cdots$$

と書いて問題ない。これなら、それぞれの行がゼロより小さくなる（交換すると25％得になる）。しかしもちろん、2封筒問題はこのルールではなかった。「ペア決定の後で一封筒選択」ルールなのだ。無限大論者は、抽象的計算に耽って、ゲームのルールつまり「意味」を見失っているのである。

　無限大論者が陥ったこの泥沼は、<u>思考実験をないがしろにしたゆえに生じた泥沼</u>である。第6章で私たちは確かに、「思考実験は実感を軽んじてもよい、いや、むしろ軽んじるべきだ」ということを学んだ。しかし、だからといって「どういう状況が想定されているのか」をまったく思い浮かべもせずに、ただの抽象的な計算に終始してしまっては、もはや思考実験ではない。設定された状況の構造を、しっかり把握できていなければならないのだ。

　思考実験では、論理的要請があれば実感や直観を切り捨てる用意をしながらも、「自分が何を考えているのか」という意味づけは常に保持しているべきである。無限大論者の括弧付け替え計算は、2封筒問題ゲームでプレイヤーが何を行ない、何についての期待値を求めようとしているのかを忘れたところで演じられている。思考内容よりも思考手段レベルで、可能な計算を機械的にシミュレーションしているだけなのだ。

9 無限大論者のジレンマ〜確率分布の選り好み
（この節も、細かい詮索に入らずに本筋を追いたい人は飛ばしてください）

　もちろん、イメージを置き去りにした抽象的シミュレーションであっても、辻褄が合っていれば行けるところまで行ってもいいだろう。論理的に正しければ、最後に具体的イメージを回復できるはずだから。

　そこで、無限大論者が自前の計算を強行して、次のように反論することができる、と思う人はいるだろうか。

　「胴元はランダムに金額ペアを選ぶのだから、どのペアが選ばれる確率も

等しい、すなわち……＝e＝f＝g＝h＝i＝j＝……である。よって、そのすべてをaと書き、括弧の外側へくくり出すことができる」。

この言い分が正しければ、計算δは実は次のようになる。

……
＋a（1/2（40－20）＋1/2（40－80））　　　……手もとの封筒内に40円
＋a（1/2（80－40）＋1/2（80－160））　　……手もとの封筒内に80円
＋a（1/2（160－80）＋1/2（160－320）） 　……手もとの封筒内に160円
＋a（1/2（320－160）＋1/2（320－640））　……手もとの封筒内に320円
＋……

この答えは、計算βと同じく、マイナス無限大となる。計算αの答えにaを掛けただけだからだ。

しかしあいにく、「どのペアが選ばれる確率も等しくaである」とすることはできない。なぜなら、無限大論者によれば、選ばれる可能性のあるペアの種類は無限個のはずだったからだ。ところが、aという同じ確率を無限個足し合わせると、無限大になってしまう。これは確率の定義に反している。排他的事象の確率の合計が1を超えることはできないからだ（注28参照）。選ばれる可能性のあるペアの数が無限個と考えるならば、選ばれる確率をすべて等しいとすることはできないのである。

無限大論者は、次のようなジレンマに追い込まれる。

P　計算δの答えがマイナス無限大に発散して期待値の差が「答え無し」になるためには、無限種類のペアの可能性がなければならない。
Q　計算δで共通の係数くくり出しの形を一般的に成立させるためは、金額ペアの選ばれる確率をすべて等しい（胴元によるペア選択がランダムである）としなければならない。

PとQの要請を両方とも満たすのは無理である。両方とも満たそうとすると、可能な排他的事象の確率を合計したとき、無限大になってしまうからだ。
対称性の原理に則った計算γなら、この点まったく心配ない。……, e, f, g, h, i, j, ……の値が何であろうとも、合計はゼロに変わりないからである。胴元がいかに気まぐれな人物であろうとも、そのペア選択がどんな意

図でなされたか（可能な封筒内金額ペア全体にわたる確率分布がどういうものであったか）にかかわらず、封筒を交換しない場合と交換した場合の期待値の差（そして差の期待値）は常にゼロとなる。つまり、計算 γ は、汎用性のある計算なのだ。

それに対して計算 δ は、無限大論者の主張に沿って「差の期待値は定まらず」を実現することができない。かりに、差の期待値を無限大またはマイナス無限大にするような確率分布で、……＋e＋f＋g＋h＋i＋j＋……＝1　であるものが発見できたとしても、そのような確率分布を胴元が選んでいる保証などないのである。特殊な確率分布の場合だけ成り立つような、解釈を選り好みする解答は正解ではない。2封筒問題そのものには、特定の確率分布に限るという制限は与えられていないので、「胴元の選択について、いかなる確率分布のもとでも成り立つ解答をせよ」という暗黙の指令が含まれていると見なすべきだ。この指令に従った計算 γ に軍配が上がるのは明白だろう。

参 考 問 題

　2封筒問題には未開封バージョンと開封バージョンがある。本当にパラドクシカルなのは開封バージョンだった。開封して判明した金額をデータとして本当に尊重するのであれば、当の金額が封筒内に見出された場合だけをゲーム成立とするようルール変更して考えることになったため、2つの封筒の対称性が破れる。ゆえに交換するのが期待値の上で得となる。この論理は、多世界モデルで厳密に定式化すべき、興味深い形而上学につながるだろう。

　ただし、議論の上で紛糾するのはなぜか簡単な方の未開封バージョンである。ほとんど論理的真理である「対称性の原理」を無視して無限大のパズルへと変換したがる論者が多いのだ。

　哲学的・論理的に難しく、興味深い発展性を孕むような問題よりも、単純で易しい問題の方が紛糾した応酬を呼ぶ、という例を他に見つけてみよう。

※ 解答例

　私見では、「アキレスと亀」がそうである。「俊足のアキレスが鈍足の亀を追いかけるとき、アキレスは亀がいた地点に着かねばならない。そのとき亀は少し進んでいる。アキレスはその地点にも着かねばならない。そのとき亀はまた少し進んでいる。アキレスはその地点にも……これが無限に続くので、アキレスは決して亀に追いつけない」という詭弁だ。

　これはただの〈語りのトリック〉にすぎない。つまり、アキレスが亀に追いつくまでのプロセスを無限分割して語っているだけ。哲学ではなく修辞学の事例である。それなのに、なぜか時間・空間の形而上学的パラドクスに仕立てようとする哲学者が後を絶たない。こういった事態は、それなりに興味深い「パラドクスの心理学」「思考実験の精神病理学」を生み出す種子ともなりうるが、市場の自作自演的拡大はほどほどにしておく方がよいだろう。

第 10 章

サンクトペテルブルク・パラドクス——2封筒問題との比較

St. Petersburg paradox

◎「賞金の期待値が無限大」というギャンブルがあれば、誰だってやりたいと思いますよね？ 参加費捻出のために全財産をはたいてでも、参戦すべきだと言えるでしょう。

◎ところが、期待値無限大でも間違いなく損をする、というギャンブルもあるのです。その中で史上もっとも有名なゲームを考察し、その論理を吟味します。本書でここまで考えてきたさまざまな思考実験も設定の中に投入して、この厄介なゲームについて納得のゆく説明に到達しましょう！

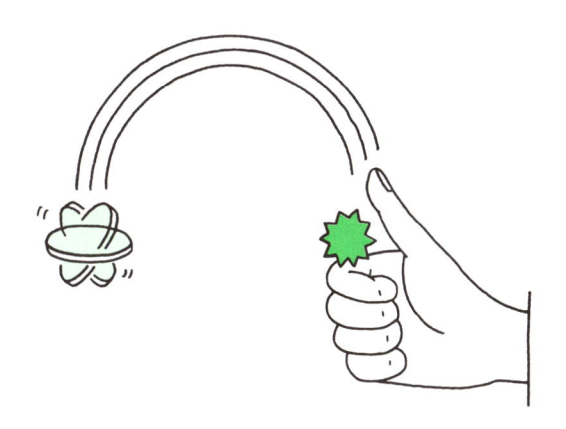

サンクトペテルブルク・パラドクス

```
賞金の期待値は有限か？ ──Yes──▶ 2封筒問題：開封バージョン
        │
        No
        ▼
無限大の賞金は可能か？
        │                    後決め設定
   先決め設定                  Yes ──▶ 賞金無限大の確率は   ──No──▶
        No                          ゼロより大か？
        ▼
単なる決定のタイミング
賞金はゲーム開始時に
決まっているか？ ────────────── Yes ──▶
        │
        No
        ▼
    ゲーム2
サンクトペテルブルク：Wikiバージョン

後で決める先決め設定
```

> 無限分割投げ ＝
> **単なる決定のタイミング**が
> 先決めか後決めかの論理を
> 定めるわけでないことを
> 示すための装置

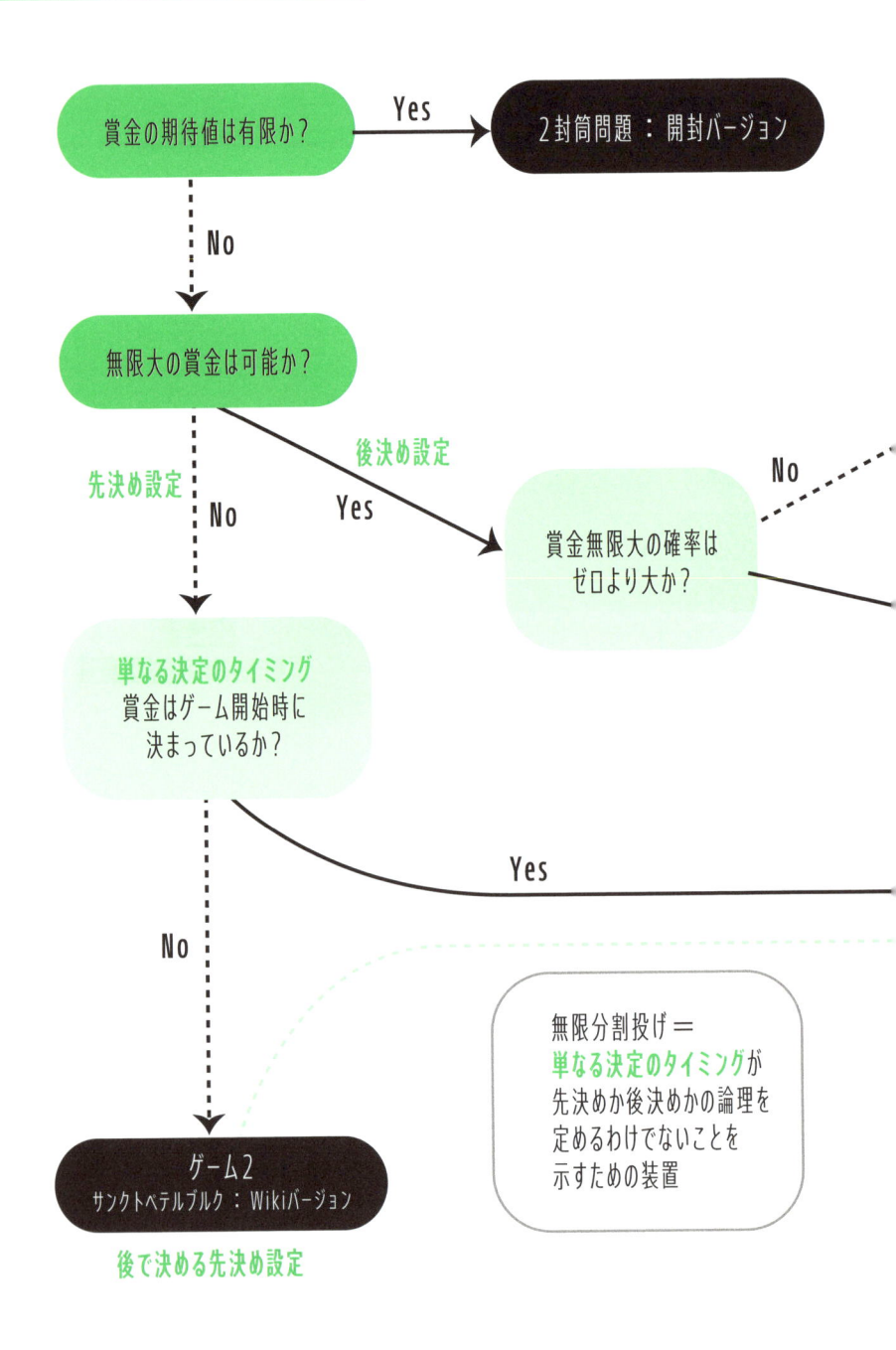

```
                                    ┌─────────────────────────┐
                         No         │ ゲーム3                  │
                    ┌──────────────▶│ サンクトペテルブルク：本書バージョン │
┌──────────────┐    │               └─────────────────────────┘
│ 単なる決定のタイミング │
│ 賞金はゲーム開始時に  │
│ 決まっているか？     │   Yes        ┌──────────────────────────────┐
└──────────────┘    └──────────────▶│ ゲーム3 ＋ 無限分割投げ           │
                                    │ サンクトペテルブルク：本書バージョン      │
                                    └──────────────────────────────┘
                                         先に決める後決め設定
```

Yes!

┌──────────────────────────────────────┐
│ ゲーム3 ＋ 無限分割投げ ＋ 量子自殺   │
│ サンクトペテルブルク：本書バージョン   │
└──────────────────────────────────────┘

┌──────────────────┐
│ ゲーム1   │
│ 2封筒問題：未開封バージョン │
└──────────────────┘

┌──────────────────────────┐
│ ゲーム2 ＋ 無限分割投げ   │
│ サンクトペテルブルク：Wikiバージョン │
└──────────────────────────┘

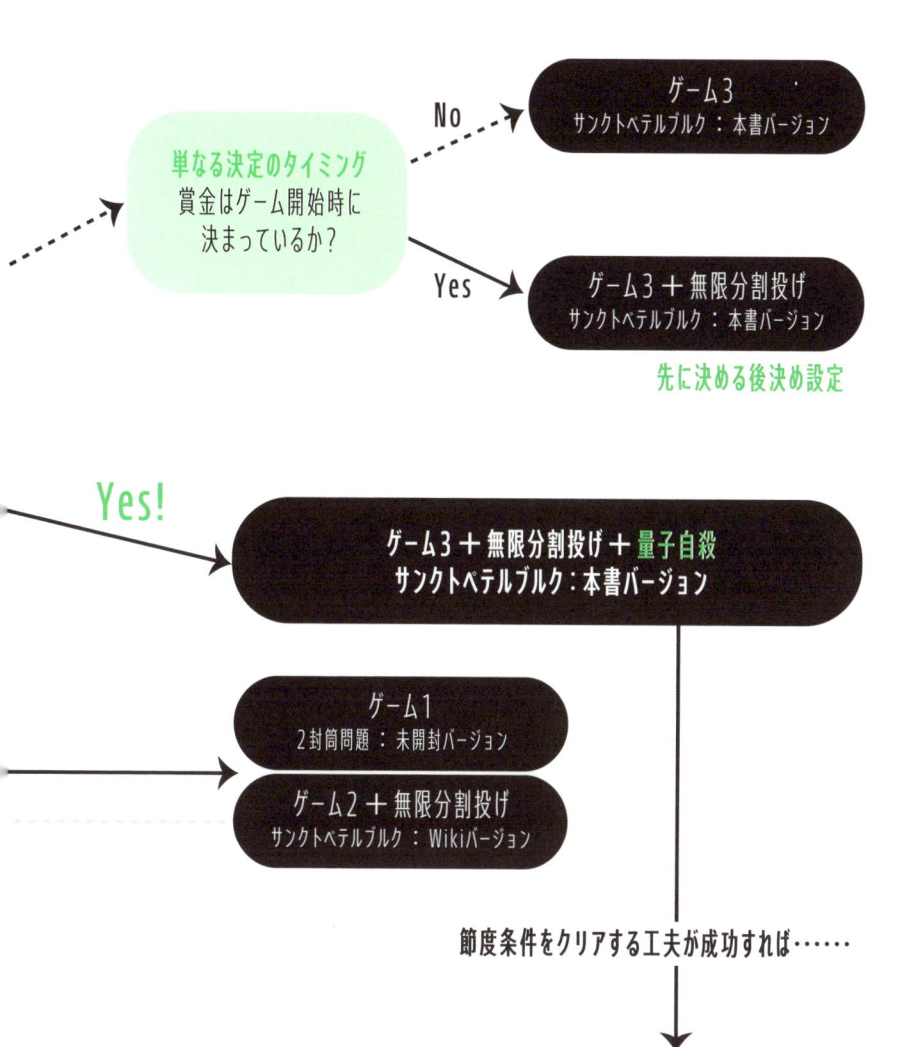

節度条件をクリアする工夫が成功すれば……

┌──────────────────────┐
│ 期待値と合理的損得勘定の一致 │
└──────────────────────┘

＊

1 期待値に頼れるか

　2封筒問題に無限大を持ち込む人は、2封筒問題が「サンクトペテルブルク・パラドクス」と同じ種類の問題だと考えているようである。サンクトペテルブルク・パラドクスとは、2封筒問題と同じく、「期待値」という概念を損得判断に結びつけたときに奇妙な結論を導いてしまうパズルである。次のような問題だ。

> 　偏りのないコインを投げて、裏が出続ける回数に応じた賞金がもらえるというゲームをする。表と裏の出る確率をそれぞれ1/2にするために、「コインが立った」「コインが空中分解した」などの変則事例が万一生じた場合は「ノーカウントでやり直し」というルールだ。つまり、1回の投げにつき、結果は論理的に表か裏しかない。
> 　最初に表が出たらそこでコイン投げは終わりで、賞金は2円とする。最初に裏が出て次が表だったらそこで終わりで、4円もらえる。始めの2回が裏で3回目が表だったらそこで終わりで、8円もらえる。……というふうに、裏が出た回数だけ賞金が倍増してゆくというルールだ。コインを投げた回数をnとして、その時点で（2のn乗）円の賞金がもらえることになる。このゲームでは、期待値が無限大に発散する。なぜかというと、コイン投げの各回数の確率とそのときの賞金を賭け合わせて積算すると、
>
> 　　2×1/2 ＋ 4×1/4 ＋ 8×1/8 ＋……＝ 1 ＋ 1 ＋ 1 ＋……＝∞
>
> 　したがって、ただ一度このゲームをするために参加費がかかる場合、「参加費が有限の額ならばいくら払っても挑戦するのが得だ」という理

> 屈になる。たとえ1億円だろうと、100億円だろうと、100兆円だろうと。

しかしこれは直観に反するだろう。「現実には、裏がそんなに何十回も出続けるわけないんだから、参加費100円程度であっても損するに決まってるでしょ！」……というパラドクスだ。

2 確率ゼロだが、可能

　このゲームでは、賞金は先に与えられておらず、コインの偶然の回転にしたがって、賞金が刻々と更新され、ゲーム終了時に賞金額が決まる。それに対して、2封筒問題はゲーム開始前に賞金は先に決められて、封筒に封入されていた。同じく「期待値が無限大」というゲームでありながら、2封筒問題が賞金の先決め設定だったのに対し、サンクトペテルブルク・パラドクスの方は後決め設定なのだ。
　先決めと後決めでは論理が全く異なる。2封筒問題のゲームでは、2つの封筒に金額2倍の差という非対称的な違いがなければならないので、賞金が無限大ということはありえない。つまり賞金無限大が実現する世界は論理的に除外されている。他方、サンクトペテルブルクのゲームでは、いつまでもコインの裏が出続けて、賞金額が確定せぬまま増え続ける（無限大へと永遠に向かい続ける）世界が可能的に含まれている。
　賞金額が確定しないというのは、賞金が未定ということであり、賞金が未定とは前述のルールからして「賞金はいかなる有限の値にも確定しないので、いかなる有限値に比べてもそれ以下ということはありえない」という意味である。便宜的に「無限大」と言い表わしてもよい。
　すなわち、
・賞金先決めの2封筒ゲームは、期待値は無限大でも、実際に獲得賞金が無限大ということは不可能。
・賞金後決めのサンクトペテルブルク・ゲームは、期待値は無限大で、獲得賞金が無限大ということも実際に可能。
　これは大きな違いだ。

ただし、サンクトペテルブルクのゲームでも、いつまでもコインの裏が出続けるというのは、1/2 を限りなく掛け合わせるという無限に小さな確率でしか発生しない出来事だ。数学的にはそのような展開になる確率は「ゼロ」とされる。だが、確率ゼロというのは、そのようなことが起こる可能世界が存在しないという意味ではない。確率ゼロと、不可能とは、意味が違うのである。いつまでもコインの裏が出続けて賞金が無限大になる（正確に言うと、賞金が決まらない）という顛末になる確率はゼロだが、そのようになることは可能だ（第 5 章末尾の参考問題を参照）。

いつか必ず表が出なければならない、というルールも法則もないのだから、「いつまでも裏」が不可能でないことは誰もが同意できるだろう。確率ゼロの比率でしかないが、そのような世界は確かに、ゲームの可能的展開の中に含まれているのだ。

それに対して、2 封筒問題のゲームがなされている世界のうち、封筒内の金額が無限大である世界は存在しない。確率ゼロであるだけでなく、ルールからして不可能なのだ。ゲーム開始に先立って有限かつ非対称の金額ペアが「先決め」されているからだ。

2 封筒問題をサンクトペテルブルク・パラドクスのような無限大のパラドクスと見なせないことを示すには、以上のように、賞金の先決めと後決めの違いを指摘しただけで十分かもしれない。しかし、「金額の先決めと後決めの違いは何ら論理的に重要でない」と主張する人はけっこういる。というのも、サンクトペテルブルク・パラドクスは、賞金額が無限大になることが不可能であるような、つまり必ず有限値に確定しなければならないような設定に仕立てることができるからだ。そして、その場合でもサンクトペテルブルク・パラドクスには「参加費が有限の額ならばいくら払っても挑戦するのが得だ」という理屈が成り立つ。つまり、無限大のパラドクスであるためには、賞金無限大が可能かどうかという、先ほど見た 2 封筒問題とサンクトペテルブルク・パラドクスとの違いは、関係ないというわけである。

❓「賞金無限大は不可能」な設定のサンクトペテルブルク・パラドクスとは、どのようなものだろうか。 ちょっとした表現の変更でその設定が得られる。先ほどの本文の説明では、ゲームの説明を「裏が出続ける回数に応じて賞金が増えてゆくゲーム」としておいた。他方、ウィキペディアで「サンクトペ

第10章◎サンクトペテルブルク・パラドックス——２封筒問題との比較

テルブルクのパラドックス」を見ると、ゲームを次のように定義している。

「偏りのないコインを表が出るまで投げ続け、表がでたときに、賞金をもらえるゲーム」（2013年12月13日0時58分アクセス）。

この定義だと、裏が延々と出続けて表が出ない場合、賞金はもらえない。ゼロである。したがって、賞金がもらえる場合、表が出て賞金額が有限の値に決まることが必要条件となる。

他方、本書の定義では、裏が出続けた分だけ賞金が増えるので、賞金はそのつどどんどんふくれあがってゆく。賞金をもらうためにはいつか表が出なければならない、という制約がない。賞金額が有限の値に決まることは必要条件ではないのだ。

ウィキペディアの定義でも、賞金に上限がない点では同じだが、裏の連続がどこかでストップしない限り賞金が出ない（ゼロである）ため、「賞金が出る場合は、その額は必ず有限の値に確定する」ことになる。本書の定義では有限の値に確定しなくてよい。

ウィキペディアバージョンだと、賞金が無限大となる場合は、確率ゼロであるだけでなく、不可能である。本書の定義だと、賞金が無限大となる場合は、確率ゼロであるが、可能である。

この違いは微妙すぎると感じられるだろうか。差があるようでないような。1と0.9999……の違いのような。しかし、1と0.9999……は表記が違うだけで厳密に同じ数であるのに対し、サンクトペテルブルク・パラドクスの本書バージョンとウィキペディアバージョンの違いは本物の違いである[31]。しかも大きな違いである。サンクトペテルブルク・パラドクスのパラドクスたるポイント「有限の値である限り、いかに高額の参加費を支払っても、ゲームをするのが得（賞金の期待値の方が大きい）」という逆説は、ウィキペディアバージョンでもいちおう成り立つと言えるが、実は部分的にしか成り立たない。ウィキペディアの定義は、賞金の確定を要求しているため、事実上、賞金先決めバージョンになっており、本当のパラドクスではないのである。その理由をこれから考えよう。

[31] 数字の9を「裏か表」、それ以外の数字を「表」、小数点以下の桁数を回数と考えましょう。コインの出方の可能性は、本書バージョンは0.9999……、ウィキペディアバージョンは「小数点以下の少なくとも１つの桁に必ず9以外の数字が現われる無限小数」にあたります。ウィ

キペディアバージョンの無限小数は、どれほどまで数字9が続こうと、必ず数1より小さいことが保証されています。本書バージョンの無限小数は、厳密に1そのものなのです。

3 まず、標準的解決

あなたが、ここまで見てきた3つのゲームを行なうものとする。

ゲーム1．2封筒問題のゲーム（胴元が金額のペアを選んで封入するゲーム）
ゲーム2．「コイン投げで、表が一度出るまでに投げた回数nにつき2^n円もらえる」ゲーム
ゲーム3．「コイン投げで、表が出ない限り投げ続けて、n回目の投げのあと賞金が2^n円になっている」ゲーム

ゲーム2とゲーム3はサンクトペテルブルク・パラドクスのゲームだが、ゲーム2はウィキペディアの定義に沿ったもの、ゲーム3は本書の定義に沿ったものである。

ゲーム1では、すでに見たように、賞金が先決めで確定値が与えられているため、賞金額が無限大であることは不可能であり、特定のゲームについて、必ず有限の値に決定する。可能性の上限はないものの、有限であることだけは確定している。

ゲーム2では、賞金はまだ確定しておらず、上限がない。しかし、賞金が出る場合には表が出て連投がストップするはずだから、賞金額は必ず有限の値である。ゲーム1同様、賞金額が無限大であることは不可能だ。

ゲーム3も、賞金には上限がない。しかもゲーム2と違って、表が出ずに連投がストップしないまま進行しても、賞金は出る。いくらでも増え続けるのだ。よって、賞金額が無限大であることは可能だ。

言い方を変えると、コイン投げでいつまでも裏が出続けて結果が「決まらない」場合、ゲーム2は賞金保留、ゲーム3は賞金増加中、と解釈され、その極限が、ゲーム2は賞金ゼロ、ゲーム3は賞金無限大となる。（ちなみにゲーム1では賞金が「決まらない」場合というのはありません）。

第10章◎サンクトペテルブルク・パラドクス——2封筒問題との比較

　あなたが存在する無数の世界、つまりあなたの意識に影響する事柄がすべてそっくりな諸世界において、あなたがゲーム1，ゲーム2，ゲーム3をすると考えよう。量子自殺のところで考えたように、多世界解釈が正しければ（あるいは宇宙が永劫回帰を許すほど広ければ）、あなたが「ここで一度だけ」ゲームをすれば、あなたは同じゲームを無数の場所においてやっていることになる。「ここ」そのものが無数の場所の重ね合わせだからだ。
　2封筒問題もサンクトペテルブルク・パラドクスも、ゲームのルールそのものは反復ゲームではなく、あくまで賞金を1回限りで決めるゲームであることに注意しよう(注29参照)。とくにサンクトペテルブルクのゲームでは、1回のゲームでコインを何度投げる成り行きになるかということと、ゲームそのものに何回挑戦するかということとを混同してはいけない。挑戦そのものは1回である。
　さて、無限個の多世界に存在する無限人のあなたがいっせいにコイン投げを始め、賞金を決めるわけだが、早く表を出した順に低い賞金額で脱落していく。分岐のたびに分身を切り離してゆくただ1人の「あなた」は、ただ1つの結果のみを経験する。すると、「このあなた」は確率的にみて（諸分身の人数比からして）早々にかなり低い金額で脱落しているはずである。
　それぞれの世界で実現した賞金額を1人ですべてゲットするためには、ゲームそのものに多数回挑戦するというルールにしなければならない。もし無限回挑戦できるとすると、挑戦回数が増えるにつれて既獲得賞金の平均値が限りなく上がっていき、「始めにいかなる有限の参加費を払っても、賞金の平均値（つまりゲームの期待値）がそれを上回る」ということが確率1で実現する。実際に得られる賞金額の平均値が期待値に一致するのは、このゲームを無限回行なう場合なのである。ただ1回の挑戦だと、期待値は無限回挑戦の場合と全く等しいにもかかわらず、実現する獲得金額が期待値どおりになる確率が極小だということだ。
　期待値はもともと、「ちょうどこの結果が確実に得られます」と保証する概念ではない。「あらゆるパターンでの結果を平均するとこれにいくらでも近づきます」という指標である。試行の回数が少なければ少ないほど、期待値どおりの結果が得られる確率は低い。たとえば、サイコロを1回投げて出る目の期待値は3.5だが、1回だけ投げて3.5が出る確率はゼロである。

何万回も投げれば平均が3.5に近づくだろう。つまり期待値は平均値であって、1回の試行の結果がどうなりそうかという予想ではない。サンクトペテルブルクのゲームのように特殊な確率分布を与えられた設定では、1回限りの結果と期待値との乖離がとくに劇的になるわけだが、これは期待値の論理に反したことではないのである。

　サンクトペテルブルク・パラドクスが「期待値が無限大に発散するゲーム」だからといって、それは、1回限りの挑戦で賞金が無限大になる（あるいは事前決定されたどんな有限の参加費よりも大きくなる）確率が高いという意味ではない。したがって、1回限りのゲームでほぼ確実に損をするということは、パラドクス的に見えてもパラドクスではない。一般に、「賞金の平均値はAだが、A付近へ1回で達する確率は低い」というのは、矛盾でもなんでもないからである。

　結局、実践的には期待値より確率の方がはるかに重要な（つまり考慮に値する）ケースがあるということ。これが、サンクトペテルブルク・パラドクスの標準的な解決だ[*32]。

> ***32** この解決の他に、よく出される「解決」が2つあります。1つは、「金額と効用は比例しない」という回答。もとの金額が大きければ大きいほど、倍増しても有難味に大した違いがなくなってゆくので、裏が1回増えたときの効用の増加はゼロに近づくかもしれない。よって、このゲームの「期待値」でなく「期待効用」は小さな有限値に収まるかもしれない（1738年にサンクトペテルブルク・パラドクス論を最初に公刊したダニエル・ベルヌーイの答えがこれでした）。しかし、裏が1回増えるごとに「効用が2倍になる」という設定にできるので、この回答は解決になっていません。
>
> 　もう1つのメジャーな回答は、「このゲームが実現されるためには、あらかじめ胴元が無限大の金額を用意しておく必要があり、ゲーム成立は不可能」というもの。無限大の金額を用意することは確かに不可能ですが、裏が出るにつれて胴元の所持金が増えてゆく設定にすればよいだけなので、これも解決になっていません。

　このことをふまえて、賞金先決め設定と後決め設定の違いについて考えよう。この2つの設定は、「期待値が無限大に発散する」という点で同じであっても、賞金がズバリ無限大という場合が不可能か可能かの相違があり、それによって、従うロジックがかなり異なってくるのである。

4 無限回試行を終える技法～～無限分割投げ

　賞金の先決め設定と後決め設定の違いが、単に「ゲーム開始時に賞金が決められているかどうか」の違いだと考えてしまうとポイントが見えなくなる。賞金が無限大、つまりいかなる有限値よりも大きい未定状態、という場合を許すかどうかが、「先決め」と「後決め」の違いである（「未定」を許すから「後決め」）。
　そこで、時間における「先」「後」という外形的区別なしで「先決め設定」と「後決め設定」を提示できれば、その論理的違いがハッキリするだろう。時間的でなく論理的な「先決め」「後決め」の違いを際だたせるために、ゲーム１、２、３とも、賞金はすべて「ゲーム開始前に」決められている設定としよう。どういう設定か。具体的には、次のようにして賞金額をあらかじめ決めておくものとする。
　胴元は、偏りのないコインを投げて、表が出るまでコイン投げを続ける。コインの第一投は、最初の12時間が経過した瞬間になされる。裏が出たら、第二投が、次の６時間が経った瞬間になされる。また裏であれば、第三投が、次の３時間が経った瞬間になされる……、というふうに、コインを投げるたびに時間が前回の半分に減っていく。投げがだんだん速くなるわけだ。この投げ方を「無限分割投げ」と呼ぼう。
　無限分割投げだと、第一投にかかった時間の２倍、つまり24時間以内にすべての投げが完了する。どんなに裏が出続けようとも、表が出ようと出まいと、24時間経った後には、無限分割投げは必ず終わっている。どこかでコインの表が出たという保証があれば（無限分割投げが24時間経つ前に終わったのであれば）賞金の先決め設定に相当し、表が出たという保証がなければ（無限分割投げが24時間ぴったりかかったかもしれないのであれば）賞金の後決め設定に相当する、という仕組みだ。
　無限分割投げのように、無限回の計算を有限時間に終わらせる機械は「ハイパーコンピュータ」と呼ばれ、それなりの研究がなされているが、ハイパーコンピュータはこの世界の中では物理的に不可能だろう。時間の終わりに近づくにつれ、投げの動作とコインの落下が無限に速くなる必要があるからだ。

しかし、論理的には想定可能だし、物理的にも、「5億年ボタン」的設定が使えれば実現できるかもしれない。たとえば、現世界のギャンブル場を、永遠の時間持続する異世界とワームホールでつなぎ、その異世界でなされたコイン投げが現世界の24時間の中へ写像されてくる、といったことは可能かもしれない。

　無限分割投げの実現にとって心強いモデルを提示している宇宙物理学者もいる。たとえばフランク・ティプラーの「オメガ点理論」では、宇宙が膨張から収縮に転じるならば、ビッグバンを逆向きにしたビッグクランチという一点に窄まるにつれて時間の進みが速まり、内部の視点では時間が等速度で永遠に過ぎているのに外部の視点では有限時間のうちに宇宙が消滅してしまう。いずれにしても、この部屋の中にブラックホールのような特殊空間に通ずるワームホールがぽっかり浮かんでいて、その中の永遠の時間において淡々とコイン投げがなされており、その全体がこの部屋の中へ「無限分割投げ」として24時間サイズに投射されてくる状況は想像できるだろう。

　そのワームホールのむこうでは、外部視点の24時間に対応するスケールで無限回の操作がすべてなされうる。そこから、コイン投げが実際何回なされたかという情報だけが送られてくるわけだ。

5 先に決める後決め設定

　無限分割投げが終わった翌日に、プレイヤーを呼んでゲームが開始される。ゲームが成立しているということは、賞金が次のようにすでに決まっていることを意味する。(さしあたりゲーム2とゲーム3を比較すれば当面の議論にとって十分ですが、ゲーム1の賞金も同じ仕方で決めるものとしましょう)。

- ゲーム1　前日に胴元が表が一度出るまでにコインを投げた回数をnとして、2^n円の賞金を一方の封筒内に記載した。その2倍、2^{n+1}円の賞金をもう一方の封筒内に記載した。プレイヤーはどちらか選んだ方の賞金をもらえる[*33]。選ばなかった方と同額を参加費として支払う。
- ゲーム2　前日に胴元が表が一度出るまでにコインを投げた回数をnとし

第10章◎サンクトペテルブルク・パラドクス——2封筒問題との比較

て、2^n円の賞金を封筒内に記載した。その金額を得るためにはプレイヤーは<u>先に</u>参加費を支払わねばならず、その決め方は、胴元のコイン投げとは別の、前日の無限分割投げによるものとする。

ゲーム3　前日に胴元がコインを投げた回数をnとして、2^n円の賞金を封筒内に記載した。その金額を得るためにはプレイヤーは<u>先に</u>参加費を支払わねばならず、その決め方は、胴元のコイン投げとは別の、前日の無限分割投げによるものとする。

*33 賞金の確率分布をこのように決めると、確率がペア総額と反比例するので、開封バージョンでも交換と非交換の期待値は同じとなります（未開封金額が開封金額の2倍である確率が1/2である確率の半分だから）。ペアの特殊な決め方ゆえにそうなったので、「開封バージョンでは交換が得」という一般的結論と矛盾するわけではありません。いずれにしても、期待値が無限大に発散したとしても賞金そのものは「必然的に有限」である、という先決め設定についての確認だけがここでは重要です。

「参加費の決め方も無限分割投げによる」という設定にした理由は、「有限の参加費であればいくら払っても得である（賞金の期待値が参加費を上回る）」というサンクトペテルブルク・パラドクスの趣旨を検証するためである。参加費を先に払わないと賞金が得られないので、参加費は払える額であるべきであり、必ず有限の額でなければならない。しかし上限はないので、その決定には賞金の決定と同じ無限分割投げが適しているのである。

（ギャンブルの体裁を守るために必要な注釈。ゲーム2とゲーム3において、参加費が払われるまでは、当然、賞金の決定額はプレイヤーには伏せておかねばなりません。さらに、ゲームをするかどうか決めあぐねている段階では参加費がいくらであるかもプレイヤーに伏せられているべきでしょう。参加費はどんな高額でもありうるとプレイヤーは覚悟すべきであり、参戦すると決断したら初めて支払額がわかる。これが「どんな有限の参加費であれ参戦が得」とプレイヤーが信じたかどうかの試金石となるからです）。

さて、どうだろう。「回数に上限のない行為をあらかじめ完結させて、先決め賞金だろうが後決め賞金だろうがともに先に決めることを実現した設定」を3つのゲームすべてにおいて用意できたのだが。この設定でゲーム1、ゲーム2、ゲーム3を一度だけプレイするとき、獲得賞金の期待値は参

加費の期待値を上回るだろうか？

　ゲーム１，２，３とも、プレイヤーが支払う参加費の期待値と、受け取る賞金の期待値は、「無限大に発散」している。どのゲームでも、可能な封筒内金額には「特定の上限」がないからである。

　ゲーム１では、封筒内金額が満たす条件として、一方が他方の２倍、という非対称性が必要とされる。だから金額は必ず有限でなければならない。「前日の無限分割投げで、表が出ないまま24時間終了した（裏が無限回出続けた）」という場合は、ゲームの定義を満たすことができず、本日のゲームが成立していないはずだ。プレイヤーの眼前に封筒が２枚置かれてゲームが始まっている以上、「前日に表が出た」と保証されている。特定の有限値の決まった、賞金先決め設定である。

　そして、選択した封筒内金額の方が大きければ参加費より賞金の方が大きくなるが、その確率は1/2。（正確には、開封前は1/2、開封後は2/3。いずれにせよ〔参加費と賞金の差額〕の期待値はゼロ）。したがって、賞金の期待値が無限大であるにもかかわらず、「いかなる有限の参加費を払っても得」ということにはならない。

　ゲーム２とゲーム３はどうだろう。両者の違いは何だろうか。ゲーム２では、ゲーム開始時において、賞金も参加費も「無限大でない」ことがわかっている。参加費決めの無限分割投げで表が出なかったとすれば、プレイヤーは有限の参加費を払うことができず、ゲームに参戦できないからだ。ゲームが始まっている以上、前日の２つの無限分割投げでともに表が出たのである。

　ゲーム２では、プレイヤーから見て、勝率は五分五分であり、賞金の期待値は参加費の期待値と同じと言わざるをえない。なぜなら、賞金と参加費は同じ無限分割投げで決められているからである。自分が提示した参加費も、胴元が用意している賞金も、まったく同じ決め方がされた「上限なしの何らかの有限値」である。このゲームで得る金額の期待値は、「対称性の原理」により、ゼロである[34]。

[34] 正確に言えば、ここでの「対称性」は２封筒問題の二択のような正確な物理的対称性ではなく、単に「同じ決め方をした２つの金額」という意味的対称性にすぎないので、期待値ゼロと言うより「期待値が決まらない」と言った方が正確でしょう。いずれにせよ、サンクトペテルブルク・パラドクスの主張する「期待値からしてゲーム参加は絶対に得」は実践上だけ

でなく計算上も成り立ちません。厳密に対称性の原理を当てはめるには、ゲーム１と同じようにすればよいでしょう。２つの無限分割投げの結果を２封筒に入れ、そのペアからランダムに選ぶことで一方を賞金、他方を参加費、と決めるのです。そのような決め方を実際はしていなくても、そのように決めたと解釈することは常にできます。よって、「期待値が決まらない」場合（単なる内容的対称性の場合）も、対称性の原理が成り立つ場合へと翻訳できます。

　ただし、この「対称性」が成り立つのは、ゲームに参戦するかどうか考慮している段階の話。つまり、参加費をまだ知らない段階の話である。参戦を決断して、参加費だけを開封して知れば、まだ値のわからぬ賞金の期待値の方が大きくなる。なぜなら、賞金は依然として「上限のない有限」のままだからだ。この時点で「参加したことは（期待値の上で）得だった」ということになる。この時点で初めて、サンクトペテルブルク・パラドクスが持つとされる無限大の問題、つまり「どんなに高い参加費を払っても、参戦が得である」という逆説的主張が成り立つことになる。

　それに対しゲーム３では、参加費を見ないうちから、「参加費がどんなに高くても参戦が得である」という逆説的主張が成り立っている。つまり完全な意味での無限大パラドクスである。ゲーム３の参加費は、有限の金額であるという点でゲーム２と同じだ。あらかじめ定められた上限はないにせよ、プレイヤーがゲームに参戦するときには特定の参加費が支払われねばならず、プレイヤーが実際に参戦することはありうるからだ。しかし賞金はゲーム２と違っている。ゲーム３の賞金の決め方からして、「表が出なかった場合」がありうる。賞金未定、つまり無限大ということがありうるのだ。確率ゼロではあるが、そのような場合は必ず含まれている。

　（賞金無限大の場合は、封筒の中に何と記載するのか。「いかなる有限の値よりも大きい額」と書いておいて、実際に支払われるのは「当面は参加費の100兆倍の額。あとは必要に応じ無制限にいくらでも適宜追加」と決めておくなど、運用の細部は自由ですね。参加費を大幅に上回るように賞金が与えられさえすればよいので）。

　ゲーム２が始まった時点で、賞金額が有限であることが確定しているのに対し、ゲーム３が始まった時点では、賞金額は無限大（未定）かもしれない可能性が残っている。たとえ確率ゼロであっても、賞金無限大という場合が可能であることによって、「いかなる有限の参加費を払っても、期待値

計算をするとゲーム参戦が得になる[*35]」という理屈がゲーム３では成り立つのである。勝率は五分五分であり、賞金の期待値は参加費の期待値と同じであるにもかかわらず、金額の決まり方に非対称性があるからだ。

[*35]「期待値計算をすると」に反発する読者もいるでしょう。直後に「賞金の期待値は参加費の期待値と同じ」と書いてあるから矛盾ではないか、と。この点の説明は、次節・次々節で。

２封筒問題の開封バージョンの喩えを使おう。賞金と参加費とをそれぞれ別の封筒に入れて並べたとき、「まず参加費を開けてみよう。一定の額だとわかった。もう一方の賞金と交換して得をする確率は？」と問われれば、開封側が特定の有限値に収縮したのに対し未開封側は期待値無限大だから、交換が得となる。ゲーム２では、同じことが「まず賞金を開けてみよう」のときにも成立するので、対称性が成り立つ。まず賞金を開封しても、参加費を開封しても、事情は全く同じということだ。

前述のように、ギャンブルの形式からして、賞金を参加費より先に開封して見ることは実際にはしないだろう。それでも、ゲーム参戦後に賞金の方を先に見ようと思えば見られる状況である以上、ゲーム参戦前には次のような判断が正しくなる。「参加費と賞金のどちらを先に見るかによって期待値はどちらにも転ぶ。となると、有限の参加費を払って参加することが得だとは限らない」と。

しかしゲーム３では、「まず賞金を開けてみよう」となったときに、「一定の額だとわかった」となる保証がない。「賞金が一定の額ではない」つまり無限大の場合、参加費がいくらであっても、交換は必ず損になる。しかも無限大の損失だ。こうして対称性が破れ、「参加費がいくらと判明しても、賞金の方を取っておくのが得」という理屈だけが残る。

この対称性の破れが、先決めと後決めの違いのポイントになっている。ゲーム３は、時間的にはゲーム開始前に賞金を決めているにもかかわらず、「未定」と決まっている可能性があるがゆえに、「後決め設定」なのだ。賞金額が無限大である（すなわち決まらない、あるいはいかなる有限値よりも大きい）という事態が可能性の中に含まれているのである[*36]。

まとめると図のようになる。「有限の参加費ならいくら払ってもゲームをするのが得」という〈無限大のパラドクス〉の主張が成り立つ場合に○、成

第 10 章 ◎ サンクトペテルブルク・パラドクス ── 2 封筒問題との比較

り立たない場合に × を付けてある。

		参加費も賞金も不明	参加費だけ特定
ゲーム 1	（サンクトペテルブルク版 2 封筒）	×	×
ゲーム 2	（ウィキ版サンクトペテルブルク）	×	○
ゲーム 3	（本書版サンクトペテルブルク）	○	○

*36 対称性の破れによるゲーム 3 の特殊性は、次の設定でも確認できます。ゲーム 2 では、無限分割投げが終わった時点で、賞金額を開示する前に「その 2 倍の額を参加費とする」とか「その額＋1 万円を参加費とする」と決めることができます（そう決めると、参加費の期待値は無限大だが、金額は必ず有限であることに注意）。このとき、「有限の参加費を払って、ゲーム参加が得」は成り立ちません。それどころか 100％損です。それに対しゲーム 3 では、参加費を「賞金の 2 倍額」とか「賞金額＋1 万円」とすることはできません。そう決めた場合、参加費が有限である保証がないからです。「参加費が有限である」というルールを守るためには、「参加費が無限大である確率がゼロ」というだけでは不十分で、「参加費が無限大であることは不可能」でなければならないのです。したがってゲーム 3 では、参加費を賞金とは独立に定めねばならず、その有限値は賞金の期待値よりも必ず小さいので、「ゲーム参加が得」というパラドクスが成り立ちます。

6 確率ゼロなのだから同じこと？

ここで無限大論者は反論するかもしれない。

「……ゲーム 3 の設定では、賞金決めの無限分割投げで 24 時間のあいだずっと裏が出続けて、賞金無限大という状態でゲーム開始に至ることは可能だ。それは私も認めるよ。しかしだ、〈表が出なかった〉という場合は、実現可能なゲーム 3 すべての中では確率ゼロ。確率ゼロの場合を考慮に入れても入れなくても、確率や期待値の計算に一切影響しない。期待値が無限大に発散することではゲーム 2 と 3 は同じだから、賞金無限大が可能かどうかによって、ゲーム 3 をゲーム 2 から区別するのはナンセンスだ。重要なのは、金額無限大の場合が可能かどうかではなくて、期待値が発散するかどうかなのだ」。

続けて無限大論者は次のように突っ込んでくるかもしれない。
「後決めによる投げ回数の可能性と先決めによる投げ回数の可能性との違いは、夜中の24時を限度とする無限分割投げ実施時間に翻訳すれば、x ≦ 24とx＜24の違いに相当する。先決めのx＜24というのは、後決めのx ≦ 24から、確率ゼロのx＝24という一点だけを除いたものだ。x ≦ 24とx＜24との間には、範囲内にx＝24という一点が含まれるかどうかの違いはあるが、数量的な違いはない。たとえば、数直線上の12 ≦ x ≦ 36の範囲から任意の範囲を選んだとき、その中点がx ≦ 24に入る確率とx＜24に入る確率は、厳密に同じ1/2だ。このように、端の一点が入るか入らないかの違いしかない場合、その両者に関わる確率判断に違いは全く生じないのだ。賞金後決めと先決めとの違いもそのたぐいだ。24時ぴったりに相当する「永遠に裏だけ（表出ず）」の場合は無視して考えるべきなのだ！」。
いかがだろう。上の主張のように、確率ゼロの場合は無視するか、定義に合わないとして考えないようにする論者は多い。彼らは「確率ゼロの事態が起きたときさらに何が起こるか」など論じても無意味だ、と主張する。その主張によると、「もしも表が出なかったら、賞金が無限大である確率は1である」のような「もしも」は空虚であり、確率ゼロの条件の下での条件付き確率なるものは意味を持たないことになる。
しかしそれは大きな誤りである。たとえば次の問題を考えよう。
問＃「相互に独立の2つのコインAとBを同時に無制限に投げ続けていって、Aがずっと裏であり続ける場合、Bが最初に表である確率は？」
条件付き確率の計算に従うと、求める確率は

（Aがずっと裏でBが最初に表、の確率）÷（Aがずっと裏、の確率）＝ 0/0

確かに計算不能で、定義できない。
ではやはり、問＃の正解は「なし、または無意味」なのか？　確率ゼロの場合を条件として認めてはいけないのか？
そうではない。問＃の正解は「1/2」である。
「Aのあり方にかかわらずBが最初に表である確率は1/2」という真理は動かない。確率計算の公式で計算不能になったくらいのことで、「可能ない

かなるＡのあり方にもかかわらずＢが最初に表である確率は1/2」という真なる命題を放棄する理由にはならないのである。「Ａがずっと裏だけという確率ゼロの事象がかりに起きる場合も、そのときＢが最初に表だった確率は1/2」というのが正解である。

　条件付き確率の計算の公式には、たしかに「分母≠0」という但し書きが付記されるのが決まりのようになっている。しかし、「分母≠0」は、条件付き確率が求められるための必要条件ではなく、十分条件だ。つまり、公式と言えるためには必ず条件付き確率が求められるように書かれねばならないため「ただし分母≠0」と記してあるだけだ。「分母＝0」でしかも条件付き確率が求まる場合があってもべつにかまわないのである[*37]。

　[*37] 0/0という書き方（一般に分母にゼロを置く記法）が意味をなさない、という立場をとる人に対しては、b/aのaとbをゼロに近づけた極限、と言い直しましょう。答えは「どんな数でもありうる」となりますが、その値はaとbの構造的関係で一通りに決めることができます。bがaのどのくらいを占めているかという割合は、極限でも保たれるからです。

　ＡとＢだけでなく、無数のコインをいっしょに投げ続けると考えよう。「Ａがずっと裏だけという確率ゼロの事象」の中には、他のコインの表裏の出方について無限に多くのバラエティが含まれることがわかる。確率ゼロの事象といっても、多様な内部構造を持ちうるのだ。無数のコインなど考えずコインＡだけ考えるとしても、コインＡの初回の落ち方とか床のへこみ方とか空気分子の振動具合とか、他の無数の付帯条件について、「確率ゼロの可能的出来事」の中には多彩な分岐可能性が内蔵されている。したがって、確率ゼロの可能的事態の内部で、さらに細かい可能性の各々の割合（確率）を考えることには意義があるのだ。

　それに対して、「コインが立った場合には」という「もしも」を考えることには意義がない。この章の最初に決めたルールを思い出してほしい。コインが立ったり、空中分解したりした場合は「やり直し」になるのだった。裏と表だけが「事象」と認められるのだった。サンクトペテルブルク・ゲームでは「コインの直立」は、万一起こったとしても1回分の投げとしてカウントされないということだ。よって「ゲームの中で不可能」な事柄である。確率ゼロであるのみならず、論理的に不可能と定義されているのだ。そのよ

うな「出来事」は、「永久に裏が出るという出来事」とは違って、極限による定義ができない。単純な定義的不可能でしかない。なので、実現可能な内部構造を持たない。「それが起きた場合」のさらなる可能性を考えても無意味なのである。

同じ確率ゼロの事態でも、ルールで排除されている「コインが立った場合」と、ルールで排除されていない「表が一度も出なかった場合」とでは、想定する意義が大違いなのだ。この区別を無視してはいけない。

「もしも表が出なかったら、賞金が無限大である確率は１である」ゲーム３と、「もしも表が出なかったら、賞金がゼロである確率は１である」ゲーム２とは、確率ゼロの不可能性でなく可能性の「もしも」で食い違っているために、全く異なった期待値計算が要求されるのである。

ん？

——異なった期待値計算が要求される、だって？

「ちょっと待ってくれ！」反発の声が聞こえてきそうだ。

「期待値そのものはゲーム２もゲーム３も〈無限大に発散〉で同じだったはずだろう？　なのに、『異なった期待値計算が要求される』とは何事だ！辻褄が合ってないぞ！」

いや。確率ゼロの「もしも」が可能であるか不可能であるかによって、合理的な期待値計算が食い違ってくることは確かにありうるのである。

どこで食い違うのだろうか？

もちろん、「もしも」が実現した場合においてである。ゲーム２とゲーム３の期待値の違いをはっきり思い知るには、実際に「もしも」を実現させる方法を考えればよい。そう、〈無限分割投げで、永久に表が出なかった場合〉を実現させる方法を見つければよい。

そんな方法があるのか？　確率ゼロの事態を実現する方法などというものが。

ある。可能である以上、当然実現できる。

どんな方法だろうか？

★ヒント★　無限分割投げによるゲーム１，２，３を、今までに本書で見てきた思考実験のうちの１つと結びつけるとうまくいくのだが……

7 ゼロ確率をピンポイントで選ぶ

「ずっと裏が出続けて、表は出ない」という可能性を実現する方法が、本当にあるのだろうか。

ある。ただし、まともな方法ではない。それでも、あることはある。

もともとのサンクトペテルブルク・ゲームは、あまりに確率が偏っているために、期待値がそのまま実践的な損得判断に結びつかない特殊な設定だった。期待値計算が損得判断に直結するような、ストレートにわかりやすい設定の中に、もとの設定を組み入れたうえで、「その方法」を考えよう。

胴元によるコインの無限分割投げが終わった時点で、プレイヤーが次のような三択の決断を求められる。チャンスは一度だけ。ゲーム2のときとゲーム3のときとで、合理的な選択肢は同じだろうか。期待値はどうだろうか。

> 次の3つのルールの1つだけを選べ。参加費は1万円とする。
> ルールa；サンクトペテルブルク・ゲームのもともとのルールどおりに賞金をもらう。
> ルールb；もともとのルールで決められた賞金を放棄する。そのかわり、コインの投げられた回数にかかわらず、11万円をもらう。
> ルールc；もともとのルールで「賞金無限円」をゲットできる場合が実現したならば、無限円の代わりに1億1万円もらう。もともとのルールで賞金がゼロか有限であるならば、賞金ゼロ。
> ゲーム2とゲーム3のそれぞれについて、ルールa、b、cのどれが一番有利だろうか。

普通にゲームをやると、次のような判断が成り立つ。

● ルールa

「表が出ない」場合はゲーム2でもゲーム3でも可能だが、その場合、ゲーム2では賞金ゼロ、ゲーム3では賞金無限円。つまり、賞金無限円が可能かどうかについてだけ、ゲーム2とゲーム3が食い違う。ただしそのよ

な場合は確率ゼロだから無視すべきで、ゲーム2とゲーム3との差は生じない。そしてどちらのゲームでも、1万円の参加費を上回る結果を出すためには連続14回裏を出さねばならない。そんな「あなた」は多世界の中でほんの少数派だから、その中に「この分岐」が入ってゆく確率はきわめて小さい。期待値の上では無限大だから参加費1万円を上回っているが、ただ一度の挑戦しかできないとすれば、まず間違いなく損である。

● ルールb
　ゲーム2でもゲーム3でも全く同じこと。確実に差額10万円の得である。期待値は10万円。ルールaよりも期待値は無限に小さいが、確率からいってずっと得だろう。aよりはbを選ぶ方が賢明だ。

● ルールc
　ゲーム2では、「賞金1億1万円」はルールからして不可能なので、賞金はゼロに確定する。3つのルールの中で一番損だ。
　ゲーム3ではどうか。1億1万円という場合は「不可能」ではなく「可能」という違いはあるものの、「確率ゼロ」であることに変わりないので、ただ1回の挑戦でそれに当たる確率は当然ゼロ。
　ゲーム2もゲーム3もともに期待値はマイナス1万円で、ゲーム2と3の差は無視すべきである。

　以上の3つの判断によると、ゲーム2でもゲーム3でも、ルールcでは確実にゼロ円、ルールaでは2円とか4円とかごく少額。
　ただ1回の挑戦では、得な度合いは、b＞a＞c で一致する。
　その通りだろう。ただ漫然と挑戦したのでは。
　しかし、ゲーム2とゲーム3では、合理的な期待値の順序が食い違うようにできるのだ。すなわち、「ずっと裏が出続けて、表は出ない」という可能性を実現する工夫によって、ゲーム3でだけ、無限円ゲット（ルールa）あるいは差額1億円ゲット（ルールc）できてしまう工夫の余地があるのだ。ルールaでは期待値無限大（ただし今度は確率ゼロではなく確率1で無限大ゲット）、ルールcでは期待値1億円、となるのだ。

第10章◎サンクトペテルブルク・パラドクス──2封筒問題との比較

高確率で実現する獲得金額

	ルールa	ルールb	ルールc
ゲーム2	−1万円＋4円以下	10万円	−1万円
ゲーム3	−1万円＋4円以下	10万円	−1万円

工夫の結果、確実に実現する獲得金額

	ルールa	ルールb	ルールc
ゲーム2	−1万円	10万円	−1万円
ゲーム3	無限円	10万円	1億円

　この「工夫」で、ゲーム3では得な順に、a＞c＞bとなる。b＞a＞cというもともとの順序が入れ替わるのである。
　ちなみに、同じ工夫を同じ仕方でゲーム2に適用すると、得な度合の順序がb＞a＞cからb＞a＝cに変化する。確率ゼロの部分の食い違いにつけ込んだ工夫によって、ゲーム2とゲーム3では期待値計算が異なり、望ましいルールが違ってしまうのだ！
　いかがだろう。上記のような期待値の変更をもたらす工夫とは？
　ゲーム3で可能性ゼロの出来事を実現させるトリックとは？
　「ずっと裏が出続けて、表は出ない」場合だけを、確率ゼロのピンポイントで選び出す工夫とは？
　低確率の可能性をピンポイントで選び出す──と言えば、もうおわかりだろう。
　そう。
　あれを使うのである。「量子自殺装置」を！
　胴元が賞金を決めるために事前に行なった無限分割投げは、たとえ無限回の投げであっても超物理的に完結させる設定だったことを思い出そう。つまり、物理的には不可能な出来事であっても収容できるように、特殊な異次元空間を使っていた。無限分割投げのなされる時空間は、あなたというプレイヤーが今いる場所とは時間の流れが違うので、普通の意味での因果関係が成り立っていないということだ。コイン投げ回数の結果だけが封印状態で届い

てくる以外は、こことむこうは断絶している。

　ということは、コイン投げの回数についてありとあらゆる結果が、今あなたのいる部屋の状態と両立すると考えられる。無限分割投げの結果記録が発表されるまでは、すべての可能な結果が、今あなたの意識に影響している環境と両立する。「シュレーディンガーの猫」の箱を開ける前に、生死いずれの結果も箱の外の状態と両立していたのと同じことだ（偶然条件）。

　今あなたの意識に影響している環境と両立する「すべての可能な結果」の中には、「異次元空間内で表が出なかった」場合が含まれる。ゲーム２ではそれが「賞金ゼロ」にあたり、ゲーム３では「賞金無限円」（ルールａ）や「賞金１億１万円」（ルールｃ）にあたる。したがって、因果的に断絶した時空間からコイン投げ結果がポンッと弾き出されてきて、結果が立会人に読み取られ、賞金額が決まるまでは、立会人とギャンブラーのいるその部屋は——

　ゲーム２では「もともとのルールでは賞金が有限に決まったか、表が出ず賞金ゼロになった」あらゆる世界が重ね合わせになっている。

　ゲーム３では「もともとのルールでは賞金が有限に決まったか、表が出ず賞金無限大になった」あらゆる世界が重ね合わせになっている。

　ここであなたは、自殺装置をかぶっていればよい。「表が出なかった」という結果が届いたことが立会人に確認された場合だけ作動せず、その他の場合にはあなたの脳を破壊する自殺装置を。

　確率ゼロの「表が出なかった」場合にだけ生き延びるので、

　●ルールａでは……　ゲーム２ではあなたは主観的に生き延び、賞金ゼロ。ゲーム３でもあなたは主観的に生き延び、賞金無限大。

　●ルールｃでは……　ゲーム２ではあなたは主観的に生き延び、賞金ゼロ。ゲーム３でもあなたは主観的に生き延び、賞金１億１万円。

　ゲーム３のときは、可能な最高額を得たあなただけが生き延びる。他のあなたは全滅するので、あなたはゲーム３では主観的に確実に勝利を収め、最高賞金を手にすることができる。客観的には確率ゼロで、主観的には確率１で！

　こうして、量子自殺者であるあなた自身の主観的観点からすれば、

　　賞金先決め（ゲーム２）の期待値＝〔ａ；マイナス１万円，ｂ；１０万円，

c；マイナス1万円〕

賞金後決め（ゲーム3）の期待値＝〔a；無限大，b；10万円，c；1億円〕

つまり、ゲーム2では、得な順に、b＞a＝c。ゲーム3では、得な順に、a＞c＞b。

損得の順序がゲーム2と3でほぼ逆転している。「確率ゼロ」の部分の利得がどうなっているかが期待値計算にとって重要であることが確認できるだろう。

上記の期待値は、必ず得られる一定の賞金金額なので、もともとのサンクトペテルブルク・パラドクスのような「確率の小ささゆえに期待値があてにできなくなる」ことは起こらない。1回限りの挑戦だろうが多数回挑戦だろうが、期待値が確率1での利得と一致し、期待値がそのまま合理的な損得勘定を表わすことになる。

さて、鋭い読者はここで反論したくなるかもしれない。やはり量子自殺での無限円ゲットは無理だろう——確率的に無理だろう、と。

「量子自殺」を論じた第8章で見たとおり、「偶然条件」「無知条件」「即死条件」の他に、「節度条件」が必要なのだった。すなわち、「極端に勝率の低いギャンブルには量子自殺装置を使わないこと」という条件だ。あまり勝率が低いと、自殺装置の不具合（無作動）の確率に負けてしまい、生き残っても実際はギャンブルに負けているという羽目になるのだった。

ゲーム3のルールa, cでの勝率はまさに低すぎるではないか。なにせ0％なのだから。これではどんな正確な自殺装置を使っても、不具合（無作動）の可能性によって打ち破られてしまう。

しかし論理的には、「絶対に無作動にならない自殺装置」は実現可能である。

もっと積極的に述べれば——、無限分割投げを可能とする物理法則のもとでは、「絶対に無作動にならない自殺装置」は実現可能である。

たとえば次のようにすればよい。異空間における無限分割投げの一投にあたる時刻ごとに、投げがなされなければ異空間から自殺装置へ作動指令が伝わるようにしておく。投げがなされないということは、すでに表が出てしまったということだから、負けてしまった分身、つまり脱落してほしい分身たちがそこにいることになる。こうして、定刻ごとにあなたの負け組の分身がど

んどん死んでゆく。24時に近づくにつれて生き残っている分身はどんどん減って、最後には無限円ゲットのあなただけが残っている。

この方法なら、表が出たのに無作動に終わる確率はゼロであり、誰も生き残ることはない。なにしろ負け組に属するいかなる分身の自殺装置にも無限回の作動指令が届いているのだから、無作動のままであるはずがない。生き残っているのは、間違いなく「確率ゼロの勝ち組のあなた」だけである。

このように、ゲーム2では不可能な大儲けの方法が、ゲーム3では「論理的に可能」なだけでなく「物理的にも可能（少なくとも空想科学的に可能）」なのだ。「確率ゼロ」の違いにつけ込んで、有限の確率で大儲けできる可能性は認めねばならない。賞金先決めと後決めでは大違いなのだ。

ちなみに、同種の工夫によって、ルールaではゲーム2プレイヤーにも恩恵をもたらすことができる。自殺装置をかぶったプレイヤーは、最初に、非常に大きな数Nを決めておく。N投目までは、投げがなされなかった定刻ごとに作動指令が発せられる。N投終わった時点では、2^N円ゲットしたあなただけが残っている。装置の無作動によって2^N円より低い金額ゲットで生き残っているあなたもいるが、Nよりきわめて小さい数でそうなっている確率は低い。そして、N＋1投目からは、作動指令はもう発せられない。これで24時間過ぎたとき、あなたはほぼ確実に、2^N円もしくはそれ以上の金額をゲットしているはずである。たとえば2の100兆乗円を。

ゲーム2の場合は、ゲーム3と違って、量子自殺をしても獲得金額は決して無限大にはならない。しかし最初に決めた任意の有限値Nに対応する巨額を確率1でゲットできる。期待値は当初の無限大から2^Nに減ってしまうが、確実に2^Nをゲットできるので、この工夫をした方がはるかに得である。得な順にa＞b＞cとなり、もとのb＞a＞cから変化している。

8 ポイントを見失わないために

「無限分割投げ」の思考実験により、先決め設定では無限大の問題が起こらないことを確認した。「賞金を知らなければ、有限の参加費ならいくら払ってもゲームをするのが得」という無限大パラドクスが発生するのは、後決め設定であるゲーム3（賞金についてだけ無限円の可能性がある設定）に限

第10章◎サンクトペテルブルク・パラドクス──2封筒問題との比較

られた。あるいは、参加費の具体的値だけを知る場合については、ゲーム2でも無限大パラドクスと同様のパラドクスが生じた。参加費の具体的値ではなく単に「参加費が有限」とだけ知る場合のゲーム2や2封筒問題バージョンには、無限大パラドクスは生じないのである。

前章と本章で考えたもろもろのゲームをざっと比較すると、こうなるだろう。

	「交換が得か？」
2封筒問題未開封	No
2封筒問題開封 *38	Yes
サンクトペテルブルク版2封筒（ゲーム1）参加費未開封	No
サンクトペテルブルク版2封筒（ゲーム1）参加費開封	No

	「いくら払ってもゲームに参加するのが得か？」
ウィキ版サンクトペテルブルク（ゲーム2）参加費未開封	No
ウィキ版サンクトペテルブルク（ゲーム2）参加費開封	Yes
本書版サンクトペテルブルク（ゲーム3）参加費未開封	Yes
本書版サンクトペテルブルク（ゲーム3）参加費開封	Yes

*38 2封筒問題で、無限大パラドクスが生じる可能性があったのは未開封バージョンのみだったことを思い出しましょう。開封バージョンは、「交換が得」という無限大パラドクス的な構造を備えていながら、それは無限大とは関係のない別の理由によるのでした。よって、本章でサンクトペテルブルク・ゲームと比較する対象となった2封筒問題は、未開封バージョンだけでした（第9章末尾参照）。この表の右欄の「Yes」のうち、2封筒問題開封バージョンの場合を除いた3つの場合が、無限大パラドクス成立の場合にあたります。

最後に、議論の筋を見失っていないかどうかの確認をしよう。無限大論者がこう言い出したらどう対応すべきだろうか。「無限分割投げなんて、物理的にはありえないんだから、議論してももともと無駄だったんだよ」。

「無限分割投げ」は、先決め設定と後決め設定の論理的違いを確認するためのものだった。すなわち、ゲーム開始前に賞金が決まっている2封筒問題と、ゲーム開始後に賞金が決定するサンクトペテルブルク・パラドクスとでは、無限大のパラドクスが生ずるかどうかに違いがある、という論点を確

認するためのものだった。

　われわれの主張では、サンクトペテルブルク・パラドクスでは確かに、無限大特有の性質が期待値について直観と相容れないパラドクスをもたらすのに対し、2封筒問題は、無限大とはまったく関係がない。その違いの根拠は、ゲーム開始後に賞金が決まる場合は、本当の無限大の可能性（賞金額が決まらない可能性）が残されているのに対し、賞金が存在することが条件である先決め設定では、ゲームのルールからして無限大ははっきり除外されている、ということである。

　それに対して、賞金後決めであるゆえに無限大が出てくるサンクトペテルブルク・パラドクスも、賞金「先決め」設定にできるのではないか、という反論がありえたのだった。つまり、賞金を決めるタイミングも等しくできるのだから、2封筒問題とサンクトペテルブルク・パラドクスは同じであり、それゆえ2封筒問題は無限大のパラドクスなのだ、という反論である。

　形の上では確かに、「サンクトペテルブルク・パラドクス」の賞金を先に決める設定にすることはできた。まさに無限分割投げという設定によって。しかし無限分割投げを導入してもなお、無限大の可能性が排除される先決めバージョン（ゲーム2）と、無限大の可能性を残す後決めバージョン（ゲーム3）の区別は残ってしまうのだった。そして、ゲーム2で無限大パラドクスを生ずるには、参加費だけを具体的に確定して、賞金だけを「上限のない有限」にするという設定が必要だった。これは、2封筒問題では開封バージョンに相当する。

　しかし2封筒問題では、交換した場合の賞金は参加費（開封金額）の半額か倍額かと決まっているので、無限大も「上限のない有限」も現われてこないため、ゲーム2の構造と決して一致しない。

　他方、ゲーム2において、参加費が有限というだけで具体的に確定しない場合は、2封筒問題未開封バージョンと同じく、「対称性の原理」により無限大パラドクスが生じなかった。

　いずれにしても、2封筒問題はサンクトペテルブルク的な無限大パラドクスとは無縁であることがわかる。

　その成り行きが不満だからといって、無限大論者がここで「そういうことなら無限分割投げなんて要らんわ！」と思考実験を放棄するならば、話は元

に戻るだけだ。すなわち、「サンクトペテルブルク・パラドクス」は、「賞金先決めであるかのような設定」にすら仕立てることはできないということだ。なぜなら、無限分割投げに頼る以外に、賞金先決めの体裁を確保することはできそうにないからである。つまり、純粋に後決め設定オンリーのパラドクスであり続けるのだ。

　他方、２封筒問題では、胴元が適当に賞金ペアを決めてから始まるので、先決めが必須条件である。こうして、無限分割投げを拒否するならば、賞金先決めの２封筒問題と、賞金先決めのできないサンクトペテルブルク・パラドクスとは、やはりまったく論理的性質の異なる問題だったことが鮮明になる。「無限分割投げ」という思考実験の導入は、もともと、「サンクトペテルブルク・パラドクスと同類の２封筒問題では『期待値の発散』が非常識を正当化する！」という無限大論者の主張を検証するための措置であり、「無限分割投げによってサンクトペテルブルク・パラドクスを２封筒問題同様に先決め設定っぽくしてみよう」というのは、無限大論者への譲歩のための思考実験だった。

　その無限分割投げを無限大論者自身が放棄するというのであれば、もはや彼らの反論は立ち消えとなる。形の上でもサンクトペテルブルク・パラドクスと２封筒問題とを似せることはできないのだ。いくら期待値が発散するからといっても、賞金額が確実に有限である２封筒問題を、サンクトペテルブルク・パラドクスと同一視することはできない。

　以上のように、「特定の思考実験を導入した元来の目的」をたえず振り返ることは大切なことだ。とくに本書のように、思考実験が思考実験を呼び起こし、ある思考実験で得られた暫定的結論の説得力を検証するために別の思考実験へ移る（たとえば、２封筒ゲームとサンクトペテルブルクゲームの比較から無限分割投げへ）、という連鎖によって進む議論においては。

　──「課題に応じたさまざまな設定を思い描き、その論理的帰結を比較勘案する」という本務の他に、「議論の道筋そのものを見失わないための、自己モニタリング」もまた、「思考実験」の重要な機能なのだ。思考実験の対象の中には常に、思考実験に携わる思考それ自体が含まれているからである。

参 考 問 題

　無限大論者に対して、次のように反論する人がいたとしよう。
　「本文では、２封筒問題や、サンクトペテルブルク・ゲーム先決め設定では、後決め設定と同様、期待値が無限大に発散することが認められていた。しかし、そもそもそんなことを認める必要はないのでは。賞金額がまだわからない場合でも、先決めだから『有限の額』に決まったことだけは確実にわかっている。ならば、『期待値が無限大』というのは間違いではないか。いずれ判明する賞金額が必ず有限と決まっているなら、『期待値は未知だが有限』と言うべきだろう。とすれば、その額よりも大きな参加費を払ってしまったら損するのは当然であり、パラドクスなどないことが簡単に言えるではないか」
　この反論が正しいかどうかは、思考実験で調べることはできない。なぜだろうか。

★ヒント★　反論の真偽を「思考実験で」検証することができない例を見てみよう。次のような主張について、思考実験で真偽を確かめようとしても無駄である。なぜ無駄なのか？
　「本文では、0.9999……が厳密に１だと言われていたが、ゼロで始まっている以上、0.9999……が１に等しいはずはない。どんなに９がたくさん並ぼうとも、すでに最初の位で食い違ってるんだから、そこでもう１じゃないとわかるだろ。0.9999……は『極限で１に収束する数』と見なすべきであり、決して１と同じではない」。

★さらなるヒント★　「$\sqrt{2}$ の自乗は２ではない」という主張の真偽を、思考実験で確かめられるだろうか？

★答え★　上記の主張はどれも、思考実験で調べるまでもなく、誤りである。学術用語の意味または定義に関わる主張だからである。用語の意味は、辞書で調べて決着させるべきで、思考実験であれこれ理屈をひねくっても無益だ。

「期待値」の意味（定義）にしたがって、２封筒問題の期待値やサンクトペテルブルク先決め設定ゲームの期待値を計算すると無限大に発散することは事実なので、その通りだと認めるしかない。「期待値」のそういう定義が不満なら、「本当は違う」と主張するのではなく、「定義を変えよう」と提案するべきなのである。

あとがき ◎ 思考実験をふりかえって

難問と言われているいくつかのパラドクスを、相互関連のもとにリレー式に考察してきました。
——「抜き打ち試験のパラドクス」（第2章）→「エウダイモニア問題」（第3章）→「5億年ボタン」（第4章）→「人間転送機」（第5章）→「人間複製機」（第5章）→「芸術作品の同一性」（第5章）→「永劫回帰」（第5章）→「思考実験データの捏造」（第6章）→「指示の因果説」（第6章）→「シュレーディンガーの猫」（第7章）→「量子不死・量子自殺」（第8章）→「2封筒問題」（第9章）→「サンクトペテルブルク・パラドクス」（第10章）→「無限分割投げ」（第10章）——
そうした本題に入る前に、第1章で、「思考実験」をよく似た知的行為の地図の中に位置づけたのでした。条件を制御して認識対象を理想的に抽出する作業として「リアル実験」「シミュレーション」「作業仮説」「思考実験」「フィクション」という5種類を比較し、それらの知的意義を考察したのです。そして、思考実験の意義を浮き彫りにするため、リアル実験を簡単に実施できるにもかかわらずあえて思考実験にとどめた方が有利である典型例として「抜き打ち試験のパラドクス」から考え始めたのです。
抜き打ち試験成立か不成立かの鍵となるのは「知っていること」の本性でした。「知識の論理」を探究してゆくと、自ずと「知識の価値」の問題意識が浮上し、知識が人生において持つ広範な重要性、とくに幸福との関係に思い至ることになりました。そこで「エウダイモニア問題」という倫理的パズル、さらには「5億年ボタン」「人間転送機」「人間複製機」のような、主観的経験と客観的事実の関係を問う問題、記憶と人物同一性に関わる一群の形而上学パズルが立ち現われたのです。
人物同一性は、「芸術作品の同一性」と比較することで発展的な展望を得ることができました。すなわち、コンテンツ本位の芸術作品のありかたを、人間の意識、そして自我の同一性に当てはめるのです。身体の場所（メディア）よりも、意識の内容（コンテンツ）による同定法を重視するにつれ、多数の場所における「あなた」の分散出現が許容されてくるのでした。

とくに、「思考実験データの捏造」としてであれ、この宇宙が「永劫回帰」を起こすほどべらぼうに広いかもしれないと思い描けるならば、メディア本位の「指示の因果説」が色褪せ、「〈あなたの自我〉は主観的に区別できない存在として絶えず多数箇所にまたがっている」というソフトな人間観が有力視されてきました。この人間観は、「シュレーディンガーの猫」のような直観的把握の難しい思考実験を直観的に理解する鍵となります。「あなた」が宇宙に遍在するとすれば、「主観的に〈ここ〉である場所というのは無数の世界の重ね合わせ」という量子論的世界像に一致するからです。
　これは量子力学の「多世界解釈」に対する直観的メタ解釈に相当します。多世界モデルからは、「量子不死」「量子自殺」という一見突飛な人生観が帰結するのでしたが、これらは唯物論的な物理主義という科学の本流に矛盾するわけではありません。
　多世界モデルに基づいて考えると、難問として知られる「2封筒問題」の解決の手掛かりがつかめることもわかりました。2封筒問題の開封バージョンでは、対称性の破れによるゲームのルール変更という解釈で「交換が得である」理屈を説明できます。そして、容易なはずの未開封バージョンを「サンクトペテルブルク・パラドクス」との類比により「無限大のパラドクス」の一種として蒸し返そうとする根強い誤謬を丹念に反駁しました。
　反駁の武器は、「無限分割投げ」のモデルを思考実験することでした。無限分割投げは、「5億年ボタン」的な異世界を呼び出す設定であり、その物理的な不可能さゆえに、思考実験の極北とも言える事例です。
　この一連の道筋において、「量子自殺」と「エウダイモニア問題」に共通する利己主義・快楽主義のとらえ方や、「サンクトペテルブルク必勝法」への「量子自殺」の意外な応用など、複数の思考実験の間に成り立つもろもろの論理関係に気づくことができました。思考実験はリアル実験のように〈扱い困難な物理的対象〉に束縛されない身軽さがあると同時に、シミュレーションのようにトップダウンの指令によって閉じたシステムを作るわけでもありません。そのため、さまざまな問題の間の相互関連を浮き立たせるのに適しています。その融通無碍な思考実験のフィクション的性格を意識しながら実践したのが、ここまでの議論だったのです。
　思考実験についての書物は、日本語でも良書が何冊も出版されていますが、

個々の思考実験を紹介したものがほとんどで、「思考実験という概念」についてはどの本も軽く触れてある程度です。また、哲学系の思考実験については、ああいう考え方もあり、こういう考え方もある、という解説が主で、自ら答えを提示している書物はほとんどありません。本書ではその２種類の欠落を埋めることを志し、テーマとしてはとくに異論含みの思考実験を選んで掘り下げた考察を行なって、第１章や第６章、そして他の章のところどころで包括的な「思考実験論」も試みました。

　もちろん、「思考実験とは何か」を考えるにも、掘り下げた議論をするにも、学界で実際になされてきた思考実験を幅広く知ることが必要です。本書は「深く」を心がけたことによって「広く」の方は犠牲にせざるをえませんでした。思考実験について広い知識を得たい人のために、参考文献を挙げておくことにしましょう。（以下、「本書」というのはこの本『思考実験リアルゲーム』を指します）。

●哲学系の思考実験
　「思考実験とは何か」を必ずしも論じてはいませんが、個々の思考実験の出てくる文脈を知るには、以下のような本があります。

■ジュリアン・バジーニ『100の思考実験』紀伊國屋書店
　これまでに学界でどんな思考実験が流通してきたか、を広く浅く知るのに便利。ただし、カタログ的紹介に終始して、容易に説明のつくパズルにも解決編がついていないのが欠点。
■岡本裕一朗『思考実験 世界と哲学をつなぐ75問』ちくま新書
　これも解決編なしの広く浅く系ですが、社会・政治系の比重が大きいのが特長。小説の一部などが多数採用されていて、定番の思考実験を学ぶ教養書というより、思考実験的姿勢の養成本、といった感じです。
　以上２冊では物足りない人には、特定の論題についていくつかの相互関連した思考実験を深く掘り下げた次の本格的哲学書２冊がお薦めです。
■デレク・パーフィット『理由と人格――非人格性の倫理へ』勁草書房
■デイヴィッド・J．チャーマーズ『意識する心――脳と精神の根本理論を求めて』白揚社
　本書の第４章以下は一貫して「自己の同一性」を扱った思考実験だっ

たと言えますが、人物の同一性について、物理的連続性と心理的類似性を対比させた古典的な思考実験は（邦訳がないようなので英語になってしまいますが）、

- Bernard Williams, *Problems of the Self* (Cambridge University Press) 1973

がベストだと思われます。オーソドックスな議論で、きわめて明快。ただし、本書とは正反対に、心のコンテンツではなく身体の場所（メディア的連続性）による自己の同一性認定を推奨しています。

　2封筒問題については、前出『意識する心』の著者による論文が比較的わかりやすいでしょう。

- David J. Chalmers "The Two-Envelope Paradox: A Complete Analysis?" http://consc.net/papers/envelope.html 1994

Chalmersには、「2封筒問題」と「サンクトペテルブルク・パラドクス」を結びつけるという、本書第10章と共通の視点で書かれた論文もあります。

- "The St. Petersburg Two-Envelope Paradox" *Analysis 62*:155-57, 2002

ただし、2つのパラドクスの論理的違いを論じた本書とはアプローチが全く異なり、あくまで2封筒問題の理解のためにのみ、サンクトペテルブルク・ゲームが設定に組み入れられているだけですが。

◉自然科学系の思考実験

個々の思考実験の意味を理解するには、以下のような本があります。

- 金子務『思考実験とはなにか』講談社
- 榛葉豊『頭の中は最強の実験室』化学同人
- 桑嶋幹『ふしぎな思考実験の世界』技術評論社
- 橋元淳一郎『0と1から意識は生まれるか』ハヤカワ文庫
- 竹内薫『もしもあなたが猫だったら？』中公新書
　量子力学の良い啓蒙書は多いのですが、本文中でも言及した次の本、
- 森田邦久『量子力学の哲学』講談社現代新書

が、実験設定の説明のわかりやすさの点ではピカイチだと思われます。ただし、本書で前提してきた多世界解釈に対しては否定的であり、別の解釈を推奨しています。

「シュレーディンガーの猫」と「量子自殺」については、最晩年のデイヴィド・ルイスのレクチャーにもとづく論文が明快です。
- David Lewis "How many lives has schrödinger's cat?" 2001 Frank Jackson, Graham Priest 編, *Lewisian Themes: The Philosophy Of David K. Lewis* (Oxford U. P.) 2004

● 「思考実験とは何か」について
古典的な文献としては、以下のものがよく挙げられます。

- エルンスト・マッハ「思考実験について」(『認識の分析』法政大学出版局,所収)

ただし、思考実験を類似の他の行為（シミュレーション、フィクションなど）と区別する定義的な視点はありません。

一部そのような視点から書かれたものとして、
- 水本正晴『ウィトゲンシュタイン vs. チューリング』勁草書房

チューリングが考えた計算マシンは、人間の計算行為をシミュレートしたとてつもない思考実験の産物です。この本で思考実験そのものが論じられているわけではありませんが、実験（シミュレーション）と計算の比較が論じられており、その問題意識は、容易に思考実験論に転用することができます。ウィトゲンシュタインの立場を擁護しようとする執筆姿勢にもかかわらず、対角線論法への批判などウィトゲンシュタインの数学音痴ぶりが露悪的なまでに強調されているのは、著者の誤算でしょうか。

チューリングの発想を理解するには、計算可能性を論じた彼の論文を逐一引用しながら解説した本、
- チャールズ・ペゾルド『チューリングを読む』日経ＢＰ社

がいちばんわかりやすいと思われます。途中、細かすぎて読みづらい部分が続いたりしますが、気にせず斜め読みして、記号の少ないところをしっかり読むことをお勧めします。

なお、本文では論じませんでしたが、「実験哲学」という分野が注目されています。哲学的直観を支える心理的プロセスを確かめるために、被験者に思考実験や物理的作業をさせて統計をとる、といったリアル実験の研究です。Experimental Philosophyで検索すれば、有益なサイトがいくつか見つかるでしょう。

　「実験哲学」は哲学ではなく心理学の一部門であり、思考実験のための資料としてのみ役立っていくでしょう。本書第6章で述べたとおり、「人が実際にどう感じるか」は哲学的認識の妥当性にとって本質的でなく、心情や直観のあり方は、理屈の洗練を追いかけてどんどん変わっていくものだからです。

　実際、本書第3章「エウダイモニア」で、望ましい生と羨ましい生とが一致するかどうかについて実験哲学の実践を報告しましたが、そこで見たように、被験者は必ずしも一貫した世界観・価値観を持ってはいません。人々のそうした思考傾向を追認するだけでなく、思考をいかに変容させうるかを試す〈リアル思考実験〉こそが哲学の仕事なのです。

　最後に、私の論考の中で、本書の各章と深く関係するものを挙げておきましょう。

> 第1章　思考実験とシミュレーションについて
> 　『ゼロからの論証』（青土社）stage3
> 　「フィクションとシミュレーション」（名古屋大学大学院文学研究科公開シンポジウム報告書「虚構とは何か」2014年3月刊行予定）
> 第2章　抜き打ち試験のパラドクスについて
> 　『論理パラドクス』（二見書房）問69、問70
> 第5章　人間転送機について
> 　『論理パラドクス』問27
> 第6章　指示の因果説について
> 　『虚構世界の存在論』（勁草書房）第4章10、11節
> 　『可能世界の哲学』（NHK出版）第10〜12節
> 　『多宇宙と輪廻転生 人間原理のパラドクス』（青土社）第4章

第 7 章　シュレーディンガーの猫について
　『論理パラドクシカ』（二見書房）問 24，問 25
第 8 章　量子不死・量子自殺について
　『論理パラドクシカ』（二見書房）問 26，問 27
第 9 章　2 封筒問題について
　『心理パラドクス』（二見書房）問 56
　『論理パラドクシカ』問 18，問 19
第 10 章　サンクトペテルブルク・パラドクスについて
　『論理パラドクス』問 35
先決め設定と後決め設定について
　『多宇宙と輪廻転生　人間原理のパラドクス』第 10 章

　なお、第 8 章で、私が管理する電子掲示板から投稿の 1 つを引用しましたが、あの場で議論に参加してくれた匿名の方々、実名の方々に感謝いたします。
　とくに、2 封筒問題、サンクトペテルブルク・パラドクス、シュレーディンガーの猫、量子自殺、抜き打ち試験のパラドクスについては、有意義な議論が展開されていたと思います。
　とくに「2 封筒問題」に係わる次の 2 点、
　◇「賞金の期待値が無限大である」場合に、賞金の先決め設定と後決め設定を区別すべきこと
　◇「ただ 1 回封筒を選ぶルールに従うゲームの期待値を求めるために無限回の試行をシミュレーションすること」と「無限回封筒を選ぶルールに従うゲームの期待値を求めるために実行してみること」とをきちんと区別するべきこと
　等、本文で展開したいくつかの洞察は、その掲示板を訪れてくれた方々への応答によって形成されました。
　「三浦俊彦のページ電子掲示板」http://8044.teacup.com/miurat/bbs
　　過去ログ http://members.jcom.home.ne.jp/miurat/bbs-idx.htm
　とりわけ役立ったのは次の部分です。

◇2011年3月2日〜2011年7月30日　【「多世界解釈」と「シュレーディンガーの猫」について集中的議論】
　◇2011年11月15日〜2011年12月7日　【「量子自殺」について散発的議論】
　◇2011年8月7日〜2012年4月8日　【主に「2封筒問題」について、派生的に「サンクトペテルブルク・パラドクス」について集中的議論】
　◇2012年5月12日〜2012年7月15日　【「抜き打ち試験のパラドクス」について集中的議論】

　その他、「眠り姫問題」「哲学的ゾンビ」など、本書で取り上げなかった思考実験についての議論がこの掲示板で展開されており、本書の思考を直接間接に刺激してくれました。
　みなさん、ありがとうございました。

2014年1月　三浦俊彦

思考実験リアルゲーム
知的勝ち残りのために

著　者	三浦俊彦

発行所	株式会社 二見書房
	東京都千代田区三崎町 2-18-11
	電話　　03(3515)2311［営業］
	03(3515)2313［編集］
	振替　　00170-4-2639

ブックデザイン	ヤマシタツトム
DTPオペレーション	横川 浩之
イラストレーション	加納 徳博
印　刷	株式会社 堀内印刷所
製　本	株式会社 村上製本所

落丁・乱丁本はお取り替えいたします。　定価は、カバーに表示してあります。

© Toshihiko Miura 2014, Printed in Japan.
ISBN978-4-576-14039-1
http://www.futami.co.jp